Thüringer Wald und
südliches Thüringer Becken

Erfurt
(Kurmainz)

21 km

Weimar
(Sachsen-Weimar)

23 km

18 km

Wechmar

15 km

Arnstadt
(Schwarzburg)

Dornheim

22 km

21 km

33 km

Rudolstadt
(Schwarzburg)

Ilmenau

Langewiesen

Kickelhahn

Gehren
(Schwarzburg)

Thüringer Wald

W0087388

Konrad Küster

Der junge Bach

Konrad Küster

Der junge Bach

Deutsche Verlags-Anstalt
Stuttgart

Die Deutsche Bibliothek – CIP-Einheitsaufnahme

Küster, Konrad
Der junge Bach / Konrad Küster. –
Stuttgart : Deutsche Verlags-Anstalt, 1996
ISBN 3-421-05052-X

© 1996 Deutsche Verlags-Anstalt GmbH, Stuttgart
Alle Rechte vorbehalten
Lektorat: Margot Adrion
Typographische Gestaltung: Brigitte Müller
Satz: Uhl + Massopust GmbH, Aalen
Druck und Bindearbeit: Friedrich Pustet, Regensburg
Printed in Germany

ISBN 3-421-05052-X

Inhalt

Vermerk im Eisenacher Kirchenbuch über Bachs Taufe am 23. März 1685.

Vorwort

Wenn man etwas über Menschen des 18. Jahrhunderts erfahren möchte, stößt man in der Regel nur auf eine Handvoll Standarddaten, die von den staatlichen Behörden oder der Kirche erfaßt worden sind. Über Taufe, Hochzeit und Tod berichten die Kirchenbücher; in Tauf- und Heiratsmitteilungen erscheinen häufig auch Namen der Eltern, und der Geburtsort wird wie ein Namensbestandteil behandelt: (Johann Sebastian Bach blieb lebenslang »Isenacensis«, weil er in Eisenach geboren war). Mehr ist über viele Menschen des 18. Jahrhunderts nicht zu erfahren.

Dieses Grund-Datenmaterial läßt sich für manche aber ausbauen – etwa dann, wenn der Betreffende ein höheres Bildungsziel vor Augen hatte: Schulen und Universitäten führten Matrikellisten, in denen sie ihre Zöglinge erfaßten. Wenn die Persönlichkeit wohlhabender war, wurde sie vielleicht in Steuerlisten genannt, als Hausbesitzer etwa auch in den Gebäudeverzeichnissen eines Orts. Und wenn sich ein Mensch in den »öffentlichen Dienst« der Zeit begab (auch dabei ist die Kirche wiederum mitzurechnen), ist über ihn eine Personalakte geführt worden, die aber bisweilen kaum mehr enthält als einen Anstellungsvertrag – allenfalls ergänzt um vereinzelte Klagen oder Petitionen (beispielsweise gab es angesichts chronischer Finanzschwäche öffentlicher Kassen nicht selten Anlaß dazu, die Zahlung von mehreren rückständigen Jahresgehältern anzumahnen). Aber selbstverständlich sind auch die Zahlungen der »öffentlichen Hand« selbst dokumentiert: Rechnungsbücher referieren alljährlich die Verteilung der Gehälter. Typisch an all diesen Punkten ist, daß man über Frauen nur selten derartige Informationen erhält; diese Ausbau-Chancen ergeben sich also allenfalls dann, wenn man sich für das Leben eines Mannes aus jener Zeit interessiert. Dies hat aber nicht nur mit sozialen Aspekten zu tun, denn bisweilen wurden die Unterlagen, die man angelegt hatte, vernichtet – absichtlich (beim großen Aufräumen) oder unabsichtlich (durch Feuersbrunst). Und wie noch heute drohte die Erinnerung an einen Menschen besonders dann auszulöschen, wenn er eben gestorben war: dadurch, daß die Erben persönliches Material für wertlos hielten und wegwarfen.

Aus einem solchermaßen gearteten Material entsteht nicht das, was die Nachwelt als »farbige Biographie« wahrnehmen kann; allenfalls ergibt sich ein kahles Gerüst dessen, was einst durch das »eigentliche« Leben der betreffenden Person ausgefüllt wurde – wie das Balkengerüst eines Fachwerkbaus, das ohne die Füllungen nur Struktur ist, nicht aber auch Lebensraum. Jedes kleinste Detail, das von den »Füllungen« übrigblieb, wird daraufhin fast gierig genutzt – und vielleicht restlos überbewertet, denn es kann auch reiner Zufall sein, daß gerade dieses Detail erhalten blieb: einmal ein Brief, dann die amtlichen Eingaben, individuelle Aufzeichnungen, Gegenstände aus dem Besitz des Betroffenen. Noch mehr ist an sich nur für zwei besondere Bevölkerungsgruppen zu erwarten: für Künstler (denn man kann versuchen, die Entstehungszeit von Werken zu klären und die Ergebnisse in die Biographie einzubauen) und für höhergestellte Persönlichkeiten, für die ein Nachruf verfaßt wurde (dieser schildert in der Regel die Lebensstationen und Interessen des Verstorbenen ausführlicher).

Bei alledem ist Johann Sebastian Bach keine Ausnahme. Solange es für Zeitgenossen den Anschein haben konnte, daß er ein normaler Musiker neben Hunderten weiterer sei, solange sich Bach auf Positionen befand, wie es sie dutzendweise auch in seiner näheren Umgebung gab, bleibt das Informationsmaterial auf die genannten Aspekte beschränkt. Zumindest über sein Wirken als Hofkapellmeister in Köthen und als Thomaskantor in Leipzig ist man ein bißchen besser informiert, auch aus dem persönlichen Blickwinkel von Bewunderern und Schülern. Sie waren daraufhin dafür verantwortlich, daß Bachs Name und Werk über einen lokalen Rahmen hinaus bekannt wurde – ein Prozeß, der im spätesten 18. Jahrhundert so weit eskalierte, daß das Interesse an Bach zu einer Angelegenheit von nationaler Bedeutung werden konnte. Daher ist auch verständlich, daß man gerade über Bachs frühere Lebensabschnitte nicht viel erfährt: Über seine Herkunft, Kindheit und Jugend sowie seine frühe Ausbildung weiß man genau das, was das geschilderte Quellenspektrum auch über seine Zeitgenossen hergibt. Man wüßte gern sehr viel mehr, aber es ist konsequent, daß der Informationsstand nicht weiter gefaßt ist.

Wer sich also mit dem »jungen Bach« befaßt, hat es zunächst mit völlig normalen Verhältnissen des 18. Jahrhunderts zu tun: in der Quellenüberlieferung, streckenweise auch im allgemeinen Funktionieren der Aufgaben und Ämter, die Bach innehatte. Sicher, man widmet sich im Mittelpunkt dennoch der Lebens- und Wirkungsgeschichte Bachs; aber in seinem Umfeld hielt man ihn notwendigerweise auch noch länger für einen unter vielen, und man konnte glauben, daß die Strukturen, in die er und sein Wirken eingebettet waren, auch ohne ihn funktionierten. Gerade aus diesen Strukturen kann man neu verstehen, wie sich Bachs persönliche Situation entwickelte.

Freilich betritt man mit Forschungen, die die frühe Lebensgeschichte Bachs betreffen, nicht völliges Neuland. Philipp Spitta[1] hatte, 1867 von Reval aus als Gymnasiallehrer nach Sondershausen berufen, die Chance erkannt, die sich ihm bot: sich in Bachs Thüringer Heimat gründlich umzusehen und unermeßlich reiches Material über ihn zusammenzutragen – natürlich auch solches, das sich aus den beschriebenen Standardquellen gewinnen läßt. »Der junge Bach«: Mit dieser Titelformulierung gilt auch das vorliegende Buch weithin der Geschichte Bachs in Thüringen. Spitta nahm die Ergebnisse in seine große Bach-Biographie auf. Dennoch ist ihm manches Dokument noch entgangen; und indem man den Blick von Bach aus auch auf seine Umgebung zu lenken begann, stieß man auf Aspekte, die

Spitta nicht bedacht hatte oder die man aus der Perspektive einer späteren Zeit auch einfach anders sehen kann.

Doch großflächigen Untersuchungen zu Bachs früher Lebensgeschichte waren im Zeitalter der deutschen Teilung buchstäblich Grenzen gesetzt: Das einschlägige Archivmaterial, das man heranzuziehen hat, ist nicht nur in Orten der damaligen DDR zu finden (wo es bisweilen auch nur schwer zugänglich war), sondern auch in der einzigen wichtigeren Bach-Stadt auf dem Territorium der damaligen Bundesrepublik (Lüneburg). Und ein Interesse daran, die Umgebung des »jungen Bach« neu nachzuzeichnen (»nach Spitta«), ist erst allmählich entstanden. Einerseits stand Bachs Leipziger Wirken naturgemäß im Mittelpunkt der Forschung (schon die breitere Aufarbeitung von Bachs Köthener Wirken fällt in die Zeit nach dem Zweiten Weltkrieg), und andererseits beanspruchte eher die Person das Interesse, weniger die eigengesetzlich funktionierende Umgebung. Und so versuchte man zum Bach-Jahr 1950, an entsprechende erste Untersuchungen aus den späten zwanziger Jahren des 20. Jahrhunderts anzuknüpfen. So hat man in der Zeit der deutschen Teilung für Bachs Leben an manchen Orten grundlegend neue Aspekte ermittelt; doch erst nach der Aufhebung der Grenzen ist es möglich geworden, den Entwicklungsweg des jungen Bach wieder zusammenhängend zu erschließen. Somit gründen sich die Archivforschungen für dieses Buch, die auch manches bislang unbekannte Dokument zutage förderten, auf die neue Offenheit der Grenzen (und deren Wegfall) nach der »Wende« in der damaligen DDR.

In historischer Arbeit ist zweierlei typisch: erstens, daß sich das erhaltene Material in näherer Zukunft auch noch weiter ausschöpfen läßt, als man es selbst (zumal in einer individuellen Sicht) getan hat, und zweitens, daß man das erarbeitete Neue ganz konkret auf das bereits Bekannte bezieht. Gerade das letztere prägt aber die Anlage dieses Buches, indem Bachs frühe Lebensstationen Ort für Ort betrachtet werden sollen: Zumeist werden dabei jeweils am Anfang Grundinformationen resümiert, die schon längst für Bachs jeweilige Lebensbedingungen ermittelt worden sind; anschließend wird der gedankliche Faden ausgesponnen – um neue Bewertungen oder auch neues Material in das Bild einzufügen. Wenn möglich und vorhanden, werden dabei archivalische Dokumente direkt danach befragt, was sie über Bachs Lebensverhältnisse aussagen können. Nur bisweilen wird hingegen auch sein Schaffen beleuchtet: dann, wenn eine bestimmte Werk- oder Überlieferungskonstellation solche Rückschlüsse nahelegt.

Soweit Dokumente zitiert werden, erscheinen sie selbstverständlich in quellengetreuer Umschrift. Schreiber und Drucker des 18. Jahrhunderts unterschieden zwischen deutscher Schreibschrift und Fraktur einerseits sowie lateinischer Schreibschrift und Antiqua andererseits: Die ersten wurden für deutschsprachige Formulierungen benutzt, die zweiten für Fremdwörter, besonders solche aus romanischen Sprachen. Die übliche Praxis, diese Sonderformen in Kursivschrift wiederzugeben, prägt auch die Dokumentenwiedergaben dieses Buches.

Immer wieder werden Währungsangaben vorkommen; auch ihre Hintergründe sollen vorab erläutert werden. In der Zeit rechnete man mit zwei ineinander verschränkten Systemen: mit Gulden (abgekürzt »fl.«) und mit Talern (auch Reichstalern; abgekürzt »Rthl.« oder »Thlr.«). Gulden und Taler werden in Groschen geteilt (»gr.« oder »ggr.« für »gute Groschen«); 21 Groschen sind ein Gulden, 24 Groschen sind ein Taler. Groschen lassen sich schließlich in 12 Pfennige teilen.

Hilfe ist mir bei den Vorarbeiten dieses Buches von vielerlei Seite zuteil geworden, natürlich zunächst von den Verwaltungen und Mitarbeitern der Archive. Details habe ich mit Michael Belotti, Werner Breig, Georg von Dadelsen, Karl Heller, Friedhelm Krummacher, Hans-Joachim Schulze, Ulrich Siegele und Christoph Wolff erörtern können, daneben mit Studierenden am Freiburger Musikwissenschaftlichen Seminar, von denen Lehrveranstaltungen zum näheren Umkreis des Themas mit hilfreichen Fragen und Anregungen begleitet wurden. Ragnhild und Wilfred Siegel haben mich schon früh Anteil nehmen lassen an der Abschlußredaktion, die sie für das »Genealogische Lexikon der Familie Bach« von Hermann Kock vornahmen; damit erschlossen sich die biographischen Daten schon früh auf eine neue, zuverlässige Weise. Unschätzbar aber war die Hilfe, die mir in vielerlei Hinsicht Claus Oefner gegeben hat – gemeinsam mit seinen Mitarbeitern am Eisenacher »Bachhaus«.

Ansonsten war das Arbeiten an diesem Buch mit dem Reisen durch das Musikland Thüringen verbunden, das ich erstmals auf einer Chor-Konzertreise des Jahres 1982 kennenlernen konnte; daß ich damals lebendige Eindrücke der Städte Eisenach, Gotha, Arnstadt und Weimar sowie des Dorfes Wechmar mit in den »Westen« nehmen konnte, habe ich stets als einen besonderen Vorzug begriffen. Und die Strecken zurückzulegen, die für die Mitglieder der Bach-Familie und ihre Musikkollegen menschliche wie künstlerische Verbindungen ihrer Wirkungsorte ermöglichten, fasziniert jedesmal von neuem – etwa auch mit Malcolm Boyd und mit Chris Wines von der BBC kurz vor der Fertigstellung dieses Buches.

Freiburg, im Frühjahr 1996   *Konrad Küster*

Erstes Kapitel

Wechmar
oder
Der Ursprung

Bis heute ist es alles andere als ungewöhnlich, wenn Kinder einen Beruf ergreifen, den auch schon ihre Eltern ausgeübt haben. Handwerkliche und landwirtschaftliche Betriebe werden innerhalb der Familie vererbt; daß Arztkinder wiederum Ärzte, Pfarrerskinder wiederum Pfarrer werden, ist zumindest nicht selten. In der ständisch-zünftisch organisierten Welt des »Alten Reiches« vor 1803 sah dies in den Grundlagen vielleicht deshalb anders aus, weil Berufstätigkeit eher an Zunftgesetzen orientiert war; aber die Verhältnisse hatten oftmals ähnliche Wirkungen wie heute, denn daß Söhne den Beruf des Vaters erlernten, war in einer vorindustriellen und weniger an Dienstleistungsberufen orientierten Gesellschaft wohl noch typischer. Insofern ist das, was sich im ausgehenden 16. Jahrhundert für die Familie Bach ergeben hatte und für sie eine das 17. und 18. Jahrhundert beherrschende Tradition wurde, eigentlich das Normalste von der Welt: »Irgendwann« war diese Familie in den Musikerstand hineingeraten; damit war, wenn das gesellschaftlich Übliche gewahrt blieb, ihr Schicksal auf Generationen hinaus vorbestimmt.

Eine solche Einschätzung fällt in Bachs Umfeld deshalb nicht leicht, weil die Geniediskussionen seit dem ausgehenden 18. Jahrhundert das Künstlerbild zunehmend neu definiert haben, zugleich in veränderten gesellschaftlichen Verhältnissen. Man sieht Künstler als Einzelerscheinungen: als Heroen wie den Arztsohn Goethe und den Gärtnerssohn Schiller, wie Leonardo da Vinci und Peter Paul Rubens

13

(beide Söhne von Juristen). Auf die gleiche Stufe stellt man Mozart und Beethoven, obgleich sie noch aus den zünftischen Musiker-Verhältnissen stammen (als Söhne von Musikern, Beethoven zudem sogar als Enkel eines weiteren); sie löste man also nachträglich aus ihren Traditionen heraus.

Diese Traditionen haben vielleicht am wenigsten für Dichter bestanden; für Berufe der bildenden Kunst existierten sie hingegen durchaus, wie etwa ein Blick auf die Familie zeigt, die zunächst nur unter dem Berufsbegriff »Maler« firmierte und die erst, als sie sich aus ihrer oberpfälzischen Heimatstadt Kronach wegbewegte, den Ortsnamen als neue Familienbezeichnung annahm: Cranach. Aber auch die Vorarlberger Barockbaumeister-Familie Beer entwickelte solche Traditionen. Und auf musikalischem Sektor war Derartiges ebenfalls nicht selten, wie etwa im 17. und 18. Jahrhundert die böhmische Familie Brixi zeigt (übrigens ähnlich wie für die Bach-Familie hat man auch für sie Schwierigkeiten, Werke, die nur unter dem Nachnamen des Komponisten überliefert sind, genau einer Komponistenpersönlichkeit zuzuordnen). Voraussetzungen für ein derart generationenlanges Kunstwirken einer Familie sind kaum allgemein zu bestimmen. Doch es kam nicht nur auf Genialität einzelner Beteiligter an, sondern vielleicht noch mehr darauf, daß auch Minderbegabte in den Berufstraditionen ein Auskommen finden konnten (konkret für die Bach-Familie: daß es auch Berufsmöglichkeiten für mittelmäßige Musiker gab).

So normal diese Familientraditionen für das »Alte Reich« gewesen sein mögen, liegt es dennoch nicht erst an jenem Geniebewußtsein, daß man der Familie Bach einen Sonderstatus zubilligte. Vielmehr war es Johann Sebastian Bach selbst, der diesen betonte – aktiv. Er legte 1735 eine Nachfahrentafel an, in der er unter der Überschrift »Ursprung der musicalisch-Bachischen Familie«[1] die Familientraditionen nachzeichnete; sie ist nur in Abschriften erhalten geblieben – die aber zugleich deutlich machen, wie sich von diesem Punkt aus das Bewußtsein für die Besonderheit der Familie verbreitete. Eine Quelle stammt von der Hand Anna Carolina Philippina, einer Enkelin Bachs (Tochter von Carl Philipp Emanuel Bach, der in das Manuskript noch eine Reihe Details eintrug), wohl zwei weitere aus der Schweinfurter Verwandtschaft Bachs – von Johann Lorenz und vielleicht Johann Elias Bach, zwei Enkeln eines Onkels von Bach. Und schließlich gibt es zwei bildliche Umsetzungen dieser Nachfahrenfolge: als mehr oder minder stilisierter Baum, an dessen Stamm, Ästen und Verzweigungen Namenstafeln angebracht sind.

Die Datensammlungen gleichen sich über weite Strecken hinweg, etwa auch darin, zu welchen frühen Verästelungen der Familie man im nachhinein keine Beziehung mehr aufbauen konnte, so daß man diesen Zweigen nicht mehr nachging. Unterschiede im Datenmaterial ergeben sich somit praktisch nur in der Fortschreibung des 1735 erschlossenen Bestands. So wurden in den Schweinfurter Unterlagen (den beiden Listen und einem der »Bäume«) freilich vor allem die eigenen Familienzuwächse nachgetragen; entsprechend ist aus den Angaben der anderen Baum-Darstellung (an der die Namensschilder eine charakteristische Herzform haben) abzulesen, daß hier vor allem der Ohrdrufer Familienzweig berücksichtigt wurde (die Nachfahren von Bachs ältestem Bruder). Alle diese familiengeschichtlichen Übersichten gehen also auf Bachs Darstellung zurück; das, was sie enthält, macht auch den Grundbestand der übrigen aus. Nicht nur darin liegt aber die Schlüsselstellung der Version Bachs; er muß das Material selbst zusammengetragen haben, und wiederum nur in Grundzügen kann er sich dabei auf ältere Darstellungen bezogen haben (etwa auf Kenntnisse, die es schon 1727 rechtfertigten, von Familientraditionen zu sprechen, die bis 1504 zurückreichten[2]). Bis heute ist Bachs Übersicht somit der Schlüssel-Zugang zur Geschichte seiner Familie.

Der »Ursprung« läßt sich allgemein als Dokument des Familiensinns ansehen, der in der Bach-Familie geherrscht hat[3]. Weil Bach aber in dessen Entstehung eine so maßgebliche Rolle spielte, sollte das Urteil auch individueller auf ihn zugeschnitten sein; dann nämlich dokumentiert der »Ursprung« ein besonderes, individuelles Bewußtsein Bachs für seine Familientraditionen. Hätte er sie als normal empfunden, wäre er wohl kaum auf die Idee gekommen, nach dem Anfang der Traditionen zu fragen, sie zumindest auf neue Weise umfassend zu dokumentieren und ihnen ein Denkmal zu setzen. Klar ist dabei aber, daß es Bach nicht um das individuelle Herkommen geht, sondern tatsächlich um das kollektive. Zwar referiert er seine Biographie vielleicht ein bißchen ausführlicher als die seiner Verwandten, indem er seine Lebensstationen einzeln erwähnt (und nicht nur die aktuelle Tätigkeit wie sonst bei seinen lebenden Verwandten); dennoch reiht er sich ganz normal als Nummer 24 in ein Verzeichnis von 53 Familienmitgliedern ein, die allesamt professionelle Musiker waren (vor ihm oder als seine Zeitgenossen) – als einer neben 52 anderen. Wenn nun aber diese Familie, die sich eigentlich im Rahmen der normalen Berufstraditionen entwickelt hatte, plötzlich ein Bewußtsein dafür hatte, etwas Besonderes zu sein (ohne daß sich die äußeren Verhältnisse geändert hatten), muß man freilich um so mehr danach fragen, auf welchem Grund sich die Traditionen entwickelt hatten. Woher also kommt die Bach-Familie?

Als »No. 1« seiner Übersicht, somit in die Stellung eines Stammvaters gebracht, nennt Bach folgende Person:

»*Vitus Bach*, ein Weißbecker in Ungern, hat im 16ten *Seculo* der *lutherischen Religion* halben aus Ungern entweichen müßen. Ist dannenhero, nachdem er seine Güter, so viel es sich hat wollen thun laßen, zu Gelde gemacht, in Teütschland gezogen; und da er in Thüringen genugsame Sicherheit vor die *luthe*rische *Religion* gefunden, hat er sich in Wechmar, nahe bei *Gotha* niedergelaßen, und seine Beckers *Profession* fortgetrieben. Er hat sein meistes Vergnügen an einem Cythringen gehabt, welches er auch mit in die Mühle genommen, und unter währendem Mahlen darauf gespielet. (Es muß doch hübsch zusammen geklungen haben! Wiewol er doch dabey den Tact sich hat *imprimir*en [einprägen] lernen.) Und dieses ist gleichsam der Anfang zur Music bey seinen Nachkommen gewesen. Ist gestorben den [Eintragung fehlt].«

Somit erzählt Bach über diesen Ahnen eine sehr anschauliche Anekdote: daß dieser gewissermaßen nebenberuflich eine musikalische Neigung entwickelt habe, indem er in der Freizeit, die ihm das Mahlen des Mehls ließ, zu seinem Instrument gegriffen habe, um darauf zu spielen. »Cythringen« ist dabei als »Cythrin-gen« zu verstehen; die Nachsilbe ist nichts anderes als die Verkleinerung »-chen«, die einerseits zeitgemäß, andererseits übereifrig aus thüringisch-sächsischen Dialekten in Schriftdeutsch transformiert worden ist. Hinter »Cythrin-« verbirgt sich die für die Zeit und Gegend typische Cister, ein Zupfinstrument mit einem flachen Korpus wie eine Gitarre; die Decke, also das Holzbrett auf der Schau- und Spielseite des Korpus, hat aber nicht die Umrißform eines geschwungenen Achters, die man von der Gitarre her kennt, sondern eher eine kreis-, mandel- oder eiförmige Gestalt wie eine Laute. Eines aber unterscheidet die Cister von beiden anderen Zupfinstrumenten gleichermaßen: Sowohl auf der Laute als auch auf der Gitarre werden die Saiten auf einem Steg festgeknüpft, der auf der Decke aufsitzt; auf der Cister laufen die Saiten noch weiter über die Decke und sind erst auf dem Zargenkranz befestigt. Schließlich sitzen die Stimmwirbel einer Gitarre in einem Wirbelbrett, die der Laute in einem deutlich nach hinten abgeknickten Wirbelkasten; in einer Cister ähnelt die Bauform des Wirbelkastens ungefähr dem einer Violine. Ein solches Instrument also dürfte das gewesen sein, das Veit Bach spielte.

Zwei Aspekte in Johann Sebastian Bachs Bericht über jenen Veit sind aber näher zu untersuchen: erstens, daß (und wie) Veit Bach von Ungarn nach Thüringen gelangte, und zweitens, welche Funktion Wechmar für die Fortentwicklung der Familie übernahm. Der zweite läßt sich vor allem in den Entwicklungen der regionalhistorischen Verhältnisse beantworten; für den ersten muß man aber in die Allgemeingeschichte einsteigen. Doch zunächst: Wer waren diese »frühesten« Mitglieder der »musicalisch-Bachischen Familie« – nach wessen Umfeld sucht man also genau?

Genauere Lebensdaten für sie sind bis heute kaum zu beschaffen; man erfährt allenfalls Sterbedaten aus dem frühen 17. Jahrhundert[4]. Man muß demnach eine Personenkonstellation finden, in der, dem »Ursprung« folgend, ein Veit Bach vorkommt, ebenso aber seine zwei Söhne; nur der Name des ersten, Johannes, findet sich auch im »Ursprung«, für den zweiten konnte Bach den Vornamen nicht ermitteln. Tatsächlich läßt sich diese Personenkonstellation dokumentarisch nachweisen: Ein Veit Bach ist 1619 in Wechmar gestorben, und schon sieben Jahre später starb auch sein Sohn Johannes (1626), ebenfalls in Wechmar. Dessen Bruder, für den sich der Vorname Caspar ermitteln läßt, starb vor 1644, vielleicht in Arnstadt. Johannes Bachs Leben zeigt also, daß auch für eine zweite Generation das Dorf Wechmar Lebensmittelpunkt war.

Johannes hatte drei Söhne, die allesamt von Johann Sebastian Bach erwähnt werden, und mit ihnen ergibt sich eine neue Etappe der Familiengeschichte. Zunächst: Für jeden von ihnen ist das Geburtsdatum oder Taufdatum (das wenige Tage nach der Geburt gelegen haben muß) bekannt:

> *Johannes* getauft am 26. November 1604 in Wechmar
> *Christoph* geboren am 19. April 1613 in Wechmar
> *Heinrich* geboren am 16. September 1615 in Wechmar

Auch der Biographie dieser drei Personen muß man weiter nachgehen; doch zunächst geben diese Daten Material auch über die Lebensgeschichte der älteren Familienmitglieder her. Ausgehend vom Geburtsjahr des ältesten Sohns ist es vernünftig anzunehmen, daß der Vater Johannes mindestens zwei Jahrzehnte älter war als er, folglich spätestens um 1580 geboren war, und zwar an einem unbekannten Ort – in Ungarn? Demnach hätte sein Vater Veit irgendwann zwischen der Geburt seines Sohnes Johannes (spätestens um 1580) und der Geburt seines gleichnamigen Enkels (1604 in Wechmar) den Weg von Ungarn nach Thüringen beschritten. Allerdings ist dieses Modell, die Bach-Familiengeschichte zu verstehen, grundsätzlich angezweifelt worden. Man muß die Daten also näher untersuchen: Woher kam Veit Bach genau – und warum?

Die Antwort ist zunächst niederschmetternd: Über Veit Bach weiß man mindestens bis zu dem Moment der Übersiedlung gar nichts, und das Hauptproblem, das sich einer Klärung seiner Herkunft in den Weg stellt, ergibt sich fatalerweise aus seinem Nachnamen. Der Name Bach läßt sich in Thüringen sehr weit zurückverfolgen, im Raum Coburg etwa bis um 1000, und die Versuchung liegt nahe, nach einer Person zu suchen, auf die man alle Bach-Linien beziehen kann, die seither nachweisbar sind – gewissermaßen also nach einem Stammvater, der seiner Rolle noch gerechter werden könne als Veit Bach. Wenn dieser Nachname aber schon so früh nachweisbar ist, ist die Familie in knapp 600 Jahren so weit aufgefächert gewesen, daß selbst unter ihren regionalen Zweigen ein Zusammenhang nicht mehr bestanden haben kann. Außerdem ist nur allzuleicht denkbar, daß man »Bach« heißen kann (etwa auch in anderen Regionen des deutschen Sprachraums), ohne mit »den« Bachs verwandt zu sein: Der Anteil der Nachfahren jener Musikerfamilie an den heutigen Bach-Namensträgern ist verschwindend gering.

Man kann auch nach den sprachlichen Wurzeln des Nachnamens suchen: Nachnamen haben stets eine Bedeutung, und deshalb können Menschen »Bach« genannt worden sein, die miteinander nicht verwandt gewesen sind. Doch man sollte auch nicht davon ausgehen, daß die Wurzeln des namengebenden Begriffs für alle Betroffenen einheitlich war: »Bach« bedeutet nicht nur »fließendes Gewässer«, sondern kann auch auf einen umherziehenden Gewerbetreibenden verweisen[5]. Daher öffnet sich bereits ein Raum für Unterschiede in der Namensbildung. Somit kann der Name allein in der Zeit um 1550 längst nicht mehr Leitelement für die Familiengeschichte »der« Bachs sein. Schließlich aber führt auch die Arbeit mit Vornamen-Traditionen nicht weiter: Veit ist der Name eines der vierzehn Nothelfer und somit als Taufname naheliegend. Tatsächlich läßt sich im engeren Raum Thüringens für das 16. Jahrhundert gleich eine Reihe von Personen ermitteln, die »Veit Bach« hießen[6]. Dann wurde ein häufiger Nachname mit einem zeitüblichen Vornamen kombiniert, und dies bietet keine Basis für eine solide Argumentation mehr.

Doch die Suche nach Bach-Traditionen in Thüringen reicht nicht aus, wenn man die Familiengeschichte erhellen will; schließlich soll Veit Bach ja aus Ungarn stammen. Und tatsächlich hat man dort eine Bach-Tradition gefunden: in Preßburg[7]. Schon 1780/83 interpretiert Johann Matthias Korabinsky in seiner »Beschreibung der königl. ungarischen Haupt- Frey- und Krönungsstadt Preßburg« Bachs »Ursprung« so, daß Veit Bach von dorther stamme. Offenkundig stand er in Kontakt mit Carl Philipp Emanuel Bach, der ihm den Zugang zu den Unterlagen seines Vaters eröffnet hatte, so daß Korabinsky den »Ursprung« in seinem Geschichtswerk sogar zitierte. Wie die beiden miteinander bekannt geworden waren, ist ungeklärt; möglich ist immerhin, daß Carl Philipp Emanuel Bach von der Existenz der Preßburger Familie erfuhr und dann genauere Nachforschungen anstellte.

Bach-Namensträger in Preßburg lassen sich von 1574 bis ins 19. Jahrhundert nachweisen, und erstaunlicherweise übten auch sie das Bäckerhandwerk aus – wie Bach es von seinem Vorfahren Veit beschrieben hat. Kann man also beide Quellen miteinander verbinden: den Hinweis auf Thüringer Wurzeln und den Nachweis des Preßburger Namensvorkommens? Kann Veit Bach von Thüringen nach Preßburg gewandert sein und sich dort niedergelassen haben – oder hatten er und seine unmittelbaren Vorfahren schon länger dort gelebt? Angeblich hatte er ja bereits »Güter« erworben, die »zu Gelde gemacht« werden konnten, wie es im »Ursprung« heißt; als wandernder Geselle führte er aber kaum mehr als ein Bündel Gepäck mit sich, so daß er allen Besitz erst in Preßburg erworben hätte.

Weshalb die Preßburg-Theorie bei Carl Philipp Emanuel Bach auf fruchtbaren Boden fallen konnte, ist angesichts der Hinweise auf das Bäckerhandwerk leicht einzusehen: Wenn der Bäcker Veit Bach einst aus Ungarn emigriert war und sich um 1770 im damals ungarischen Gebiet Hinweise auf andere Bachs fanden, die ebenfalls dem Bäckerhandwerk nachgingen, konnte es scheinen, als habe man alle Probleme gelöst. Von diesem Punkt aber hat die weitere Betrachtung auszugehen; Günther Kraft, der sich intensiv mit den Namenstraditionen befaßt hat, hat diesen Aspekt außer acht gelassen. Denn an dieser Stelle begegnet man einer eigentümlichen Konstellation aus Berufstätigkeit und Namensformen.

1854 schreibt Jacob Grimm im ersten Band des »Deutschen Wörterbuchs« folgendes über den Begriff »backen«[8]: »Bei älteren süddeutschen schriftstellern immer *bachen*, und noch heute so in Schwaben, Baiern, Östreich, erst *Luther* setzte *backen* durch, das so hochdeutsch scheint, als *macken, sacken* für *machen, sachen* wäre.« Also kann hinter dem Namen »Bach« nicht nur der Hinweis auf ein kleines, fließendes Gewässer oder auf einen umherziehenden Gewerbetreibenden, sondern speziell auch auf einen Bäcker stehen. Und es kann durchaus regionale Unterschiede im Umgang mit dieser Namensbildung gegeben haben, so daß »Bach« in süddeutschen Dialekten etwas anderes bedeutete als in Thüringen. Wenn der Name Bach in einem süddeutschen oder österreichischen Ort genannt wird, bezieht er sich demnach vorrangig auf die Berufspraxis des Bäckers. Um 1550/1600 dürften die Namensverhältnisse zwar so weit gefestigt gewesen sein, daß »Bach« auch zu einem echten Nachnamen geworden war; doch die Berufstraditionen, auf die er sich gründete, konnten noch generationenlang fortgetragen werden, wie es sich etwa in der Preßburger Bäckerfamilie zeigt. Und ein Bäcker aus deutschsprachigen Gebieten Ungarns, der Bach hieß, braucht mit einem Kollegen aus dem gleichen Sprachraum, der denselben Namen trug, nicht verwandt gewesen zu sein.

Daß ein Nachname derart unterschiedliche Wurzeln hat, ist nicht weiter auffällig. »Reuter« etwa kann für »Reiter« stehen, aber auch darauf verweisen, daß ein früher Träger eine Rodungstätigkeit ausübte (und schließlich könnte die Person auch aus einem Ort stammen, der Reut oder Reute heißt); und wenn ein »Schröter« im deutschen Sprachraum umzog, war es sogar besonders leicht möglich, daß man die Wurzeln seines Namens »falsch« interpretierte: im Sinne von »schroten« und »Fässer einkellern«, ferner gleichbedeutend mit Schneider, Holzfäller und Münzpräger[9]. Wenn also eine Person aus einer Gegend, in der ein Bäcker »Bach« hieß, in eine Gegend kam, in der diese begriffliche Verbindung nicht geläufig war, konnte man sich dort auf den Namen durchaus auch einen anderen Reim machen, in Thüringen also im Sinne von »umherziehender Gewerbetreibender« oder gar »umherziehender Spielmann«[10]. Je mehr die neuangekommene Familie dann in Thüringen Fuß faßte, desto mehr fügte auch sie selbst sich in diese sprachliche Umgebung ein; die konkrete Namenstradition der Familie wird also an die Verhältnisse des »neuen« Sprachraums angepaßt. Der Prozeß läßt sich für »die« Bach-Familie auch ganz konkret verfolgen. In Erfurt ist 1716 von den »allhier privilegirten Stadt Musicanten oder sogenannten Bachen« die Rede, und im gleichen Sinne äußerte man sich auch schon 1682[11]; das braucht sich also nicht auf die Familie zu beziehen, sondern scheint

21

eher von den Spielmannstraditionen des Begriffs »Bach« abgeleitet zu sein. Doch im Jahr 1693 soll einer der schwarzburgischen Grafen nach dem Tod eines seiner Musiker geäußert haben, »ob denn kein Bach mehr vorhanden, der sich ümb solch Dienst anmelden wolte, Er solte und müste wieder einen Bachen haben«[12]; in diesem Fall erscheint »die« Bach-Familie als der alleinige Träger jener Spielmannstradition, und der Bezug zum Bäckerhandwerk ist vergessen.

Als Veit Bach nach Wechmar kam, wohnten dort zweifellos bereits Menschen, die ebenfalls Bach hießen. Wie aus dem Handelsbuch der Gemeinde Wechmar hervorgeht, pachtete am 20. Juli 1561 ein Hans Bach ein Fischereirecht; 1571 werden dann im Wechmarer Erbzinsbuch neben einem Hans Bach (wohl dem vorgenannten) auch ein Claus und ein Volkmar Bach genannt, 1577 in einer Landsteuerliste neuerlich Hans Bach und ferner Lips Bach. Die beiden letzteren Dokumente erfaßten die damalige Bevölkerung wohl insgesamt; wenn Veit Bach in ihnen fehlt, kann dies nur bedeuten, daß er damals nicht in Wechmar wohnte[13]. Dabei bleibt offen, ob dies ein »noch nicht« war (so, daß Veit Bach noch in Ungarn war) oder ein »nicht mehr« (so, daß er zuvor schon in Wechmar gestorben war).

Günther Kraft gab der zweiten Version den Vorzug: Im »Ursprung« berichtet Bach, daß Johannes Bach, Veit Bachs Sohn, in Gotha vor der Zerstörung des dortigen Schlosses zum Stadtpfeifer ausgebildet wurde, kann aber keine genauere Daten angeben. Das Schloß wurde schon 1567 geschleift, und deshalb bezieht Kraft die Mitteilungen Bachs auf einen Veit Bach, der wesentlich älter gewesen sein müßte als der erwähnte, 1619 gestorbene Träger dieses Namens; über die Wechmarer Lebenszeit dieses älteren Veit Bach gibt es keinerlei Dokumente. Ob jener Veit Bach, der 1619 in Wechmar starb, mit dem älteren direkt verwandt war[14], wäre dann zumindest ebenso fraglich wie die Verwandtschaft mit den anderen Bachs, die in Wechmar erwähnt werden. Ohnehin ist auch die berufliche Situation jenes Johannes Bach unklar: Was suchte er als ausgebildeter Stadtpfeifer in Wechmar? Weshalb erbte er dort, wie von Bach dargestellt, den väterlichen Besitz – auch den des Bäckers? In der Leichenpredigt seines Sohnes Heinrich wird er als Teppichmacher bezeichnet; damit wird schon ein dritter handwerksmäßiger Beruf für Johannes erwähnt, zudem aus einer geringeren Distanz als der, in der Bach über ihn berichtet (und er weiß von dieser Tätigkeit nichts). Es ist also fragwürdig, jenen zweiten, früheren Veit Bach zur Familiengeschichte hinzuzuaddieren; vielleicht sollte man den von Bach gegebenen Datierungshilfen (Zerstörung des Gothaer Schlosses) nicht allzuviel Beweiskraft beimessen.

Denn gerade auch der ersten Version kann man etwas abgewinnen. Zwar muß sich dann Bach in den Zusammenhängen mit der Zerstörung des Gothaer Schlosses geirrt haben; doch dann hätte man es mit einer direkten Abfolge von Personen zu tun, die in Wechmar selbst erwähnt werden – neben solchen, die durchaus schon zuvor dort gelebt haben können. Eine weitergehende Klärung ist also nicht möglich; in beiden »Rechnungen« bleiben Unbekannte offen. Hilft der Hinweis weiter, daß Veit Bach aus Ungarn stammte?

Hierfür muß man sich also auf die Suche nach einem Anlaß machen, der Veit Bach zur Emigration aus Ungarn veranlaßt haben könnte, und man muß hierfür beide Spuren verfolgen: Die Erkundungen müssen sowohl auf die spätere Zeit (also zwischen 1577 und der Mitte der neunziger Jahre) als auch auf die frühere abzielen (deutlich vor der Zerstörung des Gothaer Schlosses 1567, weil Veit Bachs Sohn schon zuvor in Gotha angekommen sein müßte). Hierzu hat man sich aber zunächst die politische Gestalt Ungarns im 16. Jahrhundert klarzumachen.

Mit schnellen Schritten waren die Truppen des Osmanischen Reiches gegen Österreich vorgerückt, nachdem sie 1526 mit der Schlacht bei Mohács in das heutige Südungarn eingedrungen waren. Vorerst diente Ungarn dem militärischen Anführer, Sultan Süleyman dem Großen, als Aufmarschgebiet gegenüber Habsburg; sein Ziel war Wien, das er 1529 erstmals belagerte und 1532 neuerlich zu erreichen versuchte (allerdings wurde sein Zug im westungarischen Kőszeg gestoppt). 1541 nahm er die Königsstadt Buda mit ihrer Burg dauerhaft in Besitz (erst 1686 wurde sie zurückerobert); fortan lag zwischen dem Heiligen Römischen Reich Deutscher Nation und dem osmanischen Territorium ein schmaler Grenzstreifen: Entlang den österreichischen Mittelmeerbesitzungen, der Untersteiermark (heute Teil Sloweniens), der Westgrenze des Burgenlandes (das nicht zum Reichsgebiet gehörte) und der Ostgrenze Mährens schlängelte er sich von der dalmatinischen Küste bis zu den Karpaten; im Südosten reichte er gerade noch bis an das Ufer des Plattensees. Dieser Streifen blieb als Pufferzone gegenüber dem Nachbar-Machtblock von den Türken unbesetzt, bis sie nach der letzten Belagerung Wiens 1683 zurückgedrängt wurden. Außerdem bildete sich aber östlich des türkisch besetzten Gebiets das Fürstentum Siebenbürgen als ein eigenständiger Herrschaftsbereich.

Diese politischen Verhältnisse begünstigten die Ausbreitung der Reformation in praktisch allen Landesteilen[15]. Alle Kräfte hatten unterschiedliche Interessen: Für die Habsburger ging es um die Gewinnung eines Territoriums, das erst im Zusammenhang der verlustreichen Schlacht von Mohács an sie gefallen war, für die zahlreichen ungarischen Magnaten um den Fortbestand ihrer Selbständigkeit, für die Türken um die Absicherung ihrer Herrschaft. Zwar konnten sich die Ungarn mit dem Kaiser gegen die Türken verbünden, ebenso aber auch die Türken und Ungarn gegen den (katholischen) Kaiser. Insofern spielten auch die Türken ihren besonderen Part in der ungarischen Reformation: Wenn sie sie zuließen, hatten sie nicht nur die versprengten Gemeinden, die nicht von einem übergeordneten Rom abhängig waren, besser unter Kontrolle, sondern unterstützten auch das Anliegen vieler Ungarn, vom Kaiser unabhängig zu bleiben. Und so breiteten sich unterschiedlichste reformatorische Ansätze in Ungarn ungehindert aus, so daß die Bevölkerung gegen Ende des 16. Jahrhunderts zu mehr als 90 Prozent protestantisch war. Auseinandersetzungen ergaben sich erst nach 1600, ausgehend etwa von einem lokalen Konflikt im damals nordostungarischen Kaschau; doch selbst damals war das protestantische Bewußtsein in Ungarn so stark, daß Kaiser Rudolf II. (1576–1608), an sich ein Verfechter gegenreformatorischen Gedankenguts, den ungarischen Ständen im Wiener Frieden von 1606 Religionsfreiheit zusichern mußte[16].

In diesen Machtverhältnissen ist es außerordentlich unwahrscheinlich, daß es einen Grund gegeben hätte, eine weite Fluchtstrecke zurückzulegen – weiter also als etwa bis in das Gebiet des Nachbar-Magnaten hinein, wo die Verhältnisse schon wieder ganz anders waren. Das gilt auch für Preßburg: Die Lage der dortigen Protestanten wurde erst im fortschreitenden 17. Jahrhundert kritisch, und sie wurden erst nach 1672 wirklich bedrängt. Daß ein Preßburger Bürger die Stadt im 16. Jahrhundert aus konfessionellen Gründen verließ, ist äußerst unwahrscheinlich[17]. Preßburg bietet in dieser Hinsicht also ein typisches Beispiel für die Situation in Ungarn. Insofern ist aber Veit Bachs Flucht etwas, das für die ungarische Geschichte an sich gerade nicht typisch ist. Wo und wann kann es also besondere Gründe zu einer Flucht gegeben haben?

Günther Kraft hat hierfür folgendes Modell entwickelt: 1528 wurde in Thüringen nach Caspar Bach gefahndet, einem Anhänger Thomas Müntzers; er setzt ihn mit einer Person namens »Caspar Behamb« gleich, die um 1545 im südmährischen Nikolsburg als ein führendes Mitglied der dortigen Wiedertäufergemeinde erwähnt wird. 1548 gab es dort gewaltsame Versuche, die Bevölkerung in die Emigration zu zwingen oder zu rekatholisieren[18]. Problematisch ist an diesem Modell aber gleich dreierlei: Erstens war Mähren damals kein Teil Ungarns, zweitens ist die Identität der beiden Personen, die Caspar mit Vornamen hießen, höchst fragwürdig, und drittens ist die Argumentation daran gebunden, daß die gesuchten Bach-Familienmitglieder etwas mit gleichzeitigen Thüringer Namensträgern zu tun hätten. Und abgesehen davon, daß man auch ohne eine solche Verbindung »Bach« heißen konnte, widerspricht dieses Modell Bachs Darstellung im »Ursprung«: Denn dann wäre Veit Bach nicht auf der Suche nach einer Gegend gewesen, in der er seine Religion unbehelligt ausüben konnte, sondern er wäre in die Gegend gezogen, in der seine Verwandten lebten.

Wie steht es um die zweite Variante? Veit Bachs Heimat könnte ein weiter östlich gelegenes Gebiet Ungarns gewesen sein, nämlich das konfessionell vielgestaltige Fürstentum Siebenbürgen. An sich hatte es dort bis gegen 1570 eine einzigartige religiöse Toleranz gegeben – zwischen römisch-katholischer, evangelisch-lutherischer, reformierter und unitarischer Konfession[19]. Die Verhältnisse änderten sich, als die Familie Báthori die Regierung übernahm: unter István (seit 1571), besonders unter seinem Sohn Zsigmond (seit 1588). Es kam zu einer Annäherung an die kaiserlichen Positionen, schließlich sogar zu einem Bündnis mit Rudolf II. gegen die Türken, die dennoch in dem langen, blutigen »Fünfzehnjährigen Türkenkrieg« (1593–1606) das Geschehen diktieren konnten; ganze Talschaften sind vertrieben worden – an den Flüssen Körös und Szamos, den östlichen Zuflüssen der Theiß. Das Bündnis aber war zugleich davon getragen, daß Zsigmond Báthori, von Jesuiten erzogen, das Gleichgewicht der Religionen zu verschieben versuchte – gewissermaßen zur kaiserlichen Linie hin[20]. Daß man aus diesem Gebiet floh, ist also denkbar – wohl eher vor dem Krieg als aus religiösen Gründen, wenngleich man die religiösen Gründe durchaus als Ursache auch des Krieges ansehen konnte (sogar für die Niederlage in der Schlacht von Mohács hatte man den »alten Glauben« verantwortlich gemacht[21]). Für einen Angehörigen der »Siebenbürger Sachsen« kann es daraufhin durchaus nahegelegen haben, nach »Sachsen« (einschließlich Thüringens) zu emigrieren. Daß Veit dort Bach-Namensträger traf, ist kein Problem; doch mit ihnen dürfte er nicht verwandt gewesen sein, und sein Nachname kann sogar auf eine andere Weise zustande gekommen sein, als es für jene Gegend typisch ist. Diese Theorie paßte mit sämtlichen Wechmarer Dokumenten zusammen, ebenso mit Bachs Angaben – ausgenommen seine Verknüpfung der Familiengeschichte mit einem Detail der Gothaer Stadtgeschichte.

Vermutlich hilft es also am weitesten, wenn man sich mit den Informationen Bachs begnügt und sie so behutsam wie möglich korrigiert, da sie in keinem Fall völlig korrekt sein können. Demnach war jener Veit Bach ein Bäcker, übte also genau das Handwerk aus, das im Sinne süddeutsch-österreichischer Sprachtraditionen für einen seiner Vorfahren namengebend gewesen war. Er muß längere Zeit in Ungarn gelebt haben und zu Besitz gekommen sein; daß er schon vor 1550 aus Ungarn (im engeren, eigentlichen Sinne genommen) floh, ist unwahrscheinlich. Entweder also stimmt die Herkunftsangabe nicht; oder Bach irrte darin, die Lehre seines Vorfahren Johannes in die Zeit vor der Zerstörung des Gothaer Schlosses zu verlegen. Wichtig aber ist, daß es gerade in »Ungarn« zahllose weitere »Bachs« gegeben haben kann, die nicht mit Veit Bach verwandt waren, sondern deren Namen sich lediglich ebenfalls aus einer Tätigkeit als Bäcker herleitete; mit Hinweisen auf entsprechende Namenstraditionen[22] erreicht man für die Familiengeschichte Bachs also gar nichts, sondern bewiese im Grunde genommen nur nochmals die sprachgeschichtlichen Forschungen Jacob Grimms. In dieser Hinsicht dürften sich die Traditionen dieser Familien obendrein von denen der zeitgenössischen Thüringer Namensträger grundsätzlich unterschieden haben. Dem in Wechmar Dokumentierten sollte man also glauben: Man findet dort einen Veit Bach, der 1619 starb, und zwei Personen mit Vornamen Johannes (der eine 1626 gestorben, der andere 1604 geboren); von dieser Konstellation, die den Angaben Bachs nicht widerspricht, sollte man zwingend ausgehen. Es ist also am wahrscheinlichsten, daß Veit Bach zwischen 1577 und der Mitte der neunziger Jahre vor jenem Siebenbürgen-Konflikt floh und nach Wechmar kam – in das ernestinische (thüringische) Sachsen. Und damit kann man zunächst zu Veits Sohn Johannes, dann zu den Enkeln Johannes, Christoph und Heinrich zurückkehren.

Zur Fortentwicklung der Familiengeschichte nimmt schon Bach wie selbstverständlich zur Kenntnis, daß Veit Bachs Söhne Johannes und Caspar (?) im nahegelegenen Gotha als Stadtpfeifer wirkten. Angenommen, diese Darstellung ist korrekt, dann hätten sich damit beide in jenen städtisch-zünftisch organisierten Musikbetrieb hineinbewegt, in dem von Musikern verlangt wurde, daß sie jede Art von Musikdarbietung, die im Stadtleben erforderlich war, übernehmen konnten – das Choralblasen vom Kirchturm, das Instrumentalspiel in gottesdienstlicher Musik, die musikalische Unterstützung städtisch-politischer Zeremonien. Diese Universalität des beruflichen Wirkens setzte sich in den konkreten musikalischen Anforderungen fort: Man mußte möglichst viele Instrumente spielen können, also Streichinstrumente (für Veranstaltungen primär in geschlossenen Räumen), ebenso die noch universeller einsetzbaren Blasinstrumente mit ihrer Fern-Klangwirkung, die beim Turmblasen erforderlich ist, und notfalls auch im Regen gespielt werden können (beispielsweise bei einer

Beerdigung). In jedem Fall aber weiß man nicht, wie die Brüder in diesen Beruf hineingekommen sind.

Daß Caspar Bach in der Zeit zwischen 1620 und 1642 schließlich in Arnstadt nachweisbar ist, nimmt man mit ebensoviel Gleichmut zur Kenntnis. Doch dies ist unbedingt bemerkenswert: Denn damit beginnen die Bachs, direkt von der Struktur ihres Lebensraums zu profitieren. Wenn Caspar und sein Bruder Johannes nach Gotha gingen, dann war dies die nächste fürstliche Residenz; Gotha ist knapp zehn Kilometer von Wechmar entfernt. Arnstadt hingegen war Hauptort der Grafschaft Schwarzburg; die Stadt ist rund fünfzehn Kilometer von Wechmar entfernt. Caspar Bach trat dort in den Dienst der Grafen (anders als in Gotha, wo er und sein Bruder bei der Stadt angestellt waren), und dreien seiner Söhne (Johann Sebastian Bach kann ihre Vornamen leider nicht nennen) haben die Grafen angeblich sogar ein Italien-Stipendium finanziert.

Zunächst mag es so scheinen, daß Wechmar auf einem geradezu idealen Mittelpunkt zwischen Gotha und Arnstadt liege, den Hauptorten zweier wichtiger thüringischer Territorien; längerfristig eröffneten sich aber noch weitere Perspektiven. Zunächst: Johannes Bachs beruflicher Aktionsradius war außerordentlich weit gespannt; über ihn heißt es im »Ursprung«: »Seit seinem Hierseyn [also wohl: nachdem er mit seinem Vater aus Ungarn nach Thüringen gekommen war] ist er öffters nach *Gotha, Arnstadt*, Erffurth, Eisenach, Schmalkalden und Suhl, um den dasigen Stadt-*Musicis* zu helffen, verschrieben worden.« Dies aber dürfte für die weitere Familiengeschichte nicht unwichtig gewesen sein: Nicht nur die beiden erstgenannten Orte, sondern auch alle übrigen waren Zentrum eines Territoriums, und an jedem waren eigene Musikerstäbe vorhanden. Wenn man also Johannes Bach dorthin bestellte, spricht dies für seine Fähigkeiten; aber es zeigt auch, wie gut die Infrastruktur des Gesamtgebiets war, in dem sich die Nachricht von seinen Qualitäten ja herumgesprochen haben muß. Daraufhin aber wurden er und seine Familie in jenem Gesamtgebiet zu einer eigenen Instanz des Musiklebens.

Für jenen Johannes (Hans) Bach begegnet man neuerlich einem Namensproblem. Zur gleichen Zeit lebte ein Spielmann und Schalksnarr dieses Namens, der am Hof der Herzogin Ursula von Württemberg in Nürtingen wirkte. Freilich gilt für diesen »Bach« das gleiche wie für alle übrigen: Er hat sicherlich mit »der« Familie Bach nichts zu tun. Daß Johann Sebastian Bach hingegen in der Zusammenstellung des Aktionsfeldes einem Irrtum aufsaß, ist weit weniger wahrscheinlich: Das Wissen darum muß Traditionsgut der Familie gewesen sein; jedenfalls ist kaum vorstellbar, aus welchen archivalischen Quellen, die über ein solches Wirken berichten könnten, Bach davon erfahren hätte.

Johannes und Caspar Bach hatten also den engeren Wechmarer Lebensraum bereits auf charakteristische Weise gesprengt, und besonders die Söhne des Wechmar-Gothaer Hans (Johannes) Bach, Johann(es), Christoph und Heinrich, haben dies fortgeführt. Sie sind nach Erfurt, Weimar und Arnstadt gezogen und erschlossen damit das Gebiet noch weiter, das ihr Vater als Musiker durchmessen hatte – womit zugleich dokumentiert ist, daß er damit tatsächlich einen Grundstein für das weitere Wirken der Familie gelegt hatte. Mit Erfurt und Weimar werden nun aber noch zwei weitere Orte auch als Lebenszentren der Bach-Familie genannt. Und somit muß man die Hintergründe noch weiter ausleuchten, die die geographische Ausbreitung der Familie hatte.

Gotha, die erste Stadt, in die die Bachs zogen, war in jener Zeit Zentrum des ernestinischen Sachsen – also der Gebiete, die bei der Teilung der wettinischen Lande im Jahr 1485 nicht an Albrecht gefallen waren (albertinisches Sachsen, etwa dem späteren Sachsen vergleichbar), sondern als westlicher Teil an seinen Bruder Ernst (etwa im Raum des späteren Thüringen). Erstens nun: Anders als der albertinische Teil, der fast stets geschlossen vererbt wurde, war es im ernestinischen Teil üblich, den Besitz unter Erben aufzuteilen, weshalb dort jene sprichwörtlichen Duodezfürstentümer entstanden (Duodez ist eigentlich ein Papierformat, das bei sechsmaligem Falten eines großen handgeschöpften Papierbogens zwölf kleinformatige Blätter entstehen läßt). Auf diese Weise entstanden mit der Zeit etwa die Landesteile Sachsen-Coburg, Sachsen-Eisenach, Sachsen-Gotha, Sachsen-Meiningen und andere. Zweitens aber: Ebenfalls anders als das albertinische Sachsen bildete der ernestinische Teil von vornherein keine geschlossene Ländermasse, sondern enthielt Einsprengsel, die von anderen Landesherren regiert wurden. Das wichtigste derartige Territorium war die Grafschaft Schwarzburg, selbst in drei Teile geteilt (Arnstadt und Rudolstadt, Sondershausen, Amt Gehren). Daneben sind die Besitzungen des Erzbischofs von Mainz zu nennen, die neben dem Eichsfeld im Nordwesten auch die Stadt Erfurt umfaßten; die Stadt war dabei mit Freiheiten ausgestattet, die denen einer Freien Reichsstadt entsprachen (doch Erfurt hatte den Sprung in die Reichsunmittelbarkeit gewissermaßen verpaßt). »Echte« Freie Reichsstädte gab es auch, etwa Mühlhausen, das zudem über einen Werrahafen (Wanfried) einstmals Mitglied der Hanse gewesen war, oder Nordhausen. Schließlich gab es erbbedingte Herrschaften von auswärts: Die einstige Grafschaft Henneberg am Südwestabhang des Thüringer Waldes hatte Hessen einen Besitz auf den Gipfellagen des Bergzugs verschafft; an der einstigen Grafschaft Gleichen, zwischen Gotha und dem Thüringer Wald gelegen, hatten auch die Grafen von Hohenlohe Besitzrechte.

Jene Ausbreitung der Bachs wäre folglich in einer anderen Gegend Europas so kaum denkbar gewesen: Sie ergibt sich aus der besonderen geographischen Lage Wechmars ebenso wie aus den historischen Besonderheiten Thüringens (die allzuleicht als »deutsche Kleinstaaterei« negativ abgetan sind). Insofern muß man, um die Verhältnisse angemessen zu würdigen, zunächst ein Bewußtsein für die historische »Wertigkeit« der Orte entwickeln: Städte, die heute wie schlichte Landstädte wirken (und vielleicht längst nicht einmal mehr Kreisstädte sind) und in denen man als auswärtiger Besucher verwundert ist, wenn man einem Wegweiser zum Schloß begegnet, boten sehr viel mehr kulturelle Möglichkeiten, als eine tatsächliche Landstadt gehabt hätte – dadurch, daß sie nicht nur ein städtisches Leben hatten (das zudem dem Rang eines Hauptortes im jeweiligen Territorium entsprach), sondern obendrein auch ein höfisches – vielleicht bescheiden, doch in jedem Fall mit eigener Identität. Die Regentschaft durch auswärtige Landesherren öffnete schließlich auch die Infrastruktur über den eigentlichen thüringischen Raum hinaus: Einflüsse von außen drangen leichter in das Thüringer Gebiet ein und umgekehrt.

Wenn also Johann, Sohn jenes Johannes, nach Erfurt zog (dem Stand nach ebenfalls als Stadtpfeifer, dabei aber auch als Organist wirkend), dann trat er in ein drittes, nicht minder bedeutendes Territorium ein – wiederum in dessen Hauptort, in ein klar städtisch geprägtes Gemeinwesen, diesen Sonderfall im Heiligen Römischen Reich Deutscher Nation. Auch Erfurt liegt nicht weit von Wechmar entfernt: nur etwas mehr als zwanzig Kilometer. Johann Bach wirkte zeitweise in Suhl und Schweinfurt (somit weitete er – ähnlich wie sein Vater – den Aktionsraum der Familie), kehrte aber letztlich nach Erfurt zurück. Heinrich Bach hingegen wurde Stadtmusikus und Organist in Arnstadt, fand seine Lebensstellung also im Hauptort der Grafschaft Schwarzburg – der bereits von seinem Onkel Caspar für die Familie »besiedelt« worden war. Schließlich Christoph: Er war zunächst Stadtpfeifer in Erfurt, dann in Arnstadt und bildet somit eine Spange zwischen den Orten, die seine beiden Brüder erfaßt hatten. Zuvor jedoch hatte er, wie Johann Sebastian Bach im »Ursprung« schrieb, »*musicam instrumentalem*« gelernt und »war anfänglich fürstlicher Bedienter am Weimarischen Hofe«. Wo jene Lehre stattgefunden hat und ob ein dortiger »fürstlicher Bedienter« auch musikalisch tätig war (was für die erste Hälfte des 17. Jahrhunderts nicht unnormal ist), wird leider nicht erwähnt. Auch Weimar ist zumindest von Erfurt wiederum nur zwanzig Kilometer entfernt.

Es gab im thüringischen Raum durchaus Wanderungsbewegungen von Musikern auch über größere Entfernungen hinweg, wie es ja auch Johannes und Johann Bachs Biographien zeigen. Doch für ihre Familie war etwas anderes wichtiger. Die Entfernungsangaben von Wechmar nach Gotha, Erfurt und Arnstadt sowie von Erfurt nach Weimar bezeichnen allesamt Strecken, die man als Fußgänger in weniger als einem Tag zurücklegen kann. Für die Bachs war es auch in späterer Zeit kein Problem, gerade solche Distanzen zu überwinden: Sie veranstalteten Familientreffen, häufig im Gasthof »Goldene Sonne« in Arnstadt; dorthin waren es auch von Erfurt aus wiederum weniger als zwanzig Kilometer. Wechmar war somit für die Familie ein Ausgangspunkt, um in Tagesreisen zu Fuß an die Zentralorte von mindestens drei völlig unterschiedlichen Territorialzusammenhängen gelangen zu können. Nicht über beschwerliche Fernreisen, sondern als Fußgänger zwischen dicht benachbarten politisch-kulturellen Zentren konnte die Familie daraufhin eine Art Clanherrschaft aufbauen, ein außenpolitisches, grenzüberschreitendes Netzwerk; das Wirken der Familie ist dem einer international operierenden Bande nicht ganz unähnlich (wenn auch freilich auf keinem kriminellen Fundament). Einerseits waren die Bach-Familienmitglieder also so ortsfest, wie es für Musiker in zünftisch organisierten Positionen kaum anders denkbar war; andererseits ermöglichte ihnen die Struktur der nächsten Umgebung eine besondere Mobilität zwischen Orten von überregionaler Bedeutung. Man wird jenem Veit Bach, der aus Ungarn nach Wechmar kam (wer und wann es auch immer gewesen sein mag), nicht unterstellen können, daß er auch dies in seine Ortsprospektion einbezogen hatte; doch mit der Ortswahl im mittleren Thüringer Becken war für die weitere Entwicklung der Bach-Familie vieles praktisch vorbestimmt. Längerfristig verlor Wechmar die alte Schlüsselfunktion; die Familie verlagerte ihr Zentrum. Dieses scheint schon bald von dem Arnstädter Zweig neu gebildet worden zu sein, wie es die Ortswahl für die Familientreffen vermuten läßt. Andererseits war Erfurt für Mitglieder unterschiedlicher Bach-Verwandtschaftslinien zumindest Lehrort, und die Stadtpfeiferhäuser am Erfurter Junkersand nahe der weltberühmten Krämerbrücke wurden generationenlang von den Bachs bewohnt. Diese Verlagerung des Familienzentrums von Wechmar in benachbarte städtische Gemeinwesen war somit – geographisch betrachtet – nur eine geringfügige »Korrektur« der noch jungen Familientradition.

Die musikalische Erfolgsgeschichte der Bachs scheint somit unmittelbar mit der dichten Streuung thüringischer Territorien verknüpft zu sein. Die Bachs haben sich diese Struktur sicherlich nicht völlig auf eigene Faust erschlossen; dieser Freiraum bot sich vielmehr allgemein, und auch andere Familien stießen in ihn hinein. Eine der wichtigsten war die Familie Hoffmann, und Verbindungen zwischen ihr und den Bachs ergaben sich schon früh[23]. Johann Bach (der »erste Erfurter«) lernte die Stadtpfeiferei bei Christoph Hoffmann in Suhl, und daraufhin greifen die Familientraditionen intensiv ineinander.

Johann Bach heiratete eine Tochter Hoffmanns (Barbara), eine andere (Eva) der Arnstädter Heinrich Bach, und deren Brüder Zacharias und Johann Christoph waren wiederum Lehrlinge Johann Bachs in Erfurt. Somit zeigt sich einerseits, wie schnell die Bachs in die Standesstrukturen Eingang fanden; andererseits zeigen die Hoffmanns, die aus Wandersleben stammten (dem Nachbardorf von Wechmar), daß es tatsächlich jene geographische Lage war, die die beruflichen Chancen eröffnete. Und dabei kamen diesen Musikerfamilien sicherlich zwei weitere Aspekte besonders entgegen. In einem solchen Gebiet gab es gute berufliche Möglichkeiten für erstklassige Musiker – so weit, daß besonders qualifizierte Personen zugleich am Hof und bei der Stadt beschäftigt sein konnten, beispielsweise Heinrich Bach in Arnstadt. Daneben konnten aber auch Minderbegabte in dieser besonderen Arbeitsmarktsituation Unterschlupf finden. Das Netz, das die Bachs über dieses Gebiet spannten, brauchte also nicht ausschließlich aus der Qualität ihres Angebots geknüpft zu sein; manches besorgte auch Quantität der Nachfrage.

Nur langsam weitete sich daraufhin der Aktionsradius der Familie; wenn sie zunächst in dem idealen Raum zwischen Erfurt und Arnstadt zentriert blieb, zeigt dies, daß nicht die territoriale Vielgestaltigkeit Thüringens das Entscheidende war, sondern die »Fußgänger-Distanzen«. Vielleicht ist es sogar bezeichnend für die Situation, daß eine Bewerbung Christoph Bachs um eine Stellung im »fernen« Naumburg noch 1661 scheiterte. Doch es hatte auch innere Gründe, daß die Bachs ihre Kultivierung des Raumes nur so langsam fortsetzten. Es ergaben sich neue örtliche Traditionen: Wenn ein neuangekommener Musiker seinen Beruf am Ort selbst an einen seiner Söhne weitergab, hatte die Familie dort dauerhaft Fuß gefaßt – und da man eine solche Position kaum freiwillig wieder aufgibt, ergab sich dann ein Konflikt zwischen der eben errungenen Seßhaftigkeit und jener weiteren »Kultivierung« Thüringens im Sinne der Familientradition. Außerdem handelten die Mitglieder des »Clans« nicht nach einem einheitlichen Prinzip; er teilte sich vielmehr umgehend in kleinere Gruppen auf, die für sich eigene Traditionen begründeten – auch darin, welchen Tätigkeiten die jeweiligen Mitglieder nachgingen.

Von den Enkeln jenes Johannes (Hans) Bach führten die Söhne des Erfurter Musikanten Johann Bach die dortige Stadtpfeifertradition fort. Sie blieben also am neuen Ort und gingen dem Beruf nach, mit dem der erste Erfurter Bach (Johann) dort Fuß gefaßt hatte. Allerdings gibt es eine wichtige Ausnahme: Sein Sohn Johann Christian, 1640 in Erfurt geboren, wirkte kurzzeitig 1665 als Stadtmusikus in Eisenach – über fünfzig Kilometer von Erfurt entfernt. Das ist fürs erste die größte Distanz, die sich zwischen zwei Bach-Orten auftut; aber Eisenach gehörte immerhin auch zu den Orten, die im musikalischen Einzugsbereich seines Großvaters Johannes (Hans) Bach lagen, und außerdem ist Eisenach rund 35 Kilometer von dem alten Zentrum Wechmar entfernt, liegt also ebenfalls in dem alten, mit Tagesmärschen beherrschbaren Gebiet.

In Arnstadt hingegen ergaben sich für die drei Söhne von Johannes Bachs jüngstem Sohn (Heinrich) andere Konsequenzen aus dessen Ortswahl: Der jüngste, Johann Günther, blieb in Arnstadt; aber er war darin unter seinen Brüdern der einzige. Sein nächstälterer Bruder, Johann Michael, blieb zwar ebenfalls im Schwarzburgischen, wirkte aber im Hauptort des Amtes Gehren. Der älteste der drei, Johann Christoph, war nur kurzzeitig in Arnstadt und war dann der erste unter den Bachs, der in Eisenach sogar seine Lebensstellung fand (1665).

Daß sich dieser Familienzweig ganz anders als der Erfurter so stark und schnell auffächerte, mag mit der Berufstätigkeit der jeweiligen Väter zusammenhängen. Stadtpfeifer treten als Gruppe auf, Organisten hingegen einzeln; und tatsächlich wirkte sich vor allem für die beiden jüngeren Söhne Heinrich Bachs aus, daß ihr Vater diese Form des Musikerdaseins praktizierte. Anders als die Erfurter Stadtpfeifer-Vettern, die gegebenenfalls die Orgel als Instrument im Rahmen ihres übrigen Berufs pflegten, waren sie hauptsächlich Organisten. Das hatte Folgen darin, wo sie ihre Lebensstellung fanden: Zwar gab es in Arnstadt Berufsmöglichkeiten für mehr als einen Organisten (weil es mehrere Kirchen gab), aber nur eine der Positionen war verfügbar – und so war es unvermeidlich, daß jene Arnstädter Organisten weiter in die Ferne ausschwärmten. Zudem wurde Heinrich Bach beträchtlich alt; er lebte fast 77 Jahre lang (1615–1692). An diese Aspekte sind die Biographien seiner drei Söhne in wesentlicher Hinsicht gebunden.

Der älteste, Johann Christoph Bach (geboren 1642), übernahm tatsächlich zuerst eine weitere Organistenstelle in Arnstadt: an der Schloßkapelle der Schwarzburger Grafen. Schon Ende 1665 wechselte er nach Eisenach – dorthin, wo ungefähr gleichzeitig sein Erfurter Vetter Stadtmusikus war. Damit stießen dort nicht nur zwei Bach-Familienzweige wieder zueinander, sondern auch deren unterschiedliche Berufstraditionen als Stadtpfeifer und als Organisten. Johann Christoph wurde Organist an der Hauptkirche St. Georgen, wirkte daneben auch am Hof der örtlichen ernestinischen Herzogslinie und starb dort 1703. Der mittlere, Johann Michael Bach (geboren 1648), folgte in Arnstadt zunächst seinem Bruder nach; ins schwarzburgische Gehren zog er 1673 (dort starb er 1694). Der jüngste, Johann Günther (1653 geboren), hätte möglicherweise Nachfolger des Vaters werden sollen, denn er wirkte in jungen Jahren als dessen Substitut; doch er starb neun Jahre vor Heinrich Bach, knapp dreißigjährig. Somit war die Fortentwicklung dieses Familienzweiges, für den der Organistenberuf charakteristisch ist und für den Arnstadt Zentrum war, von ganz anderen Voraussetzungen abhängig als die des »seßhaften« Zweiges der Erfurter Stadtpfeifer.

Zwischen diesen beiden Familienzweigen liegt derjenige von Christoph Bach. Dieser selbst wirkt wie ein Springer zwischen den beiden neuen Familienzentren: Er war Stadtmusikus zunächst in Erfurt, dann in Arnstadt. Christoph Bach war Johann Sebastian Bachs Großvater, und sein Sohn Johann Ambrosius kam 1645 während der Erfurter Wirkungsetappe zur Welt. Johann Ambrosius hatte einen Zwillingsbruder, der neuerlich Johann Christoph hieß; es verwundert kaum, daß sie beide den Stadtpfeiferberuf ihres Vaters ergriffen. Beide wirkten zunächst in Erfurt, also am Stadtpfeifer-Familienzentrum; dort trennten sich die Wege der Brüder im Jahr 1671. Johann Christoph ging Mitte Februar nach Arnstadt; als erstes Mitglied seiner Familie fand er eine Stellung als ausgesprochener Hofmusikus. Und Mitte Oktober wurde Johann Ambrosius Stadtmusikus in Eisenach – dort, wo sein Vetter Johann Christian sechs Jahre zuvor ebenfalls

Stadtmusikus gewesen war und wo nun ein anderer Vetter, Johann Christoph, seit knapp sechs Jahren als Organist amtierte. Somit wirkten nun jeweils zwei der drei Bach-Linien nebeneinander in Arnstadt und in Eisenach – jeweils ein Stadtpfeiferzweig neben dem alten Organistenzweig.

Ganz anders verhielt sich der ältere Bruder der beiden Zwillinge, Georg Christoph: Er schlug die akademische Laufbahn ein. Nach seinem Schulbesuch in Arnstadt wechselte er zunächst ans Gymnasium Casimirianum nach Coburg über und bezog sogar die Universität (1665 in Leipzig); im weiteren Verlauf ist er zwar auch als Organist tätig, im wesentlichen aber als Kantor – das heißt in erster Linie: als Lehrer einer mittleren Klasse an einer Lateinschule. Von 1668 bis 1688 bekleidete er eine solche Position im südthüringischen Themar; dann wirkte er in gleicher Funktion bis zu seinem Tod 1697 in Schweinfurt.

Der berufliche Horizont der Bach-Familie blieb also bei der Stadtpfeiferei; nur Heinrich Bachs Familienzweig begründet eine originäre Organistentradition, und Georg Christoph Bach läßt sich in dieses Schema überhaupt nicht einordnen. Nicht das ernestinische Herrschaftszentrum Gotha, sondern die »fast freie« Stadt Erfurt und die Schwarzburg-Territorien (mit dem Zentrum Arnstadt) eröffnen den Bachs ihre Wirkungsmöglichkeiten. Erst 1665 aber gelangte die Bach-Familie (mit Johann Christian und Johann Christoph) in Eisenach auch in das ernestinische Sachsen zurück.

In der Regel bleibt bei alledem die Rolle unberücksichtigt, die die Töchter der Bachs in dieser Ausbreitung der Familienstrukturen übernahmen. Die weibliche Linie der Familientraditionen läßt sich allerdings erst spät aufgreifen: Ob Veit Bach und sein Sohn Johannes (»Hans«) Töchter hatten, ist nicht bekannt; erst in der Generation der Veit-Bach-Enkel werden auch die Namen von Töchtern überliefert. Und tatsächlich sind auch sie für die »Familienpolitik« keineswegs unbedeutend gewesen. Maria Catharina Bach, Tochter des Arnstädter Organisten Heinrich Bach, heiratete 1668 Christoph Herthum. Damals wirkte dieser als Organist in Ebeleben, später wurde er schwarzburgischer Musiker in Arnstadt und 1692 dort Nachfolger seines Schwiegervaters. Wenn man also nur daran dächte, daß Heinrich Bach seinen Söhnen Organistenposten hätte verschaffen wollen, vergißt man, daß auch die Familie seiner Tochter in seiner Fürsorge eine Rolle spielen konnte.

Herthum scheint somit zunächst fast mehr von den Bachs profitiert zu haben als umgekehrt; daß er aber auch für den Bach-»Clan« von Bedeutung war, zeigt sich später in den Verbindungen, die Johann Sebastian Bachs Familie zu ihm hatte. Herthum wurde Taufpate beim ältesten Bruder Bachs; und vom Zusammenwirken Herthums und Bachs in Arnstadt wird noch eingehender zu sprechen sein. Auch in der Familie Herthum wurde die Organistentradition, die somit von beiden Eltern-Linien repräsentiert wurde, fortgeführt: Ludwig Martin Herthum (1682–1752) wurde 1710 Nachfolger seines Vaters. Die Berufsweitergabe vom Großvater Heinrich Bach bis auf diesen Enkel übersieht man nur allzuleicht, wenn man nicht auch die Frauen der Bach-Familie und ihres näheren Umkreises in die Betrachtung einbezöge.

Auch Maria Catharinas Schwester Anna Elisabetha übernahm vielleicht für die weitere Bach-Berufstradition eine bedeutsame Funktion. Sie heiratete 1676 den Sondershäuser Kantor Johann Heinrich Kühn, der die Universität Jena besucht hatte und 1684 Kantor und Lehrer der Tertia in Ohrdruf wurde. Beide starben im Januar 1690 im Abstand von nur drei Wochen. Im gleichen Jahr kam Bachs Bruder Johann Christoph als Organist nach Ohrdruf; auch durch Kühns Wirken könnte die Bach-Familie berufliche Kontakte nach Ohrdruf gehabt haben. Somit ist denkbar, daß Heinrich Bach, als dessen Stellvertreter Johann Christoph damals in Arnstadt wirkte, auch noch nach dem Tod seines Schwiegersohns, auf dieser Beziehung aufbauend, Einfluß auf die Organistenwahl ausüben konnte.

Geht man eine Generation weiter (also zu den Vettern und Kusinen Johann Sebastian Bachs), dann wird noch deutlicher, daß man den »Clan« nicht erfaßt, wenn man sich nur auf die Träger des Namens Bach beschränkt. Gerade am »Zentrum Arnstadt« hatte sich der Familienverbund weitaus kräftiger festgebissen, als man es bei einer Betrachtung, die sich nur auf die Bach-Namensträger konzentriert, erkennen könnte. Maria Elisabetha Herthum heiratete Andreas Börner; dieser war seit 1702 Organist in Arnstadt, somit ein weiterer Kollege von Johann Sebastian Bach sowie von Christoph und Ludwig Martin Herthum. Börner war seit 1706 Witwer; 1712 heiratete er dann Anna Elisabeth Kühn, die Kusine seiner verstorbenen Frau und Tochter des Sondershäuser Kantors.

Demnach standen die Bach-Namensträger in engem Kontakt auch zu den Familien ihrer weiblichen Verwandten; anders wären Verhältnisse wie etwa die Ehen Andreas Börners oder die Organistentraditionen in Arnstadt kaum zu erklären. Zu beiden Aspekten lassen sich auch Facetten aus dem Umkreis Johann Sebastian Bachs beisteuern: Als sein Vater 1694 Witwer wurde, heiratete dieser Barbara Margaretha, die Tochter des Arnstädter Bürgermeisters Caspar Keul. Was man dabei nicht erkennt: Sie war zuvor mit Johann Günther Bach verheiratet gewesen, dem jung verstorbenen Sohn Heinrich Bachs. Dies, ebenso die Patenfunktion Herthums für Bachs Bruder Johann Christoph, mag vorerst als Argumentationsgrundlage genügen; weitere Aspekte sind später zu ergänzen.

Wie also lassen sich die Verhältnisse umschreiben, in die Bach 1685 hineingeboren wurde: Die Familie, die von Wechmar aus neue Traditionen in der mainzischen Stadt Erfurt (vor allem als Stadtpfeifer) und in der schwarzburgischen Residenz Arnstadt (vor allem als Organisten) gebildet hatte, faßte gerade an einem dritten Ort Fuß: im ernestinischen Eisenach, wo sich nicht nur einfach zwei Familienzweige wiedertrafen, sondern auch zwei unterschiedliche Berufstraditionen. Bach entstammte dem Zweig, der in geographischer Hinsicht am beweglichsten war: Sein Vater war nach Eisenach gekommen, nachdem er auch an den beiden anderen zentralen Bach-Städten gewirkt und Bekanntschaften geschlossen hatte – eine einzigartige Situation.

Zweites Kapitel

Eisenach
1685–1695

Bach verbrachte die ersten zehn Jahre seines Lebens in Eisenach. Diese Feststellung ist fatal, wenn man auf der Suche nach biographischen Informationen ist: Denn über einen maximal Zehnjährigen erhält man bestenfalls dürftiges Standardmaterial. Das, was man direkt über Bach in seiner Eisenacher Zeit erfährt, ist daher nicht viel; man ist sehr schnell darauf angewiesen, den Gesichtskreis zu erweitern – also andersartiges Material hinzuzuziehen, dessen direkte Beziehung zu Bach aber im Einzelfall jeweils geprüft werden muß.

Die Eisenacher Kirchenbücher der Zeit haben die Jahrhunderte überdauert, und so erfährt man, daß Johann Sebastian Bach am 23. März 1685 in der Georgenkirche getauft wurde (vgl. Abbildung S. 6)[1]. Auch der Name und Stand des Vaters werden genannt: Johann Ambrosius Bach, »Hausmann«. Den Namen der Mutter nennt das Taufbuch nicht, freilich aber die der Taufpaten: »Sebastian Nagel, Haußman zu Gotha, vnd Johann Georg Kochen, Fürstlicher Forstbediener alhier«. Den tragenden Vornamen (also abgesehen vom allgemeineren »Johann«) erhielt Bach also von diesem Gothaer Musiker; der Name Sebastian kam zuvor in der Bach-Familie nicht vor. Der Familie muß die Beziehung zu Nagel also etwas bedeutet haben – ohne daß man mehr darüber wüßte.

Das andere, was man direkt über Bach erfährt, betrifft seine Schulzeit[2]: In den Schülerverzeichnissen der Eisenacher Lateinschule findet sich sein Name 1693 und 1694 für die Quinta, 1695 für die Quarta; es war üblich, Klassen zwei Jahre lang zu besuchen (dann begegnete man dem Stoff jeweils zweimal und lernte ihn nicht bloß, sondern verinnerlichte ihn auch – in Bezeichnungen wie »Unterprima« und »Oberprima« ist dieses Prinzip noch lange weitergetragen worden). Schülerverzeichnisse geben die Rangfolge an, die die Schüler im jeweiligen (Doppel-) Jahrgang hatten: Von 81 Schülern, die im ersten dieser Jahre die Quinta besuchten, rangiert Bach als 47., vor der Versetzung im Folgejahr als 14.; im ersten Jahr der Quarta ist er dann auf dem 23. Platz genannt. Mitten aus dem Quartabesuch heraus verliert sich aber seine Spur (das heißt: nicht einmal ein Abgangsvermerk ist in das Verzeichnis eingetragen). Und ein letztes, das man direkt über Bachs Eisenacher Zeit erfährt, gibt bereits Rätsel auf: Im Schülerverzeichnis wurde eine Spalte geführt, aus der unter dem Begriff »abfuit« Abwesenheit vom Unterricht referiert wird. Für 1693 steht dort »96«, für das Folgejahr »59«, für das dritte »103«. Über den Grund der Abwesenheit erfährt man gar nichts. Da in den Listen auch Zahlen stehen, die größer als 365 sind, waren mit ihnen nicht ganze Tage gemeint. Denkbar ist, daß Schulstunden angegeben wurden. Doch der Unterricht wurde viel stärker blockweise aufgefaßt als heute: Vormittags und nachmittags lag je eine Unterrichtseinheit, morgens drei Stunden, nachmittags zwei. Deshalb ist ebenso möglich, daß mit jenen Zahlen halbe Tage gemeint waren[3]. Mit ihnen sind die direkten Informationen über Bachs Eisenacher Zeit dann bereits erschöpft.

Immerhin wird in späterer Zeit sein genaues Geburtsdatum nachgeliefert: Daß Bach am 21. März geboren wurde, erfährt man aus im eigentlichen Sinne biographischen Quellen, etwa dem Artikel, der sich über ihn 1732 im »Musicalischen Lexicon« seines Verwandten Johann Gottfried Walther findet, oder aus Nachrufen. Sie stehen bereits im Zeichen dessen, daß Bach sich sozial oder künstlerisch über den Durchschnitt erhoben hatte; auch diese Quellen berichten aber nichts weiteres über seine Kindheit in Eisenach.

Anhand der Eisenacher Häuserverzeichnisse läßt sich ferner überprüfen, in welchem Haus die Eltern Bachs wohnten, als dieser geboren wurde. Dabei ergibt sich, daß in der Zeit um 1654/88 der Lateinschulrektor Heinrich Börstelmann das Haus am Frauenplan besaß, das als »Bachhaus« bezeichnet wird; Johann Ambrosius Bach besaß hingegen ein Haus in der Fleischgasse (heute Lutherstraße, Hausnummer 35) und bewohnte es von 1675 bis zu seinem Tod 1695. Hier also dürfte Bach geboren worden sein[4].

In Erfurter Kirchenbüchern ist zu lesen, daß Johann Ambrosius Bach am 8. April 1668 Maria Elisabetha Lemmerhirt geheiratet hatte – Bachs Mutter. Man weiß ferner, daß beide im Herbst 1671 nach Eisenach übersiedelten, also in den Ort, in dem Johann Ambrosius' Vetter Johann Christoph bereits als Organist wirkte. Hinter der Berufsbezeichnung »Hausmann«, die in Bachs Taufbuchvermerk für seinen Vater angegeben wird, steht eine lange Entwicklung: Mit diesem Begriff bezeichnete man ursprünglich einen Wächter; Luther noch sah ihn als Synonym zu »Türmer« an, und auch in Eisenach verlangte man 1589 vom Hausmann, daß er beispielsweise tags und nachts stündlich auf dem Horn zu blasen habe[5]. Doch zunehmend teilten sich die begrifflichen Wege für die früheren Türmer-Aufgaben. »Hausmann« wurde zunehmend als »führender Stadtpfeifer« interpretiert; folglich waren auch in Eisenach der Türmer und der Hausmann zwei verschiedene Personen, und diejenige von ihnen, die den »Hausmanns«-Teil übernahm, war mit einem Musikensemble umgeben worden, an dessen Spitze sie rangierte. Die Wurzeln der Traditionen manifestieren sich in Eisenach darin, daß ein bis heute erhaltener Turm der alten Stadtbefestigung der Stadtpfeiferturm war[6]; daß der Hauptturm des Dresdner Schlosses »Hausmannsturm« heißt, beruht auf den gleichen Traditionen.

Ferner: Taufbücher referieren, daß Bach der jüngste von acht Geschwistern war. Ihre Namen und Lebensdaten sind:

Johann Rudolf	Januar-Juli 1670
Johann Christoph	1671–1721
Johann Balthasar	1673–1691
Johann Jonas	1675–1685
Maria Salome	1677–1727
Johanna Juditha	1680–1686
Johann Jacob	1682–1722

Bach überlebte alle seine Geschwister – auch noch seine Schwester Maria Salome um 23 Jahre. Nicht nur seinen ältesten Bruder hat er nicht gekannt, sondern er hatte wohl auch keine Erinnerung an Johann Jonas und Johanna Juditha (gestorben 1685 und 1686). Und sein ältester lebender Bruder, Johann Christoph, war bereits seit 1686 als Lehrling weggezogen, den spezifischen Traditionen des Familienzweiges entsprechend nach Erfurt, allerdings nicht in die Stadtpfeiferei, sondern zu Johann Pachelbel, dem Organisten an der Predigerkirche. Bach wuchs also gemeinsam mit drei zum Teil deutlich älteren Geschwistern auf; alle seine Brüder besuchten die Lateinschule, und im März 1685 war Johann Balthasar längst deren Schüler. 1688 trat dieser in die Lehre seines Vaters, starb aber schon früh, eben 18jährig, kurz nach Bachs sechstem Geburtstag.

Doch der Tod zeichnete Bachs erstes Lebensjahrzehnt noch stärker. Den Eisenacher Totenbüchern läßt sich entnehmen, daß am 3. Mai 1694 seine Mutter beerdigt wurde; Bachs Vater starb ein Dreivierteljahr später am 20. Februar 1695. Die Kirche berichtet allerdings auch, daß er ein Vierteljahr vor seinem Tod nochmals geheiratet hat: jene Barbara Margaretha Bartholomaei geb. Keul, die seit 1688 schon zum zweiten Mal verwitwet war – in erster Ehe war sie mit Johann Ambrosius' Vetter Johann Günther Bach verheiratet gewesen. Die Stiefmutter stellte beim Eisenacher Rat am 4. März 1695 einen Antrag auf Hinterbliebenenversorgung; ihr wurde daraufhin das Gehalt zuerkannt, das ihr Mann für anderthalb Quartale erhalten hätte. Im Herbst 1695 verliert man Bachs Stiefmutter also aus den Augen; wie und wo sie seit Herbst 1695 gelebt hat, weiß man nicht, ebensowenig wann und wo sie gestorben ist.

Damit ist das Standard-Datenmaterial, das über Personen des 18. Jahrhunderts berichtet, auch für Bachs nächste Eisenacher Umwelt ausgeschöpft. Für Bach sprechen sie allerdings eine vergleichsweise deutliche Sprache: Sie berichten nicht allein von der hohen Kindersterblichkeit der Zeit und von großen Altersunterschieden zwischen den ältesten und jüngsten Kindern eines Ehepaares; besonders auf Bachs zehntes Lebensjahr, dessen Ereignisse in ihrer dichten Folge noch besonders bedrückend gewirkt haben müssen, werfen sie Licht.

Bach stand danach vor einer völlig ungewissen Zukunft: Mit eben zehn Jahren bereitete man Menschen noch kaum auf eine konkrete Berufstätigkeit vor; der weitere Schulbesuch und eine Lehre aber kosteten Geld, es sei denn, man fand Unterstützung von karitativen Unternehmungen der Zeit.

Wenn man diese Informationen nun ausbauen möchte, ist man auf weitergehende Kombinatorik angewiesen. Man muß erkunden, an welchen Stellen sich weitere zeitgenössische Dokumente auf die frühen Lebensjahre Bachs beziehen lassen; und da die Informationen bisweilen nicht direkt sagen, worin eine solche Beziehung bestanden haben kann, ist man auf Spekulation angewiesen, auch ohne daß dies sofort mit Substanzverlusten verbunden sein müßte. Man kann hierfür an verschiedenen Punkten ansetzen.

Da Bach schließlich den Musikerberuf ergriff, kann man nach der Rolle fragen, die die Musik im Umkreis seiner Familie innehatte. Zum Zeitpunkt des Todes seiner Eltern war er Schüler; auch über die Schule läßt sich etwas erfahren, und da zum Konzept der Lateinschulen auch die Musik gehörte, begegnet man dort einer weiteren Facette, die Bach in seiner späteren Berufstätigkeit geleitet haben kann.

Eher zweifelhaft ist es, sich einer dritten Frage allzusehr zu widmen: Über Eisenach liegt die Wartburg, auf der Luther das Neue Testament übersetzte, und die Lateinschule, die Bach besuchte, hatte Luther ebenfalls schon besucht; man sieht dies als ein richtungweisendes Element, daß Bach, der für den Protestantismus seit dem ausgehenden 19. Jahrhundert als zentrale Musikerpersönlichkeit auch in Sachen des Glaubens gilt, derart früh mit Wirkungsstätten des Reformators konfrontiert gewesen sei. Zweifellos ist vorstellbar, daß man sich auch im Eisenach der achtziger und neunziger Jahre des 17. Jahrhunderts dieser Funktion bewußt war; doch das Luthertum, das an anderen Orten praktiziert wurde, war nicht besser oder schlechter als das in Eisenach, und so ist problematisch, allein aus dem »örtlichen Zusammentreffen« von Luthers Jugend und der Jugend Bachs für diesen irgend etwas Weiterreichendes zu folgern.

Musik in Bachs Elternhaus und dessen Umkreis

Zunächst sollte man nicht vergessen, daß Bach aus einem Stadtpfeifer-Zweig seiner Familie stammte, zugleich aus dem, der bis dahin am wenigsten ortsgebunden war. Folglich kann man erkunden, wie Johann Ambrosius Bach seinen Beruf versah; Zeugnisse hierfür gibt es, weil der Vater als Stadtpfeifer dem öffentlichen Dienst angehörte und der städtische Arbeitgeber Akten über ihn anlegte.

Johann Ambrosius Bach hat sich nicht selbst um die Stelle beworben, sondern ist dazu vom Eisenacher Rat aufgefordert worden – der Rat hat ihn »von Erffurt beschreiben lassen«, wie man es im Dienstvertrag ausdrückte[7]. Wie man auf die Idee kam, bei ihm anzufragen, ist relativ leicht zu erschließen. Die Stelle war durch den Tod des Hausmanns Christoph Schmidt vakant geworden – in der Bach-Geschichte der Vorjahre kein Unbekannter. Der Erfurter Stadtpfeifer Johann Christian Bach, der 1665 kurzzeitig in Eisenach tätig wurde, war Schüler Schmidts gewesen – und heiratete im Sommer jenes Jahres dessen Tochter Anna Margaretha[8]. Dann ging Johann Christian nach Erfurt zurück; dort kannten er und Johann Ambrosius einander zumindest aus der Ratsmusikantenkompanie. Folglich war es kein Zufall, daß man den letzteren bei der Neubesetzung des Eisenacher Postens in Erwägung zog.

Der Dienstvertrag für Johann Ambrosius Bach wurde am 12. Oktober 1671 unterzeichnet, und dieser trat die Stelle wenig später an. Seine Pflichten umfaßten das »Abblasen« vom Rathausturm (mit vier Kollegen täglich um 10 und 17 Uhr) sowie das Musizieren an allen Sonn- und Festtagen »vor vndt nach der Predig, vor vndt nachmittage beym Gottes Dienst«, und zwar »nach anordnung des Herrn *Cantoris*«. Dieser war folglich sein Dienstvorgesetzter; zunächst Johann Andreas Schmidt (mit dem Hausmann Christoph Schmidt wohl nicht verwandt[9]), nach dessen Tod 1690 Andreas Christoph Dedekind. Andererseits waren ihm die »Bierfiedler« der Stadt nachgeordnet; im Dienstvertrag heißt es über sie, zugleich ihre Funktion näher bezeichnend, es sollten »die bierfiedler künfftig dergestalt an ihn gewiesen seyn, daß er, H. Bach, da dieselben bey begebenheiten vieler Hochzeiten aufwarten sollten, den gewöhnlichen Lohn, sie, die bierfiedler, aber das trinckgeld davon haben sollen«. Weitere Aufgaben wurden nicht erwähnt, sondern selbstredend von ihm verlangt; hierzu gehörte vor allem das Musizieren bei feierlichen Anlässen des Rats.

Nicht genannt sind freilich auch die Tätigkeiten, mit denen Johann Ambrosius Bach im Rahmen der herzoglichen Hofmusik hervortrat; erstens lagen diese ohnehin außerhalb der direkten Kompetenz der Stadt, und zweitens bestand die Veranlassung dazu 1671 noch nicht. Erst im Folgejahr nämlich wurde Eisenach Residenzstadt: Im Rahmen der typischen ernestinischen Landesteilungen war das Territorium zwar schon 1596 entstanden, aber zunächst von anderen Orten aus regiert worden (zuletzt von Marksuhl aus); 1672 dann verlegte Herzog Johann Georg seinen Regierungssitz nach Eisenach. Wie wichtig dem Hof Johann Ambrosius Bachs Dienste waren, wird letztlich auch daran deutlich, daß nach einer Kapellverkleinerung 1692 nur noch der Kapellmeister (Daniel Eberlin), einige Hoftrompeter und -pauker, ein Lautenist sowie der Stadtmusikus Bach als Musiker genannt werden[10].

Die Eisenacher dürften mit Johann Ambrosius Bach besonders zufrieden gewesen sein. Dies spiegelt sich bereits in einem ebenso emphatischen wie sprachlich fehlerhaften Bericht über sein Musizieren zu Ostern 1671, den der Hof- und Stadtzimmermann Georg Dressel in eine Chronik über die aktuellen Ereignisse der Zeit einfügte[11]: »1672 hatt der neube haus Mann Auf ostern mit orgell geigen zingen vnd trombpeten vnd mit heerbaucken Dar rein geschlagen Das noch kein Canter vnd haus Mann weil Eisenach gestanten nicht geschehen als wie hertzig Wilhell hier ist geweßen wie hertzig Johann Jorg seinen Ein Zug mit seiner GeMahlin hat gehalten.« Also hat Johann Ambrosius Bach zu Ostern 1672 mit einem beträchtlich großen Ensemble musiziert, das Streicher, ein Bläserensemble aus Zinken und Trompeten sowie Pauken und Orgel umfaßte. Und dies Ganze klang so, wie man es seit langem nicht mehr von Eisenacher Kantoren und Hausmännern erlebt hatte – wohl zuletzt anläßlich einer Huldigung, die Herzog Johann Georg anläßlich seiner Hochzeit mit Johannetta von Sayn-Wittgenstein (1661) gemeinsam mit seinem Vater, Johann Wilhelm IV. von Sachsen-Weimar, entgegengenommen hatte.

Bringt man diesen Bericht aber mit der Dienstanweisung zusammen, ergibt sich ein Problem besonderer Art. Ist es denkbar, daß dieses Musizieren tatsächlich keine vokalen Elemente enthielt – die Musik, die vor und nach der Predigt erklang, also an dem klassischen Platz der späteren Kirchenkantate? Sicher, die Leitung des Vokalensembles fiel in die Kompetenz des Kantors. Denkbar ist aber, daß »der neue Hausmann« den Kantor massiv entlastete – bis dahin, daß er in seinem Wirken den Vorgesetzten derart in den Schatten stellen konnte. Tatsächlich war Johann Ambrosius Bach auch für Vokalmusik zuständig, wie durch Zufall etwa zur gleichen Zeit aus einer Ratsäußerung hervorgeht. Damals bewarb er sich um das Braurecht; er erhielt es, weil er nicht nur unbescholten war, »sondern auch in seiner profession dermaßen qualificirt, daß er sowohl mit vokal- als instrumental Music beym Gottes Dienst vndt ehrlichen Zusammenkünften mit hoch vndt niedrigen Standespersonen guter vergnügung aufwarten kann«[12]. Auch der Organist, Johann Christoph Bach, hat Ensemblemusik mit Singstimmen geschrieben; man wird also zu überlegen haben, wie der Kantor seinen Dienst verstand und wie er Werke seiner musikalischen Berufskollegen in seine eigene Praxis integrierte.

Johann Ambrosius Bach dürfte ansonsten ein Musiker gewesen sein, der – in standestypischer Weise – alle die Instrumente, die er in jener Ostermusik so eindrucksvoll anführte, selbst spielen konnte. Wie man sich diese Universalität vorzustellen hat, ergibt sich aus einem Zeugnis, das Johann Sebastian Bach 1745 in Leipzig dem damaligen Stadtpfeifergesellen Carl Friedrich Pfaffe ausstellte, als dieser sich um eine Adjunktur bewarb: Von diesem wurde als Probe das Spiel auf sämtlichen Instrumenten, »so von denen StadtPfeiffern pfleget gebraucht zu werden«[13], verlangt, und diese werden daraufhin aufgeführt: Violine, Oboe, Querflöte, Trompete, Waldhorn, Baßinstrumente. Das Spektrum ist im späten 17. Jahrhundert noch anders gewesen (zweifellos ging es etwa beispielsweise um Block- anstatt um Querflötenspiel); doch dem Anspruch nach sind die Verhältnisse auch vorher ähnlich gewesen.

Wie dieses Zeugnis zeigt, gab es »Gesellen« in einer Stadtpfeiferei, ebenso »Adjunkten« (hier gewissermaßen »Anwärter für Meister-Stellen«), freilich ebenso Lehrlinge. Gesellen- und Lehrlingsausbildung gehörte in Eisenach zu Johann Ambrosius Bachs Pflichten, und diese jüngere Stadtpfeifergeneration wohnte (wie im Handwerk weithin üblich) beim Lehrherrn im Haus. Somit ist es nicht nur eine ideal-romantische Vorstellung, daß in der nächsten Umgebung des kleinen Johann Sebastian Bach wohl fast dauernd Musik gemacht wurde. Dennoch bleibt bei einer solchen Feststellung unklar, wie Stadtpfeifersöhne konkret in den traditionsreichen Beruf hineinwuchsen. Man kann sich vorstellen, daß die Kinder von Schneidern, Kürschnern, Schreinern und Schmieden schon früh von ihren Vätern in die Werkstatt mitgenommen wurden und (je nach Berufsgefahren) nachgeordnete Tätigkeiten selbst ausführten; bei zunftmäßig arbeitenden Musikern ist derart Nachgeordnetes aber kaum denkbar. Man kann allenfalls an eine Ausbildung im Spiel von Instrumenten denken; doch dies hätte schon auf die eigentliche berufliche Qualifikation abgezielt, wäre also im Vergleich zu einem Handwerk bereits ein zweiter Ausbildungsschritt gewesen. Nicht einmal das Ziehen der Notenlinien auf dem (teuren) Papier wird man einem Kind überlassen haben können. Wie Johann Sebastian Bach und seine Brüder den Vater erlebten, welche »Handwerksgeheimnisse« sie sich bei ihm abgucken konnten, bleibt folglich unklar.

Daß derart handwerksartige Verhältnisse aber bestanden, zeigt die Biographie von Bachs Bruder Johann Balthasar: Er besuchte die Lateinschule bis zur Tertia und trat dann bei seinem Vater in die Lehre. In Umrissen ähnlich war auch der Lebensweg Johann Jacob Bachs, des zweitjüngsten Sohnes in der Familie: Auch er besuchte die Schule bis zur Tertia und wurde dann Stadtpfeiferlehrling; allerdings war er 1695, als sein Vater starb, erst 13 Jahre alt und Quartaner, so daß er noch für ein Jahr (bis 1696) die Schule in Ohrdruf besuchte – ebenso wie sein jüngerer Bruder Johann Sebastian. Johann Jacobs Lehrherr in Eisenach war der Nachfolger seines Vaters, Johann Heinrich Halle; möglicherweise war eine Regelung darüber, daß Johann Jacob Bach auf einer der Eisenacher Lehrstellen ausgebildet werden sollte, noch zu Lebzeiten des Vaters getroffen worden (zumal dies ja in seine eigene Zuständigkeit fiel). Auch Johann Sebastian Bachs weiterer Lebensweg hätte also in dieser Richtung verlaufen können, wenn der Vater nicht so früh gestorben wäre.

Wenn man nach der Rolle fragt, die die Musik im Umkreis seiner Familie hatte, begegnet man allerdings auch dem anderen in Eisenach beheimateten Familienzweig: dem des Organisten Johann Christoph, eines Vetters von Johann Ambrosius (also eines der Söhne des Arnstädter Organisten Heinrich Bach). Welche Rolle spielte dieser Johann Christoph Bach für den kleinen Johann Sebastian – in den ersten zehn Jahren seines Lebens?

Zunächst: Bisweilen wird angenommen, daß das Verhältnis zwischen den beiden Vettern und ihren Familien nicht besonders gut gewesen sei. Hauptargument dabei ist, daß keiner der beiden (ebenso keine der beteiligten Frauen) Pate bei einem Kind aus der jeweils anderen Familie gewesen sei[14]. Tatsächlich können Patenschaften etwas über Familienkontakte aussagen – aber man sollte solche Informationen auch nicht allzusehr verabsolutieren. Äußerlich naheliegend wären Patenschaften zwischen den Familienzweigen erst nach 1671 gewesen, als auch Johann Ambrosius Bachs Familie in Eisenach lebte. Wie stand es aber konkret um diesen Aspekt?

Befaßt man sich zunächst mit Johann Christoph Bachs Kindern, die in der darauffolgenden Zeit geboren wurden, so fällt auf, daß sie in der Regel keine Musiker als Paten erhielten. Die einzige Ausnahme ist der 1685 geborene Sohn Johann Michael: Für ihn wird der gleichnamige Gehrener Organist als Pate und Namensgeber ausgewählt, und das lag für Johann Christoph Bach freilich sehr nahe, denn dieser Johann Michael Bach war sein Bruder. Ähnlich steht es für seine Tochter Anna Elisabeth, 1689 geboren: Ihre Patin und Namensgeberin ist Anna Elisabeth Kühn, die Frau des Ohrdrufer Kantors – seine jüngste Schwester. Fast nur Nichtmusiker wurden also als Paten ausgewählt; unter Verwandten kamen allenfalls Geschwister in Frage. Bei beidem schied Johann Ambrosius Bachs Familie aus.

Befaßt man sich andererseits mit dessen Kindern, so ist zunächst noch offenkundiger als bei denen des Vetters, daß sie jeweils nach ihren Paten heißen – und da in dieser Familie bereits während der Erfurter Zeit Johann Ambrosius Bachs ein Kind auf den Namen Johann Christoph getauft worden war, kam der Eisenacher Organist als Namensgeber (und folglich als Pate) nicht mehr in Frage. Überhaupt wurden in dieser Familie aber nur selten direkte Verwandte Paten, und so wurde für jenen Sohn Johann Christoph nicht einmal der gleichnamige Zwillingsbruder Johann Ambrosius Bachs herangezogen, obgleich die beiden Brüder ein besonders herzliches Verhältnis zueinander hatten; der Sohn wurde vielmehr auf den Namen des Arnstädter Organisten Christoph Herthum getauft. Und bei den Töchtern von Johann Ambrosius und Maria Elisabetha Bach wurde einmal eine Frau aus der Verwandtschaft der Mutter Patin (Maria Salome Lemmerhirt: Tochter Maria Salome, 1677), einmal die Frau von Johann Ambrosius' Bruder Georg Christoph (Anna Juditha Bach: Tochter Johanna Juditha, 1680).

Es kann also keine Rede davon sein, daß die Familie Johann Christoph Bachs aus individuellen Gründen direkt übergangen worden sei; sie kam vielmehr objektiv kaum in Frage: einerseits wegen der Namensprobleme, andererseits weil die »Verwandtschaftskriterien«, die der Patenwahl zugrunde gelegt wurden, auch in diesem Fall nicht erfüllt waren und die beruflichen Beziehungen nicht weit genug in die Ferne ausgriffen – so wie für die Fremden unter den Paten ersichtlich. Einmal immerhin hat Johann Christoph Bach in der Familie seines Vetters einen Paten vertreten, der nicht anwesend sein konnte (nämlich Johann Pachelbel für Johanna Juditha); andererseits hat Johann Christoph Bach als Vertreter für seinen Bruder Johann Michael nicht Johann Ambrosius benannt, sondern dessen Dienstvorgesetzten, den Kantor Johann Andreas Schmidt. Auch daran ist nichts Auffälliges; die These von dem kühlen Verhältnis zwischen beiden Familien ist also zumindest aus den Patenschaften heraus nicht zu belegen – und diese waren die eigentliche Basis für diese Idee.

Zudem läßt sich durchaus eine enge berufliche Zusammenarbeit der beiden Musiker nachweisen. Sie müssen einander im Musikleben der nicht gerade großen Stadt auf Schritt und Tritt begegnet sein: nicht nur in der Georgenkirche, sondern ebenso am Hof (wo auch

Johann Christoph Dienst tat – vom Herzog genoß er sogar besondere Protektion[15]). Nicht unwichtig ist aber auch, daß eine Komposition Johann Christoph Bachs sich nur in Quellen aus dem Umkreis Johann Ambrosius Bachs erhalten hat: die Hohelied-Vertonung »Meine Freundin, du bist schön« im sogenannten »Altbachischen Archiv«, einer Sammlung von Musikalien der frühen Bach-Familie (siehe S. 166). Johann Ambrosius Bach hat hierzu die Vokalsolo- und Instrumentalstimmen ausgeschrieben, ein unbekannter Kopist den Part für die Tuttistimmen des Chors. Ob man freilich daraus schließen muß, daß hier der Hausmann »als Kopist« für den Organisten »fungierte«[16], ist zweifelhaft; eher ist denkbar, daß man hier neuerlich der Frage begegnet, wer eigentlich für welchen Teil der Eisenacher Kirchenmusik zuständig war – und daß Zuständigkeitsbereiche auch so überlappen konnten, daß Johann Ambrosius Bach die Quellenherstellung für seine Aufführungen organisierte (in diesem Fall also für die eines Werkes von Johann Christoph Bach). Doch in jedem Fall ist dadurch dokumentiert, daß die Arbeitsbereiche der beiden Musiker eng und fruchtbar ineinandergriffen.

Ob hingegen Johann Sebastian Bach während seiner Eisenacher Kindheit in Kontakt zu seinem Onkel Johann Christoph gekommen ist, wie bisweilen vermutet wird, kann man wohl auch bezweifeln. Zwar schätzte Bach ihn später sehr; sein Urteil im »Ursprung der musicalisch-Bachischen Familie« lautet »ein *profonder Componist*« (sein Sohn Carl Philipp Emanuel Bach ergänzte: »Dies ist der große und ausdrückende Componist«) und führte noch in den vierziger Jahren Motetten von ihm auf[17]. Doch wann Bach sich diese Noten verschafft hat, ist eine eigene Frage: Er kann sie kaum bereits zusammengetragen gehabt haben, als er als Zehnjähriger Eisenach verließ. Und selbst wenn Bach seinen Onkel in der Georgenkirche spielen gehört hat, war er von ihm doch räumlich weit getrennt: Der Schülerchor sang auf einer Empore, die genau unter der Orgelempore angebracht ist[18]. Schließlich dürfte Johann Ambrosius Bach zumindest für seine jüngeren Söhne den Beruf des Stadtpfeifers ins Auge gefaßt haben – so, wie es für Bachs beiden nächstälteren Brüder erkennbar ist. Daß der kleine Johann Sebastian folglich den Grund für seine spätere Organistenlaufbahn gerade in den ersten zehn Lebensjahren gelegt haben sollte, ist relativ unwahrscheinlich – und Grundlagen des Spiels auf Tasteninstrumenten kann er auch von seinem Vater gelernt haben. Insofern sollte man die Beziehung des kindlichen Johann Sebastian zu dem späterhin so bewunderten Organisten-Onkel vielleicht nicht allzusehr für selbstverständlich nehmen.

Bach als Eisenacher Schüler

Im Jahr 1693 ist Bach erstmals als Schüler an der Eisenacher Lateinschule genannt[19]. Folglich ist er irgendwann 1692 in sie eingetreten: Wie für Schülerverzeichnisse üblich, erfaßte man einen Schülerbestand nicht fortlaufend, sondern referierte für jedes Jahr den Stand zum Zeitpunkt der Prüfungen. Deshalb muß Bach 1693 erstmals zu einer Prüfung angetreten sein. Sie fand üblicherweise am Montag nach dem vierten Fastensonntag statt (»am Montag vor Judika«). Und daraus läßt sich für das Vorjahr auch versuchsweise der Zeitpunkt ermitteln, zu dem der siebenjährige Bach in die Schule eintrat: zu Ostern. Doch als Schuljahresbeginn wird 1692 erst der 15. Juni referiert. Keineswegs hatten die bereits an der Lateinschule eingeschriebenen Schüler ein Vierteljahr lang unterrichtsfrei, doch es wäre immerhin zu überlegen, ob Neueintritte in die Schule vielleicht tatsächlich erst zu jenem späten Termin erfolgten.

Die Lateinschule lag, vom Wohnhaus der Bach-Familie aus gesehen, am anderen, westlichen Ende der Stadt im vormaligen Dominikanerkloster am Predigerplatz. Bach trat sofort in die Quinta ein, übersprang also gewissermaßen die Sexta, die – ebenso wie die Quinta – eine notorisch stark besetzte Klasse in den Lateinschulen der Zeit war (für Eisenach sind Klassenstärken bis gegen hundert Schüler dokumentiert[20]). Schulpflichtig war Bach an sich aber schon seit seinem fünften Lebensjahr gewesen; um als Quintaner auf die Lateinschule gehen zu können, muß er Grundkenntnisse beispielsweise im Lesen und Schreiben gehabt haben. Wahrscheinlich ist Bach also um 1690 Schüler in einer der sechs deutschen Schulen in Eisenach geworden, vermutlich in derjenigen des Schulhalters Franz Hering. Deshalb kann er an der Lateinschule nicht zu den leistungsschwächsten Schülern seiner Klassenstufe gehört haben. Die Quintaner wurden in drei Gruppen eingeteilt, die »Abecedarij«, die »Syllabisten« und die, »die Lesen können«; daraus ergibt sich, wie das Schreiben- und Lesenlernen vonstatten ging (erst das ABC, dann Einzelsilben, schließlich das Lesen insgesamt)[21]. Und wenn ein Schüler bereits zwei Jahre in der deutschen Schule zugebracht hatte, wurde er kaum mehr unter die »A-B-C-Darii« eingereiht.

Jede Klassenstufe hatte Jahr für Jahr den gleichen Lehrer; seine Aufgaben waren also direkt an eine bestimmte schulische Stellung gebunden. Es gab Überschneidungen, wie sie sich vor allem in der Aufgabe des Kantors manifestieren, der seine musikalische Funktion selbstverständlich für Schüler aus allen Klassenstufen ausübte; doch insgesamt läßt sich eine klare Zuordnung nachzeichnen. Der Rektor übernahm somit vor allem die Prima, der Konrektor die Secunda; niedrigere Ränge wurden in der Regel so gezählt, daß der schulische Rang und die Klassenstufe mit den gleichen lateinischen Ordnungszahlen belegt wurden. Bachs Klassenlehrer in der Quinta war also der »Collega Quintus«. In diese Funktion war erst kurz zuvor, spätestens aber zum Schuljahresbeginn 1692/93, Johann Christoph Juncker[22] eingetreten. Seine Unterrichtsaufgaben bestanden aus der Vermittlung von Luthers Katechismus, 33 Psalmen und Bibelsprüchen sowie in Wort-, Schreib- und Leseübungen auf Deutsch und Lateinisch (teilweise basierend auf dem »Vestibulum Latinitatis« von Amos Comenius). Aus jüngerer Sicht sollte man dies nicht allzu schroff in eine teils theologische, teils sprachbezogene Ausbildung zergliedern, sondern eher bedenken, wie eng benachbart Religion und Bildung in diesem Unterrichtskonzept waren – ähnlich also, wie man es aus der Praxis der islamischen Koranschule kennt. Man lernte also auch an Psalmen und Bibelsprüchen Latein und Deutsch, so daß biblische Texte ein Rückgrat auch des Sprachunterrichts bildeten – gewissermaßen den Lektürehintergrund des Grammatikstoffes. Ansonsten hat der »Quintus« bisweilen den Kantor, Andreas Christoph Dedekind, bei dessen musikalischen Aufgaben vertreten.

Bach war also beim Schulwechsel eben sieben Jahre alt und kam mit neun Jahren in die Quarta. Hätte sein Schulbesuch in normalen Bahnen fortlaufen können, wäre er in Eisenach mit 15 Jahren Primaner geworden. Tatsächlich konnte er seinen Schulbesuch etwa so fortführen – allerdings nur noch für eine kurze Zeit in Eisenach. Überlegen sollte man sich aber in diesem Zusammenhang auch, wie (und ob) Bach an den musikalischen Aktivitäten der traditionsreichen Lateinschule Anteil hatte.

Der Schülerchor der Eisenacher Lateinschule

Lateinschulen besorgten zugleich einen wesentlichen Teil des städtischen Musiklebens: Der Chor einer Kirche rekrutierte sich aus ihren Schülern, und die Choristen hielten zudem »Umgänge« durch die Straßen der Stadt ab. Von dem lateinischen Verb »currere«, laufen, leitet sich der Begriff »Kurrende« ab. Die Zahl der Sänger belief sich auf etwa vierzig[23]. Daß Bach, der mit sieben Jahren in die Lateinschule eintrat und mit zehn Jahren Eisenach verließ, bereits Mitglied des Chores geworden war, ist nicht belegt (aber nicht ausgeschlossen). Da sein Vater in engen beruflichen Beziehungen zum Kantor stand, könnte Bach auch besonders früh in den Chor aufgenommen worden sein. Tatsächlich reichten die Beziehungen zu Dedekind auch tief ins Private der Bach-Familie hinein: Als Bachs Stiefmutter nach dem Tod ihres Mannes ihr Unterstützungsgesuch an den Eisenacher Rat richtete, hat Dedekind es aufgesetzt und als Vormund mitunterzeichnet[24]. Damals also wurde die Zukunft Johann Sebastians auch von ihm geregelt.

Bach hat Dedekinds Vorgänger Andreas Schmidt nicht mehr erlebt (gestorben 1690). Die Stellung des Kantors leitete sich aus dem Schulalltag her, in dem der Kantor ein ganz normaler Klassenlehrer mit Unterrichtsaufgaben auch deutlich außerhalb der Musik war. Welche Klassenstufe ein Kantor versorgte, war von Ort zu Ort verschieden[25]; in Eisenach rangierte er als »Collega quartus«, folglich Lehrer der Quarta. Somit hat Bach zumindest 1694/95 als Quartaner direkten Kontakt mit Dedekind gehabt – beziehungsweise mit allem, was sich um dessen schulische Position ergab.

Darüber, wie Dedekind sein Amt versah, ist man nicht direkt informiert. Das, was sich aber indirekt erschließen läßt, ist außerordentlich informativ. Wie das Amt angelegt war, erfährt man erst aus Akten von 1705, als die Amtsnachfolge geregelt wurde. Auch von dem neuen Kantor, Johann Conrad Geisthirt, forderte man die »information der Schuel bey der 4ten lateinischen Class«, und zwar, wie aus der anscheinend auch schon bei früheren Kantoratsberufungen zugrunde gelegten Dienstanweisung ersichtlich ist, in Religion sowie in lateinischer und deutscher Grammatik, ferner hatte er Musikunterricht zu geben (fünfmal wöchentlich) und die Leitungsfunktion der Kirchenmusik auszuüben[26]. Dedekind aber dürfte sein Amt auf andere Weise ausgefüllt haben; hierfür gibt es mehrere auf ähnliche Weise verschlüsselte Anhaltspunkte.

Zunächst: Um seine Nachfolge bewarb sich auch der Kantor Jacob Bach aus Ruhla, und zwar für seinen Sohn Johann Ludwig; er hat Dedekind sicherlich gut gekannt – anders ist nicht zu erklären, daß Dedekind 1703 in Ruhla Pate bei Christian Andreas Bach[27] wurde. Wie weit er auch über Eisenacher Interna informiert war (anders als für alle anderen Bewerber erkennbar), zeigt eine verklausuliert formulierte Passage seines Schreibens[28]:

> »Ich lebe der sichern Hoffnung und Zuversicht, so fern es Gottes Wille, und gedachter mein Sohn vor andern *Impetranten* bey einem HochEdl: Hochweisen Rath in *Consideration* kommen solte, und zu solchem Amt beruffen werden, daß Er an seiner müglichsten Treue und Fleiß nichts werde ermangeln laßen, daß die bißhero wol angerichtete *Music* zur Ehre Gottes, und Gottseligen Erbauung werde wol fortgeführt, sondern auch der zahlreiche *Chorus Musicus* großer und kleiner Schüler, mit fleißiger *Information* nach müglichkeit werde verbeßert werden. Das Schul Wesen betref: stelle zu eines HochEdl: Hochweisen Raths *Disposition* ob solches nicht bey der bißherigen Anstalt zu laßen, sintemal mein Sohn nicht gerne sehen möchte, daß dem bißherigen *Collaboratori*, Herr Stiemen, sein genoßenes theil *Salarij*, durch diese wieder ersetzte

Cantorat Stelle entzogen werden möchte, biß so lange derselbe zu anderweitiger Beförderung gelangen möge, so dann wird sich mein Sohn zu allem, was dißfals verordnet werden solte bequemen, mit Versicherung, daß einem HochEdl: Hochweisen Rath keine fernere Uberlast der Besoldung verursacht werden soll.« Einerseits versichert Jacob Bach also, daß sein Sohn es an musikalischem Engagement nicht werde fehlen lassen. Andererseits teilt er im Hinblick auf den allgemeinen, außermusikalischen Schulunterricht mit, verhindern zu wollen, daß durch die Stellenneubesetzung jener – im übrigen nicht weiter bekannte – »Herr Stiem(en)« auf einen Teil seines Gehalts verzichten müsse; also werde sein Sohn für die Kosten aufkommen – so, daß dem Rat daraus keine Mehrkosten entstünden. Was also ist gemeint: Johann Ludwig Bach möchte nur die musikalische Seite der Stelle einnehmen und sich vom außermusikalischen Unterricht durch einen Privatvertrag freikaufen. Da Jacob Bach dabei auf Voriges Bezug nimmt, muß Dedekind sein Amt genau so versehen haben. Das aber ist bemerkenswert: Denn nach demselben Muster hat sich Bach 1723 seine Tätigkeit als Leipziger Thomaskantor zuschneiden können[29].

Der Eisenacher Rat ging 1706 auf Jacob Bachs Angebot nicht ein – ebensowenig wie 1750 der Leipziger für die Nachfolge Johann Sebastian Bachs eine Fortführung von dessen Ämterzuschnitt hinnehmen wollte. Damit begegnet man einem zweiten Aspekt, der indirekt über Dedekinds Kantoren-Verhalten berichtet. Denn ebenso wie Bach in Leipzig in dieser Angelegenheit immer wieder Ärger mit dem Rat der Stadt hatte, hatte es Dedekind in Eisenach. 1692 wird ihm etwa vorgehalten, er könne letztlich auch durch »ein ander tüchtig Subject« ersetzt werden. Das entspricht den Formulierungen fast wörtlich, die 1730 im Leipziger Rat fielen, als Verhandlungen über den Umbau der Thomasschule in eine Generaldebatte über die (vor allem schulische) Amtsführung Bachs als Kantor ausarteten[30]. 1692 verließ dann der Hofkapellmeister Daniel Eberlin die Stadt, ohne daß ein direkter Nachfolger bestellt wurde, und weil fortan Dedekind bisweilen als Komponist höfischer Musiken hervortrat, ist es denkbar, daß er nun in engere Beziehung zum Hof trat[31]; auch dies hätte Anlaß dazu geboten, daß sich sein schulisches Engagement verringerte. Und im November 1693 wandte sich Dedekind an den Rektor, weil er verreisen wolle (obwohl der Reiseantrag bereits mißbilligt worden war) und offenbar nicht garantieren konnte, zum Musizieren in einer Mittagsvesper wieder zurückgekehrt zu sein. Er bat, daß seine Dienstaufgaben durch einen seiner Kollegen übernommen würden – nicht nur die im Rahmen des normalen Schulunterrichts, sondern auch die musikalische Leitung jener Veranstaltung[32]. Das Schulische war ihm also weitaus weniger eine Herzenssache als alles übrige Musikalische.

Ebenso wie es für Bach in Leipzig erkennbar ist, schätzte man in Eisenach Dedekinds musikalische Kompetenz durchaus. Hat Bach also durch ihn eine Form musikalischer Ämterführung kennengelernt, die ihn in seinem späteren Verhalten bestimmte? Hat er schon an Dedekinds Beispiel erlebt, daß der Kantorenberuf musikalisch nicht erstrebenswert sei, wie er es 1730 gegenüber dem Jugendfreund Georg Erdmann ausdrückte[33]? Mußte Bach nicht also als Quartaner erleben, daß zwischen dem Kantor, der eigentlich Klassenlehrer für ihn war, und einem Dritten ein Spezialabkommen getroffen worden war? Für Bach dürften die Eisenacher Schuleindrücke folglich auch in dieser Hinsicht außerordentlich wertvoll gewesen sein.

Wie aber steht es um die Musik, die Bach als Kurrende-Mitglied kennenlernte (vorausgesetzt, er gehörte dem Ensemble an)? Das Repertoire der Eisenacher Kantorei ist nicht leicht zu fassen. Zunächst hat man zu bedenken, daß die Grundanforderung, die an eine Kantorei dieses Zuschnitts gestellt wurde, nicht auf jeweils neukomponierte Musik abzielte, sondern darauf, daß an den Sonntagen des Kirchenjahrs jeweils passende, ältere Stücke jährlich erklangen – ähnlich also wie ein modernes Gesangbuch Liedmelodien enthält, die etwa der Adventszeit, Weihnachten, der Passion oder Ostern zugeordnet sind und jedes Jahr auf gleiche Weise gesungen werden können. Solche Stücke waren bisweilen bereits beträchtlich alt und wurden von Generation zu Generation durch Sammlungen weitergegeben, so daß sie in eine gewissermaßen paraliturgische Stellung hineinwuchsen. Bach hatte später auch als Leipziger Thomaskantor mit solchen Strukturen dauernd zu tun. Zu einem Leipziger Passionsgottesdienst gehörte etwa die Motette »Ecce quomodo moritur justus« von Jacobus Gallus, eigenartigerweise ein Stück, dessen Komponist gegenreformatorischen Bestrebungen nahestand. Ungeachtet dieser konfessionellen Probleme wurde aber ein solches Stück auch dann musiziert, wenn Bach etwa die Matthäuspassion aufführte.

In Eisenach ließen sich gemäß der Weimarer Gottesdienstordnung von 1664 weite Teile des Musizierens mit Stücken aus einem solchen Traditionsrepertoire heraus bestreiten. Keiner der Begriffe, die darin auf die Aufführungspraxis zu beziehen sind, sprengen dessen Horizont. Entweder man sang »choraliter« (Choräle), oder man »musizierte« ein Stück »figuraliter«, womit aber auch lediglich eine Motette des 16. oder 17. Jahrhunderts gemeint gewesen sein kann. Claus Oefner hat die Anforderungen jener Kirchenordnung folgendermaßen zusammengefaßt[34]: »In der Sonnabendvesper wurde das Magnificat ›gesungen oder figuriret‹, im Hauptgottesdienst am Sonntag wurden das Veni sancte spiritus [Luthers »Komm, Gott Schöpfer, Heiliger Geist«] sowie das Kyrie ›musicirt‹, ferner war nach der Verlesung der Epistel, des Evangeliums sowie nach der Predigt Figuralmusik vorgesehen, im Falle gehaltener Communion auch während des Abendmahles. Im Nachmittagsgottesdienst [der nur an den hohen Festen stattfand] erklang eine Motette nach dem Eingangslied und nach der Predigt.« Wochentags wurden jeweils sechs bis acht Sänger in die Kirche abgeordnet, um dort einen »teutschen Gesang« vorzutragen.

Zwei wichtige Quellen lassen sich nun mit Aufgaben, die der Eisenacher Chor hatte, in Verbindung bringen – und dieses Spektrum läßt sich mit Hilfe verstreuter Einzelquellen ergänzen. Die erste der zentralen Quellen ist das Eisenacher Gesangbuch aus dem Jahr 1673, zweifellos eines der ersten Bücher, mit denen Bach sich auseinanderzusetzen hatte – ein Band, über dessen Anspruch man bereits mit dem Hinweis auf seinen Umfang von 1009 Seiten informiert ist. Es enthält 612 Lieder, allerdings ohne Melodien[35], so daß gerade diese Anlage spiegelt, wie sehr man an Wiederkehrendes zu denken hat: Man benutzte das Buch also nur, um die Texte zu memorieren, und beherrschte die Melodien auswendig.

Die weiteren Quellen, zu denen Bach als Chorist in Kontakt gekommen sein kann, lassen sich nach ihrem Alter aufzählen – und somit wäre die erste von ihnen das sogenannte »Eisenacher Chorbuch«[36]. Um 1540 vom damaligen Kantor Wolfgang Zeuner angelegt, enthält der Band mehrstimmige Musik der Zeit kurz vor und kurz nach der Reformation. Josquin Desprez (den Luther besonders bewunderte) ist mit drei Werken vertreten, Heinrich Finck (der 1527 als Kapellmeister Ferdinands I. in Wien starb) mit einem, ebenso Heinrich Isaac (der Hofkomponist Kaiser Maximilians), Pierre de La Rue und Antoine de Longueval (mit einer Passion, die auch hier unter dem Namen Jacob Obrechts verzeichnet ist). Mit einer Reihe von Werken sind Thomas Stoltzer und Ludwig Senfl vertreten; mit letzterem wechselte Luther Briefe. Aus dessen unmittelbarem Umkreis schließlich sind sein Weggefährte Johann Walter, der Pastor Anton Musa und Conrad Rein aus Erfurt (für beider Œuvre ist das Eisenacher Chorbuch eine Hauptquelle) sowie Johann Galliculus zu nennen. Weitere Kompositionen sind ohne Autorenangabe eingetragen; zu erwähnen sind dabei die sowohl lateinisch als auch deutsch textierten Liedbearbeitungen »Christ ist erstanden/Victimae paschali laudes« und »Erstanden ist der heilig Christ/Surrexit Christus hodie«[37].

Die Funktion als »Chorbuch« prägt auch dessen Format (die Seiten sind rund 52 cm hoch und 35 cm breit): Für Aufführungen war es die einzige Notengrundlage, und es wurde dazu auf ein großes Notenpult gestellt, so daß alle Sänger gleichermaßen aus ihm singen konnten; auf jeder aufgeschlagenen Doppelseite finden sich dafür an stets gleichbleibenden Stellen die Notentexte für die beteiligten Stimmen. Notiert sind in der Regel auf den linken Seiten der Alt (oben) und der Diskant (unten), auf den rechten Seiten der Baß (oben) und der Tenor (unten) – womit die Aufstellungsordnung rekonstruierbar wird. Danach standen Altisten und Bassisten hinter den Diskantisten und Tenoristen (etwa auf einer höheren Stufe) und konnten so über diese auf den jeweils an oberer Position eingetragenen Notentext hinwegblicken. Wenn umgeblättert werden muß, ergibt sich dies in der Regel nur an Zäsuren – jedenfalls mußten bis dahin alle Stimmen exakt gleich weit im Stück vorangeschritten sein.

Ein drittes Quellenkorpus, an dessen Verwendung man zu denken hat, sind Musikdrucke der Zeit[38]. In Eisenach war nachweislich die durch Deutschland weitverbreitete, zwischen 1611 und 1617 in Straßburg gedruckte, mehrteilige Sammlung »Promptuarium musicum« von Abraham Schadaeus vorhanden; eine vergleichbare Sammlung hatte Dedekinds Vor-Vorgänger Theodor Schuchardt handschriftlich angelegt. Einzeldrucke besaß man von Samuel Scheidt oder Melchior Franck; mit den »Geistlichen Concerten und Harmonien à 1–7« des Breslauer Organisten Ambrosius Profe (gedruckt 1641–1646) gelangt man schließlich auch zu dem in Eisenach nur sehr schwer faßbaren Bereich der Musik mit Instrumenten – denn diese sind »cum et sine Violinis« aufzuführen. Daß derartiges Musizieren für Eisenach aber eine beachtliche Rolle spielte, ist ansonsten bereits mit den Musizierbedingungen Johann Ambrosius Bachs belegt. Die jüngste Quellenschicht ergibt sich schließlich aus dem Komponieren und Sammeln der zeitgenössischen Eisenacher Musiker. Kaum zu rekonstruieren ist, welche Musik Dedekind schrieb, um sie mit dem Ensemble aufzuführen. Zwar läßt sich, wie erwähnt, ermitteln, daß er bisweilen für den Hof komponierte; für Weihnachten 1693 und Neujahr 1694 dürfte er jeweils eine Kantate geschrieben haben (nur der Text ist erhalten). Und ebenso hat man dem Werkspektrum, das in Eisenach musiziert wurde, auch Kompositionen des Georgenorganisten Johann Christoph Bach zuzurechnen.

Aus diesen Quellen heraus erschließt sich also das, was Eisenacher Chorschüler aus ihrer Musikpraxis heraus theoretisch kennenlernen konnten – auch Bach, wenn er tatsächlich zu diesem Kreis gehörte. Fraglich ist aber, ob tatsächlich alle Quellenschichten genutzt wurden. Sicher verbürgt ist die Benutzung von Zeuners Kantorenbuch nur bis 1620; aber auch zwei Generationen danach könnte man sich mit ihm noch befaßt haben[39]. Es ist zweifellos eine faszinierende Vorstellung, Bach habe in Eisenach nicht etwa lediglich ein urreformatorisches Repertoire kennengelernt, sondern auch Werke Josquins gesungen – beispielsweise im Rahmen des geforderten Musizierens von Kyrie und Gloria gerade diese beiden Teile aus Josquins Missa »De beata virgine«. Nicht minder beachtenswert ist es aber, wenn er

Werken Palestrinas und seiner Zeit (also auch den gegenreformatorischen Strömungen) begegnete – und dies war mit Sammeldrucken des 17. Jahrhunderts kaum zu vermeiden (in Schadaeus' »Promptuarium« fehlt Palestrina lediglich im ersten Teil). Was bedeutet dies[40]?

Bach hat sich in seinen frühen beruflichen Positionen offenkundig stets bemüht, Musizieraufgaben mit Schülerchören zu entgehen; dies prägt sein Verhalten in Arnstadt und ist ebenso für seine Mühlhäuser und Weimarer Zeit zu erkennen (hierzu Näheres im 5. bis 7. Kapitel). Andererseits läßt sich in seinem Schaffen eine Auseinandersetzung mit musikalischen Gesetzen, die jene Musik des 16. Jahrhunderts prägen, feststellen: aber erst frühestens seit etwa 1730[41]. Die Hinwendung zu derart historischer Musik gilt daher als besonderes Merkmal des Bachschen Spätwerks; der Horizont erstreckt sich dabei vom Kyrie II und der Credo-Intonation der h-Moll-Messe bis hin etwa zu Präludium und Fuge Es-Dur BWV 551 für Orgel. Daran aber ist nur in der Hinsicht etwas Besonderes, daß diese alte Musik nun konkrete Spuren in Bachs eigenem Komponieren hinterließ; keineswegs beschäftigte er sich erst damals mit ihr. In der Kirche ließen sich Begegnungen mit ihr für Bach gar nicht vermeiden, und zwar seit seiner Eisenacher Zeit, ebenso aber auch in Ohrdruf und an anderen Orten. Jahrzehntelang hat er also gebraucht, um deren Stilebenen etwas für die eigenschöpferische Praxis abzugewinnen; vielleicht hat es ihm der leichte, frühe Zugang zu diesem Repertoire zunächst sogar verbaut, sich mit ihren Stilelementen eingehender zu befassen.

Bachs Weggang aus Eisenach: eine Reihe von Rätseln

Wann Bach genau von Eisenach nach Ohrdruf zog, ist nicht bekannt. Nur die Eingabe, die seine Stiefmutter unter dem Beistand Dedekinds an den Rat richtete, informiert ein Stück weit über die Lage der Familie nach jenem 20. Februar 1695, dem Todestag des Vaters. Wie Barbara Margaretha Bach weiterlebte, weiß man also nicht, und der Vater mag bereits die Regelungen für die Lehrstelle seines Sohnes Johann Jacob getroffen haben. Eine Frage aber bleibt im Ganzen ungeklärt: Was geschah mit dem Besitz Johann Ambrosius Bachs? Die Familie besaß ein Haus – wurde es verkauft? Wie bedeutend ein solcher Besitz war, läßt sich durch einen Blick auf die Biographie des Organisten-Kollegen Johann Christoph Bach klarstellen: Dieser mußte 1700 aus der Wohnung ausziehen, die ihm der Herzog kostenlos zur Verfügung gestellt hatte; der Herzog gab ihm daraufhin einen Dreihundert-Gulden-Zuschuß für den Kauf eines eigenen Hauses, und weil Johann Christoph Bach zuvor freie Wohnung gehabt hatte, muß der Betrag, den er daraufhin beanspruchen konnte, einigermaßen kostendeckend gewesen sein[42]. Einen etwa entsprechenden Betrag müßte man als Nachlaßmasse auch bei Johann Ambrosius Bach annehmen. Über seine Aufteilung weiß man aber nichts. Und welchen weitergehenden Besitz hatte der Hausmann, der sogar in Öl porträtiert worden war (das Bild läßt sich dann 1788 im Nachlaß Carl Philipp Emanuel Bachs nachweisen)? Welche Anteile am väterlichen Erbe können Johann Sebastian Bach also insgesamt zugefallen sein?

Es ist denkbar, daß Bach eine gewisse Kapitalsumme zufiel, von der man Teile seiner weiteren Ausbildung finanzierte. Daß Bach weitere Werte aus dem Familienbesitz erhielt, ist unwahrscheinlich. Bisweilen wird in diesem Zusammenhang an das »Altbachische Archiv« gedacht, jene Notensammlung, in der unter anderem – an nur peripherer Stelle – Johann Ambrosius Bach als Schreiber hervorgetreten ist; es gab aber keinen sinnvollen Grund, diese Sammlung gerade einem zehnjährigen Schüler zu überlassen. Eher könnte sie (wenn sie überhaupt schon in Johann Ambrosius Bachs Besitz war) dem älteren Bruder Johann Christoph für dessen Musizierpraxis zugefallen sein. Auch das Ölbild befand sich damals wohl kaum schon in Familienbesitz; eher war es in herzoglichem Auftrag angefertigt worden und wurde vielleicht nach Auflösung des Herzogtums 1741 von Carl Philipp Emanuel Bach (der nach Eisenach Kontakte hatte) gekauft – sein Vater kommt weniger als Besitzer in Frage, weil in seinem Nachlaß das Bild nicht erwähnt ist[43]. Somit sind alle Zweifel berechtigt, ob Bach etwas »Bleibendes« von seinem Vater mit nach Ohrdruf nahm; die Frage nach einem finanziellen Erbe ist davon aber unberührt – denn daß er gar nichts erbte, ist eher unwahrscheinlich.

Drittes Kapitel

Ohrdruf
1695–1700

Noch spärlicher als über Bachs Eisenacher Jahre fließen die Informationen, die sich mit seiner Zeit in Ohrdruf verbinden. Woher sollten sie auch stammen: Die einzigen zeitgenössischen Quellen, die etwas über ihn berichten, sind die jährlichen Eintragungen im Schülerverzeichnis des Lyzeums[1]. Am Ende des Schuljahrs 1695/96, am 20. Juli, wird Bach als Tertianer geführt; dann erfährt man am 19. Juli 1697, daß er als Klassenbester in die Secunda versetzt wurde, als deren Mitglied er auch noch am 18. Juli 1698 verzeichnet ist – und ebenso am 24. Juli 1699, als er in die Prima versetzt wurde (diesmal hatte er den zweiten Rang in seiner Klasse erreicht).

Bach setzte also in Ohrdruf seine schulische Ausbildung scheinbar ungehindert fort: 1693 und 1694 hatte er in Eisenach Schuljahre als Quintaner beendet, 1695 als Quartaner; wenn er also im Sommer 1696 in Ohrdruf schon sein erstes Jahr in der Tertia abschloß, hatte er gleichzeitig mit dem Ortswechsel sogar die normale Quartaner-Zeit abgekürzt. Damit aber hatte er, als er im Sommer 1699 in die Prima versetzt wurde, eine Schulbildung erhalten wie keiner seiner Brüder. Johann Christoph und Johann Balthasar waren, noch zu Lebzeiten des Vaters, als Tertianer von der Schule abgegangen, und aus der gleichen Klassenstufe verließ Johann Jacob die Ohrdrufer Schule, in die er gemeinsam mit dem jüngsten Bruder übergewechselt war. Sie alle waren bei ihrem Schulabgang 14 oder 15 Jahre alt. Johann Sebastian hatte dieses Alter im zweiten Jahr der Secunda erreicht; auf seine schulischen Interessen wirft dies gewiß kein schlechtes Licht. Doch weshalb ging er jetzt, als Vierzehnjähriger, nicht ebenfalls von der Schule ab – deren Besuch normalerweise doch Geld kostete, das er als Vollwaise kaum haben konnte?

Zwar erscheint nun für Bach ein schulischer Abgangsvermerk – doch er bezieht sich nur auf das Ohrdrufer Lyzeum, nicht auf die Institution Schule insgesamt. Er steht sowohl im Schülerverzeichnis vom Sommer 1699 als auch in dem vom 14. August 1700, und zwar in praktisch gleichlautenden Formulierungen. 1699 heißt es »Lüneburgum ob defectum hospitiorum se contulit d. 15 Martij 1700«; 1700 wird berichtet »ob defectum hospitiorum Lüneburgum conceßit«. Also verließ Bach am 15. März 1700 die Ohrdrufer Schule und ging nach Lüneburg. Als Grund wird beide Male »ob defectum hospitiorum« angegeben; was das bedeutet, ist viel unklarer, als es auf den ersten Blick scheint, und erfordert eine genauere Betrachtung (vgl. S. 98). In Lüneburg ist er nachweisbar – neuerlich als Schüler, zweifellos als Primaner. Die Frage, weshalb Bach auch jetzt nicht ins Berufsleben eintrat, verschärft sich also noch.

Mehr Informationen sind über Bachs Zeit in Ohrdruf kaum zu erwarten, obwohl sie sich wohl über rund fünf Jahre erstreckte, vom Frühjahr 1695 (am 20. Februar war der Vater gestorben) bis zum 15. März 1700. Ein weiteres Detail erfährt man nur aus einer der besonders traditionsreichen Bach-Anekdoten. Ihre älteste erhaltene Quelle ist der »Nekrolog« auf Bach aus dem Jahr 1754; vielleicht ist sie eine der (wenigen) Geschichten, die Bach auch seinen Kindern erzählte (sein Sohn Carl Philipp Emanuel gehörte zum Verfasserkreis des »Nekrologs«). Dort heißt es[2]:

»Johann Sebastian war noch nicht zehen Jahr alt, als er sich, seiner Eltern durch den Tod beraubet sahe. Er begab sich nach Ohrdruff zu seinem ältesten Bruder Johann Christoph, Organisten daselbst, und legte unter desselben Anführung den Grund zum Clavierspielen. Die Lust unsers kleinen Johann Sebastians zur Musik, war schon in diesem zarten Alter ungemein. In kurtzer Zeit hatte er alle Stücke, die ihm sein Bruder freywillig zum Lernen aufgegeben hatte, völlig in die Faust gebracht. Ein Buch voll Clavierstücke, von den damaligen berühmtesten Meistern, Frobergern, Kerlen, Pachelbeln aber, welches sein Bruder besaß, wurde ihm, alles Bittens ohngeachtet, wer weis aus was für Ursachen, versaget. Sein Eifer immer weiter zu kommen, gab ihm also folgenden unschuldigen Betrug ein. Das Buch lag in einem blos mit Gitterthüren verschlossenen Schrancke. Er holte es also, weil er mit seinen kleinen Händen durch das Gitter langen, und das nur in Pappier geheftete Buch im Schranke zusammen rollen konnte, auf diese Art, des Nachts, wenn iedermann zu Bette war, heraus, und schrieb es, weil er auch nicht einmal eines Lichtes mächtig war, bey Mondenscheine, ab. Nach sechs Monaten, war diese musicalische Beute glücklich in seinen Händen. Er suchte sie sich, insgeheim mit ausnehmender Begierde, zu Nutzen zu machen, als, zu seinem größten Herzeleide, sein Bruder dessen inne wurde, und ihm seine mit so vieler Mühe verfertigte Abschrift, ohne Barmherzigkeit, wegnahm. Ein Geiziger dem ein Schiff, auf dem Wege nach Peru, mit hundert tausend Thalern untergegangen ist, mag uns einen lebhaften Begriff, von unsers kleinen Johann Sebastians Betrübniß, über diesen seinen Verlust, geben. Er bekam das Buch nicht eher als nach seines Bruders Absterben, wieder. Aber hat nicht eben diese Begierde in der Musik weiter zu kommen, und eben der, an das gedachte Buch, gewandte Fleiß, zufälliger Weise vielleicht den ersten Grund zu der Ursache seines eigenen Todes geben müssen? wie wir unten hören werden.«

Man sah in dieser nächtlichen Schreibarbeit eine Mitursache für die Augenkrankheit, an der Bach kurz vor seinem Tod litt; daneben aber übernimmt die Anekdote für das 18. Jahrhundert auch eine besondere Funktion für Bachs Künstlerbild: Es waren »die Lust unsers kleinen Johann Sebastians zur Musik« und »diese Begierde in der Musik weiter zu kommen«, die ihn rastlos gegen alle Hemmnisse seiner Umgebung angehen ließen; daß handwerkliche Traditionen eine Rolle spielten, wird dabei vernachlässigt, vielmehr alles auf die individuelle Genialität bezogen. Jedenfalls: Selbst wenn die Anekdote den Bruder Johann Christoph in zweifelhaftem Licht erscheinen läßt, erfährt man aus ihr doch mindestens, daß Johann Christoph für die Ausbildung Johann Sebastians einige Bedeutung hatte.

Johann Christoph Bach war als Ohrdrufer Organist wiederum ein »normaler« Beschäftigter im öffentlichen Dienst; deshalb gibt es über ihn einschlägiges Aktenmaterial. In seinem Fall ist es besonders vielfältig und aussagekräftig; denn er sah relativ häufig einen Anlaß, sich über seine Berufs- und Lebensverhältnisse zu beklagen. Folglich waren aber auch Johann Sebastian Bachs Lebensbedingungen in Ohrdruf nicht unbelastet, denn er wohnte – dem Wortlaut der Anekdote zufolge – im Haushalt seines Bruders. Somit kann man wiederum aus Nachbarbereichen der Bachschen Biographie Material zusammentragen, das sich auf diese selbst auswirkte: über die musikalischen Interessen Johann Christoph Bachs und über seine allgemeinen beruflichen Bedingungen. Und auch nach weiteren Musiker-Berufsbildern, die Bach in Ohrdruf kennenlernte, sollte man fragen, weil diese sein Berufsverständnis wesentlich mitgeprägt haben können.

Johann Christoph Bach als Ohrdrufer Organist

Als Johann Christoph Bach 1690 als Organist an die Ohrdrufer Michaeliskirche kam, war er 19 Jahre alt; zuvor hatte er die Eisenacher Lateinschule besucht (bis zur Tertia) und war danach, von 1686 an, für drei Jahre Schüler Johann Pachelbels gewesen, der damals Organist an der Erfurter Predigerkirche war. 1689 hätte er eine selbständige Tätigkeit an der dortigen Thomaskirche übernehmen können, doch er schlug sie aus und schrieb in Ohrdruf darüber 1700 in einer knappen Lebensbeschreibung[3]: »Weiln aber eine Schlechte Besoldung und Orgelwerk, an welchem letzteren mir am meisten gelegen war, alda gehabt, habe mich zu gefallen meines Vetters, des alten Organisten, nachen Arnstadt begeben und weiln Er Alters halber seine Dienste nicht wohl verrichten konnte, solche so lange versehen, biß mich Gott hierher geführet.« Sein Arnstädter »Vetter« (zu lesen: sein Verwandter) war Heinrich Bach, mittlerweile fast 75 Jahre alt.

Beides kann für den weiteren Lebensweg Johann Christoph Bachs auf mehrfache Weise prägend gewesen sein. Pachelbels Beziehungen zu jenem Eisenacher Familienzweig rühren spätestens von seinem Wirken am dortigen Hof her. Es währte nur kurz, maximal von Mai 1677 bis Mai/Juni 1678[4]; doch die Kontakte brachen nach seiner Übersiedlung nach Erfurt nicht ab. Im Januar 1680 übernahm Pachelbel die Patenschaft für die Bach-Schwester Johanna Juditha (aus der Ferne; er ließ sich bei der Taufe vertreten) und traf zweifellos im Mai des Jahres mindestens Johann Ambrosius Bach, als er anläßlich des Besuchs, den der Erzbischof von Mainz Eisenach abstattete, zur Verstärkung der örtlichen Musik herbeigerufen wurde[5]. Von 1684 an wohnte er dann in direkter Nachbarschaft des Erfurter Familienzweigs (zu dem Johann Ambrosius Bach ungebrochen Kontakte unterhielt), denn er kaufte eines jener traditionsreichen Musikerhäuser am Junkersand. Pachelbel war ein international sowohl angesehener als auch erfahrener Organist; dies dürfte freilich auch bestimmt haben, in welcher Breite er seinem Schüler Johann Christoph Bach europäische Musik für Tasteninstrumente vermittelt hat.

Pachelbel unterhielt direkte Kontakte nach Ohrdruf. 1688 schrieb er ein Gutachten über die Orgel, an der sein Schüler zwei Jahre später seinen Dienst antrat[6]; hatte er also Einfluß auf die Besetzung der Stelle? Zumindest wegen dieses Instruments stand er auch über 1690 hinaus zu seinem vormaligen Schüler in Kontakt: Am 15. September 1693 legte Johann Christoph Bach in Ohrdruf eine Liste vor, in der Pachelbel Mängel der Ohrdrufer Michaelisorgel erfaßt hatte[7]; also müssen die beiden Organisten damals einander auch begegnet sein. Und wenig später war Johann Christoph Bach im Begriff, in Gotha eine Stelle anzutreten, die unmittelbar zuvor Pachelbel verlassen hatte; vielleicht war er von ihm als Nachfolger empfohlen worden – doch von dieser Angelegenheit wird noch genauer zu sprechen sein.

Vor allem familiäre Beziehungen dürften dafür verantwortlich gewesen sein, daß Johann Christoph Bach für die Ohrdrufer Stelle in Frage kam. Sein gleichnamiger Onkel, der Zwillingsbruder seines Vaters, war mit Martha Elisabetha Eisentraut verheiratet, der Tochter des Ohrdrufer Schuldieners und Kirchners Lorenz Eisentraut; dieser war zwar schon 1677 gestorben, doch die Tochter mag weiterhin

Kontakt in ihre Heimat gehabt haben. Jedenfalls ist auffällig, daß einer ihrer Verwandten die Ohrdrufer »Vocation« für Johann Christoph Bach unterzeichnet: Johann Eisentraut. Deutlich wird daran also nicht nur, wie gut der Familienverbund für Johann Christoph funktionierte; erkennbar wird auch, daß über weitere Zeiträume hinweg Stellenpolitik betrieben worden sein muß – dahingehend, daß man darauf spekulieren konnte, wo man wen »unterbrachte«. Insofern wirkt die Tätigkeit, die Johann Christoph kurzzeitig in Arnstadt ausübte, wie eine Warteposition: Von hier aus konnte er rasch auf Angebote wie das Ohrdrufer reagieren. Doch wenn Johann Christoph Bach mit den Konditionen unzufrieden war, die sich an der Erfurter Thomaskirche aushandeln ließen, kommt man um eine Feststellung nicht umhin: In Ohrdruf waren sie wohl kaum besser. Trotzdem hat er diese Verhältnisse zunächst auffallend sorglos hingenommen – obwohl man von den Einkünften der Position, die er sich in Ohrdruf aushandelte, kaum leben konnte. Was also war das Problem?

Schon im 17. Jahrhundert standen öffentliche Arbeitgeber Organisten bisweilen skeptisch gegenüber. Nach der Auslastung beurteilt, spielten diese Organisten »nur ein paarmal wöchentlich« im Gottesdienst; man tat sich nicht leicht, dies als Full-time-Job zu akzeptieren und zu honorieren. In Sangerhausen äußerte der Superintendent Samuel Müller im ersten Drittel des 17. Jahrhunderts[8]: »[Es] were noch zu rathen, das Organist und *Infimus* eine Person were [. . .] Aber da mangelt es an Leuten, die wohl schlagen [gut Orgel spielen], und sich in die Schule wollen stecken lassen. Das thut leichtlich niemand, denn ein Hümpler [ein Pfuscher]; ein *Artifex* hält sich zu gut darzu.« Der Begriff »Infimus« (»der Unterste«) bezeichnet eine Lehrerposition an der Lateinschule; also hatte man es darauf abgesehen, einen Organisten zugleich als nachgeordneten Lehrer zu beschäftigen, weil der Stoff, den dieser unterrichten mußte, zur Allgemeinbildung eines Organisten gerechnet wurde. Doch nur ein »Hümpler« in musikalischer Hinsicht gehe darauf ein, nicht ein Künstler.

Dies war eines der gängigen Modelle dafür, die Arbeitskraft eines Organisten auch außermusikalisch auszuschöpfen; ein anderes war, ihm Schreiberdienste zu übertragen[9] – wie etwa dem Organisten

Johann Michael Bach in Gehren, der zugleich Stadtschreiber war. Auch die Ohrdrufer Organistenstelle war so zugeschnitten, daß mit ihren finanziellen Erträgen der Lebensunterhalt des Stelleninhabers noch nicht gesichert war; der vorige Stelleninhaber, Johann Paul Beck, war deshalb zugleich »Collega Quintus« am Lyzeum gewesen, also Lehrer in der Quinta. Doch Johann Christoph Bach ging auf dieses Modell nicht ein; er bezog die Position des »artifex«, ohne nachzurechnen, ob er sich dies leisten konnte, und als Grund gab er in seiner autobiographischen Skizze an, er habe »damals keine lust zur Schularbeit gehabt«[10]. Tatsächlich ging das Ohrdrufer Konsistorium auf das Modell der Ämtertrennung ein: Nach einem eigens erstellten Gutachten akzeptierte es, daß »die Organisten= und Schul *Collegae* Besoldung unter zwey *Subjecta* eingetheilet« werde und »daß fürohin der Organist mit denen Schul=*Laboribus* nichts zu schaffen haben solle«[11].

Johann Christoph Bachs Jahreseinkommen bestand daraufhin, wie in der »Vocation« vom 12. Juni 1690 festgelegt wurde, aus 45 Gulden: acht von der Kirche, 34 vom Rat, dazu drei Gulden Hauszins. Ferner erhielt er drei Malter Korn, zwei Klafter Scheitholz und zwei Schock Reisig frei Haus. Zum finanziellen Grundstock der Besoldung kamen nach etwas mehr als einem Jahr, am 29. August 1691, 15 Gulden »*provision* gelder« hinzu (»5 fl. aus der Schul*Collectur*, 5 fl. aus dem Kirch Casten ambt und 5 fl. von dem Rath«); da deren Zahlung auf dem Vocationsschreiben nachgetragen wird, wurde die Aussicht darauf Johann Christoph Bach bereits bei seiner Anstellung eröffnet. Nach dieser wohl automatischen Aufbesserung des Gehalts war aber kein Dreivierteljahr verstrichen, als Johann Christoph Bach sich am 7. Mai 1692 direkt an den Landesherrn, den Grafen von Hohenlohe, wandte[12]:

»Hochgebohrner Graff
Gnadigster Herr.
Euer Hochgräfflichen Gnaden, gebe mit wenigen gehorsambst zuvernehmen, daß, nachdem ich numehro über zwey Jahr, die Organistenstelle, bey der Kirche alhier versehen, Und Jährlichen,

Zu Meiner besoldung, Etliche fünfzig gülden bey nebest drey
Malter Korn, Und zwey Klafftern Holtz, mir die Zeit über gereichet worden, Ich zwar, alß ein noch lediger mensch, mich Nothdürftig, daruff habe hinbringen können. Wann aber Ich hinfürter,
Und ZuMahlen, wann ich mich vermittels Gottlicher Hilffe verändern, Und ein Haußwesen vor mich anstellen solte, damit nicht
außzukommen getraue, bevorab, da alles an früchten und andern
anitzo [im Preis] höherzusteigen pfleget, Alß will Eüer Hoch-
Gräffl. gnaden, Hiermit gehorsambst ersuchet und gebeten haben,
diß mein anführen zuerwegen, Und gnädige Verfügung zu thun,
daß mir Noch eine billig-Mässige Zulage, Zu Meinem desto hin-
künftigen Erträglichern Preiß kommen geschehen, Und damit
erfreüet werden Mögte, diese Hohe gnade wird mich, zu allen
Mögligsten Aufwartungen, desto besser anfrischen, wie ich dann
inerwartung gnädigster *Resolution* hierbey verharre.

       Eüer Hochgräfflichen Gnaden
       Unterthänig gehorsamst:
       Johann Christoph Bach
       Organist«

Die weiteren Vorgänge werden aus den Akten nicht lückenlos ersichtlich. Die Antwort des fürstlichen Konsistoriums, mit der dem Organisten Bach tatsächlich nochmals fünf Gulden zugesprochen wurden,
wurde zwar schon am 12. Mai 1692 ausgefertigt, aber erst am
17. August abgeschickt[13]. Auffällig aber ist, wie lakonisch eine Notiz
auf einem kleinen Zettelchen gehalten ist, das in der alten Akte unmittelbar hinter Johann Christoph Bachs Gesuch abgelegt wurde[14]:

»Es könte unmaßgeblich der Organist zur gedult gewiesen werden
biß auf die Kirchen- v. SchulRechnung, das man sehe, was sich
noch ergeben wolte. Der organist ist hiebevor zugleich Schul-
Collega gewesen, da hat er desto beßer auskommen können: da
dan dem itzigen *Subjecto* solches vorgehalten worden, hat er sich
erkläret, lieber mit 40 fl vorlieb zunehmen, als sich in die Schuel
stecken zulaßen.«

Also war eine Vorwarnung ergangen, als Johann Christoph Bach die

Stelle angetreten hatte. Damit waren die Fronten klar abgesteckt – und Johann Christoph Bach hatte seine Chancen wohl überschätzt. Abgesehen davon, daß die Gehaltszahlungen – in zeitüblicher Weise – nur schleppend erfolgten (Johann Christoph Bach wandte sich deshalb am 14. September 1694 an das Konsistorium[15]), waren dies dann auch die Verhältnisse, die Johann Sebastian Bach antraf, als er 1695 nach Ohrdruf kam. Im übrigen hatte Johann Christoph tatsächlich ein »Haußwesen« begründet: Am 23. Oktober 1694 heiratete er Johanna Dorothea Vonhof.

Daß sich die Lage weiter zuspitzte, konnte nicht ausbleiben, und die weitere Entwicklung hat Johann Sebastian Bach dann in Ohrdruf direkt miterlebt. Der nächste Fixpunkt in ihr ist der 3. Januar 1696, an dem Johann Christoph Bach beim Rat vorstellig wird, um entweder seine Entlassung zu erwirken oder seine Situation zu verbessern: Er ist »nach Gotha zur organisten Stelle vocirt«; auf dieser Stelle hatte zuvor, am 11. Juni, Pachelbel um seine Entlassung gebeten[16]. Im Ratsprotokoll wird er mit folgenden Worten weiter zitiert[17]: »Wenn mann ihme aber etwas an der Besoldung zulegen wolte, wäre er entschloßen, lieber hier zu bleiben.« Als Entgegnung auf das Angebot, ihm nach Ostern zwei Malter Korn, zwei Klafter Holz und zwei Schock Reisig mehr zu geben, referiert das Sitzungsprotokoll: »Fordert über dieses am Gelde noch 20 fl.« Nach längerem Hin und Her einigten sich die beiden Seiten darauf, daß er die zusätzlichen Naturalien und je fünf Gulden von Kirche und Schule erhalten soll. Dies aber ging nur mit einer Gegenleistung; der Rat verlangte von ihm: »Wofern er wolte damit zu frieden seyn, sollte er sich erklären, iedoch müste er auch zugleich einen *revers* von sich geben beständig zu bleiben, v. weiter nicht zu *muti*ren, auch über dieses nicht etwan bey gelegenheit, so Ihme wieder was vor die Hand käme, wieder von neuen zulage fordern.«

Johann Pachelbel hatte mit einem vergleichbaren Revers, den er nach der Sondershäuser »Vocation« unterzeichnet hatte[18], keine Probleme gehabt: Die Stadt Erfurt konnte seiner Berufung zum Hoforganisten in Stuttgart offenbar nichts entgegensetzen, denn ein Herzogshof war stärker als die Stadt (allerdings kehrte Pachelbel schon wenig später wieder nach Thüringen zurück). Somit dürfte dies Johann Christoph Bach zunächst nicht allzusehr erschüttert haben. Doch für ihn bot sich längerfristig kein Ausweg aus dieser Situation; als Anfang 1700 die Stelle des »Sextus« an der Lateinschule frei wurde, bewarb er sich um sie – mit Erfolg. Wenig später wurde auch die Stelle des »Collega Quintus« frei; wiederum wurde Johann Christoph Bach gewählt[19]. Damit war der Zustand erreicht, den er 1690 vermeiden wollte; dies kommt einer Kapitulation gleich.

Johann Sebastian Bach hat diese Verhältnisse seit 1695 miterlebt. Seitdem muß er gewußt haben, welche Probleme sich ergeben konnten, wenn Musikerstellen auf zu schmalem finanziellen Fundament standen; ihm kann nicht verborgen geblieben sein, daß der Bruder nach Gotha reiste – und folglich mag er hierbei auch (aus den Berichten des Bruders) erfahren haben, wie ein Organistenprobespiel abläuft, daß die Aussicht auf einen Umzug bestand und wie Johann Christoph Bach daraufhin mit der Ohrdrufer Behörde feilschte. Schließlich muß Bach erfahren haben, daß die rein auf das Musikalische ausgerichteten Berufspläne des Bruders scheiterten: Als dieser sich um die Sextus-Stelle bewarb, war Bach noch in Ohrdruf.

Somit kann Bach bei seinem Bruder wesentliche Eindrücke dessen erhalten haben, worauf man als Anfänger in einer Musikerkarriere zu achten hatte. Erstaunlich ist dabei auch, wie kompromißlos Johann Christoph Bach ein Jahrzehnt lang seine Sache verfolgte – er hatte demnach ein klares Ziel vor Augen. Dies muß auf der einen Seite von Pachelbels Berufspraxis als Organist geprägt worden sein; daneben zielte er auf eine Amtsführung ab, wie Andreas Christoph Dedekind sie in Eisenach als Kantor praktizierte, der einstige Dienstvorgesetzte des Vaters der beiden Brüder. Dessen berufliches Wirken hatte Johann Sebastian Bach aber auch selbst erlebt. Ehe man nach Konsequenzen fragen kann, die dieser daraus gezogen hat, muß man erkunden, welchen Anteil der Ohrdrufer Kantor an ihrer Entwicklung hatte.

Der Kantor: Elias Herda

Der Ohrdrufer Kantor war in der örtlichen Schulhierarchie relativ hochgestellt: Er wirkte als »Collega Tertius«. Da Bach als Tertianer in die Schule eintrat, hatte er zunächst auch außermusikalisch Kontakt zum Kantor. Dieses Amt hatte bis 1697 Johann Heinrich Arnold inne; er wurde im Laufe des Jahres aus disziplinarischen Gründen abgesetzt. Die Bestürzung über diese Situation saß beim Ohrdrufer Rat tief – so tief, daß man seinem Nachfolger gleich nach der Wahl »deß vorigen *Cantoris* Arnoldts angemerckte *exceße* vndt wiedriges bezeugen zu gemüth geführet« hat[20] – gleichsam um ihn von vornherein auf eine bessere Bahn zu lenken.

Wenn Bach nun am 19. Juli 1697 in die Secunda versetzt wurde, lag dies genau in der Zeit, in der die ersten Vorbereitungen für die Nachfolge Arnolds getroffen wurden, denn vier Tage vorher hatte Johann Andreas Danz, »der heiligen und orientalischen Sprachen Professor« an der Universität Jena[21], für seinen Schüler, den Theologiestudenten Elias Herda, ein Gutachten abgefaßt, das diesem den Zugang zu der Stelle erleichtern sollte. Es erfüllte seinen Zweck: am 7. Januar 1698 wurde Herda in sein Amt eingeführt. Somit dürfte das Gutachten von Danz über Herdas berufliches Profil zuverlässig informieren. Herda gilt als Ohrdrufer Schlüsselpersönlichkeit für Bachs weitere Laufbahn: Er hat ihm wohl den Weg an die Lüneburger Michaelisschule geebnet (an der er selbst vor seinem Theologiestudium Schüler gewesen war)[22]. Danz schreibt über ihn, vermutlich an den Ohrdrufer Superintendenten Johann Abraham Kromayer, die einander wohl aus den Zeiten von Kromayers Jenaer Studium her kannten[23]:

> »Es hatt H. Heerda *Theol: Stud:* aus dem Dorff Leina mich berichtet, daß es schiene, ob würde deß *Cantoris* in Ohrdruff stelle ehest erledigt werden, undt seine freunde dahin bedacht, wie Er zu solcher gelangen möchte. Ob ich nuhn wohl demselben stets gerathen, von der *Music* vieler ursach halber keine *profeßion* zu machen, derselbe auch zeithero seine *Studia* also geführet, daß Er sich zum Predigambt noch wohl solte *qvalificiren*, in dem Er nicht nur seine Hebräische Bibel, nechst dem Chaldäischen und Syri-

schen nothwendig gelesen und so viel mir immer wißend sich nie keinem *examini* entzogen, auch darinnen alle mahl wohl bestanden, sondern auch seine *Theologiam*, so guth bey unserm ietzigen *miserablen Statu Academico* geschehen können, eiferigst *excoliret*, dabeneben von einem sittsamen und Christl. gemüth ist, welches ümb so viel mehr bezeugen kan, weil Er mein beständiger *Inqvilinus* gewesen undt die Stuben über meinem Haupt bewohnet und keinen schritt ungemerckt thun können, Nichts desto minder weil seine Eltern darauff dringen, ihm auch der weg zum *Ministerio* und höherer beförderung nicht versperret wirdt. Habe mich erkühnet, Ew. HochEhrw. als meinem alten sehr wehrten lieben Freundt hiermitt dienstl: zu ersuchen, gedachten H. Heerda nicht nur allen verlangten geneigten willen zu erzeigen, sondern zuförderst zu erwehnter stelle ihm vor allen andern beförderlich zu seyn.«

Abgesehen davon, daß Danz so farbig von seiner Bekanntschaft mit Herda berichtet, ist wesentlich, daß Herda gerade die außermusikalischen Seiten des typischen Kantorenstandes repräsentierte. Zwar war er in Lüneburg auch Chorist gewesen, und da er das höchstmögliche Honorar dafür erhielt (1 Taler), war er – als Bassist – wohl auch ein einigermaßen versierter Sänger[24]. Klar aber ist, daß in Herdas beruflichem Wirken nicht die Musik die Hauptrolle spielte[25], sondern die Funktion eines Lehrers mit theologisch fundierter Ausbildung. Dementsprechend stellte man an ihn auch höhere Anforderungen als an andere Kantoren und verlangte von ihm etwa Griechischunterricht, der andernorts dem Rektor und Konrektor vorbehalten war[26]. Zudem erteilte er aber den Privatmusikunterricht, der zum Kantorenberuf gehörte[27].

Was man in musikalischer Hinsicht von Herda erwartete, läßt sich indirekt dem Protokoll der Kantoratsprobe entnehmen; diese muß Bach miterlebt haben, entweder als Besucher des Gottesdienstes oder aber (noch direkter) als Sänger im Schulchor, und diese Erfahrung stellt sich neben alle anderen Ohrdrufer Eindrücke vom Wesen der Musikerberufe. Wie sich die Probe genau gestaltete, ist den Akten nicht zu entnehmen; immerhin erfährt man aber etwas über die Strukturierung der Ohrdrufer Kirchenmusik. Denn in einem weiteren, nun internen Ohrdrufer Gutachten des Superintendenten Kromayer heißt es, zugleich auch die theologische Seite bewertend[28]:

»H. Bach hatt H. Heerda das stück so zu mittag *musicirt* worden, vorgelegt und war vorhin gegen mir sein *iudicium* [Urteil], daß wir schwerlich einen beßern kriegen werden. Wegen seiner *studien* *meritirte* [verdiente] Er mehr alß ein *Cantorat*, wie aus H. Prof. Danzens *testimonio* zu sehen.«

Danz' Urteil gab demnach auf theologisch-pädagogischer Seite den Ausschlag, wenngleich man eingestehen mußte, daß Herda für die Stelle eigentlich überqualifiziert sei. Ebenso aber zählte das musikalische Urteil Johann Christoph Bachs. Von Herda hatte man also nicht verlangt, eine selbstkomponierte Probemusik aufzuführen, sondern er musizierte (wie in der Kantorenpraxis nicht unüblich) ein Stück, das ihm vorgegeben wurde, ähnlich den Chorälen im Gottesdienstablauf. Beim Wahlakt im Rat wird die Art des Musizierens sogar noch weiter beschrieben: Nach dem zustimmenden Votum des ersten Bürgermeisters (Krompholtz) erklärt »H. Br. [Bürgermeister] Braun«, er »Hette H. Heerdans Probe=singen gestrigen Sonntags auch angehört, were mitt deßen Probe gantz wohl zu frieden«; »H. Br. Schmalkaldt« stellt die Begriffe um und erweitert sie noch – so daß von »der gestriges tages abgesungenen Singe=Probe« die Rede ist[29]. Damit ist das Vokabular abgesteckt, das auch die übrigen Votierenden benutzen – und demnach hat Herda offenbar selbst »gesungen«, allenfalls begleitet vom Ohrdrufer Schülerchor.

Die Probe fand am Sonntag, dem 21. November, statt, die Beratungen darüber am Montag nachmittag; Herda war anwesend und nahm anschließend seine provisorische »Vocation« entgegen. Auch am Dienstag war er noch in Ohrdruf; man äußerte im Rat, »daß der *Candidatus* morgendes tages die Brauthmesse singen solle« - man ließ Herda also gleich kommissarisch und provisorisch seine Dienste antreten. Und auch am 28. November (1. Advent) hielt Herda eine weitere »Sing=*probe*« ab, wie der Rat daraufhin dem gräflichen Konsistorium mitteilte[30]. Folglich läßt sich über das Ohrdrufer Musikleben in jenem November 1697 mit der Betrachtung der Kantoratsprobe einiges erfahren, und Bach, zweifellos Ohrdrufer Chormitglied, kann an all diesen Veranstaltungen mitgewirkt haben. Herda allerdings konnte sein Amt erst mit einiger Verzögerung offiziell antreten, weil der Rat dem Konsistorium Herda als einzigen Kandidaten präsentierte; erst die Einsicht, daß der Mangel ja gerade nicht in Herdas Person begründet sei, führte dazu, daß das Konsistorium dem Besetzungsvorschlag zustimmte[31].

Herda hatte »das stück« von Johann Christoph Bach erhalten, und dieser wurde nach seiner Meinung über jenen gefragt, die daraufhin die Entscheidung des Rats mitbestimmte. In musikalischen Belangen scheint Johann Christoph Bach Herda folglich übergeordnet gewesen zu sein; somit herrschten hier andere Verhältnisse als in Eisenach, wo dem Kantor die musikalische Leitungsfunktion zufiel.

Bach berichtet davon, daß es ihm 1722/23, als er unter den Kandidaten für das Leipziger Thomaskantorat gehandelt wurde, »anfänglich gar nicht anständig seyn wolte, aus einem Capellmeister ein *Cantor* zu werden«[32]. Ein Kantor wie Herda wollte er sicherlich keineswegs werden (hierfür hätte er im übrigen die Universität besuchen müssen), und er wollte sich auch nicht derart in schulische Belange verwickeln lassen, wie es seinem älteren Bruder widerfuhr – weil dessen Organistenposten so zugeschnitten war. Somit muß der Aufenthalt in Ohrdruf Bach bis in Nuancen vor Augen geführt haben, worauf man in der beruflichen Laufbahn als Musiker vorrangig zu achten habe, wenn man Außermusikalisch-Schulisches umgehen wollte: Man durfte nicht Kantor werden (es sei denn, man erreichte Sonderregelungen wie Dedekind in Eisenach); und man durfte nicht vorschnell mit kleineren finanziellen Angeboten zufrieden sein. Beide Ansätze wirkten sich unverkennbar auf Bachs Einstieg ins Berufsleben aus; und da sich seine Stellung so deutlich von den Musiker-Berufsbildern unterscheidet, die er in seiner Thüringer Ausbildungszeit erlebte, muß man ihm unterstellen, daß er sich von diesen bewußt abgesetzt hat. Doch um in dieses Berufsfeld überhaupt eintreten zu können, bestand für ihn vorerst noch ein besonders schweres Problem: Zwischen seiner Situation als Heranwachsendem und einer Berufstätigkeit mußte eine Art Lehre stehen. Folglich hat man den Fortgang seiner Ausbildung besonders unter die Lupe zu nehmen.

Bachs musikalische Ausbildung in Ohrdruf

Wieviel Bach in Eisenach bei seinem Vater gelernt hatte (also ehe er zehn Jahre alt wurde), weiß man nicht; berufsqualifizierend kann es nicht gewesen sein. Eine musikalische Lehrstelle hat er nie angetreten; das wäre, wenn man die Lebensläufe seiner drei älteren Brüder betrachtet, wohl das Normale gewesen. Er hatte dazu aber kaum eine Möglichkeit: Wer eine Lehrstelle antrat – gleichviel, ob es eine musikalische oder eine außermusikalische war –, mußte dem Meister Lehrgeld bezahlen. Als Vollwaise war er zweifellos arm, und auch sein Bruder konnte ihm aus der beengten Ohrdrufer Situation heraus keine Ausbildung finanzieren. Also kann man sich die berufliche Zukunft, vor der Bach stand, nicht dunkel genug vorstellen; nur der Eintritt in eine besondere Nische konnte ihn davor bewahren, in eine soziale Unterschicht überwechseln zu müssen – weil er an sich keine Möglichkeit hatte, einen ordentlichen Beruf zu erlernen.

Zunächst war er mit zehn Jahren zu jung, um berufstätig zu sein. Zwar konnte er nun vorerst in der Schule »aufbewahrt« werden. Doch einerseits war in Eisenach an eine Fortsetzung des Schulbesuchs vor allem deshalb nicht zu denken, weil Bach dort ein schützendes Obdach fehlte – schlichtweg ein Schlafplatz. Diesen dürfte ihm der Bruder in Ohrdruf geboten haben. Und andererseits: Auch der Schulbesuch kostete Geld. In dieser Situation aber gab es jene konkrete Nische: Wer Mitglied eines Schülerchores war, leistete im kirchlichen Leben seines Schulortes einen Dienst, für den er entlohnt wurde; da dieser Dienst sich aus dem Schulbesuch herleitete (die Chöre wurden ja aus der Schülerschaft gebildet), mußte zunächst der Schulbesuch gewährleistet sein – er war für Choristen daher üblicherweise kostenlos. Die Vergabe derartiger Freistellen wurde von den Schulbetreibern (Stadt, Territorialherrschaft) nicht selten als karitative Maßnahme verstanden, so daß diese Chor- und Schul-Freistellen Bedürftigen zufielen. Obendrein wurde den Sängern ein bescheidenes Honorar gezahlt, das sich aus einem Fixbetrag und aus Sondereinkünften von Chorumgängen zusammensetzte. Wie diese Seite des Ohrdrufer Chorwesens konkret organisiert war, ist aus den erhaltenen Akten zwar nicht ersichtlich; von dem allgemein üblichen Modell, das etwa den dargelegten Verhältnissen entsprach, wird es sich aber nicht grundlegend unterschieden haben. Deshalb kann man sich auch Bachs Ohrdrufer Existenz nach diesem Muster vorstellen: Sein Bruder bot ihm Obdach; und weil der junge Bach mit einer »ungemein schönen Sopranstimme« ausgestattet war, wie 1754 der »Nekrolog« berichtet[33], konnte er sich mit seiner sängerischen Leistung die Berechtigung zum Schulbesuch verschaffen. Damit aber war nur die Zeit geregelt, in der dieser Zugang zum Schulleben Bestand haben konnte: Sobald Bachs Stimme mutierte, konnte sich die Frage nach der Berechtigung zum Schulbesuch wieder stellen; und der Schulbesuch als solcher sicherte seine Lebensgrundlage auch nicht ewig. Folglich mußte man zugleich nach beruflichen Perspektiven Ausschau halten – eben mit der grundsätzlichen Einschränkung, daß Bach wohl nie eine Lehrstelle antreten oder die Universität besuchen konnte.

Man sieht es bisweilen als ein Zeugnis für den besonderen Familiensinn der Bachs an, daß Johann Sebastian in Ohrdruf bei seinem Bruder Unterschlupf finden konnte. Aber damit ist die Leistung, die Johann Christoph erbrachte, bei weitem nicht gewürdigt. Zwar konnte er ihm nur notdürftig eine Bleibe bieten, um so besser aber eine berufliche Perspektive: Er gab an seinen jüngeren Bruder eigene Kenntnisse und Erfahrungen weiter, ohne dafür Lehrgeld zu beanspruchen (oder wurde hierfür Bachs finanzielles Erbe verwendet?). Das Problem, das für Bach am schwersten wog, wurde also mit einem Minimum an Fremdaufwand aus der Familie heraus aufgefangen. Aber es funktionierte nicht ohne Eigenbeteiligung Johann Sebastians: Von ihm wurde verlangt, daß er sich des Ernstes der Lage bewußt war; vor allem aber war Eile geboten, denn das Ausbildungsmodell funktionierte nur so lange, wie Bach seine Berechtigung zum Schulbesuch aufrechterhalten konnte.

Wenn also die Anekdote im »Nekrolog« berichtet, Bach habe bei seinem Ohrdrufer Bruder gelebt und »unter desselben Anführung den Grund zum Clavierspielen« gelegt, sollte man dies sehr ernst nehmen. Denn demnach hat Johann Christoph Bach seinen Bruder nicht nur einfach weiter unterrichtet; vielmehr eröffnete sich diesem erst in Ohrdruf die Perspektive, ein Tasteninstrument zur Basis des beruflichen Wirkens zu machen – als einzige Perspektive, die sich überhaupt bot. Konkretisieren läßt sich dies anhand einer Äußerung Carl Philipp Emanuel Bachs gegenüber Johann Nikolaus Forkel (1775)[34]: »Des seeligen Unterricht in Ohrdruf mag wohl einen Organisten zum Vorwurf gehabt haben u. weiter nichts.« Auch hier wird nicht nur einfach auf eine Lehrerpersönlichkeit verwiesen, sondern zugleich das Berufsziel hervorgehoben (durchaus im Sinne der zeitgenössischen Verwendung des Begriffs »Vorwurf«): das Organistendasein und »weiter nichts«, da sich weiteres gar nicht bewerkstelligen ließ. Dieses Organistendasein ist zunächst nur dadurch zu erweitern, daß man es im zeitüblichen Sinne allgemeiner als »Spiel auf Tasteninstrumenten« verstehen sollte; andere musikalische Aufgaben, die sich mit dem Organistenberuf verbinden konnten (etwa die Leitung eines Ensembles), sind damit hingegen nicht erfaßt.

Es kann also kaum nur die im »Nekrolog« erwähnte »Lust unsers kleinen Johann Sebastians zur Musik [...] in diesem zarten Alter« gewesen sein, die ihn zum Lernen antrieb, sondern auch das existentielle Problem, das aus seiner Situation resultierte – freilich verbunden mit der entsprechenden musikalischen Begabung. Von hier aus hat man also den darauffolgenden Satz der Anekdote zu bewerten: »In kurtzer Zeit hatte er alle Stücke, die ihm sein Bruder freywillig zum Lernen aufgegeben hatte, völlig in die Faust gebracht.« Offen bleibt dabei nur das marginale Detail, ob die Freiwilligkeit auf seiten Bachs lag (daß ihm das Lernen der Stücke freigestellt war) oder auf seiten seines Bruders (so, daß dieser ihm aus freien Stücken die Aufgabe gestellt hätte); beides charakterisierte treffend die Situation, in der sich beide Brüder befanden.

Im Mittelpunkt der Anekdote steht daraufhin die Geschichte des Notenbuchs, das sich Bach heimlich »bey Mondenscheine« abschrieb – in seinem »Eifer immer weiter zu kommen«. Hinter diesem »Eifer« steckt nicht nur der Geist der fünfziger Jahre des 18. Jahrhunderts (im Sinne eines Dokuments für die Geschichte eines idealen, jungen Genies, das sich allen Unbillen entgegenstemme, weil es ja wisse, wohin es gelangen wolle). Vielmehr kann der »Eifer« auch aus Bachs realistischer Einschätzung seiner Ausbildungssituation entsprungen sein. Sicher ist es nicht recht verständlich, weshalb Johann Christoph seinem Bruder »diese musicalische Beute« streitig machte; doch letztlich konnte Johann Christoph das Lerntempo und die Lehrinhalte bestimmen. Vielleicht wollte er im Auge behalten, daß sein Bruder – in der Situation, in der sich beide befanden – ihn nicht allzu schnell einholte. Als Lehr-Motto galt der Lukas-Satz »Der Jünger ist nicht über seinen Meister; wenn der Jünger ist wie sein Meister, so ist er vollkommen« – und diese Feststellung des Meisters gebührte demnach Johann Christoph Bach.

Zudem berichtet die Anekdote, zu welchem Repertoire dieses Notenbuch Zugänge erschloß: Es war »voll Clavierstücke, von den damaligen berühmtesten Meistern, Frobergern, Kerlen, Pachelbeln« – und damit konnte es für Johann Christoph Bach auch eine besondere Bedeutung annehmen. Wie also läßt sich das Werkspektrum, das dieser Band umfaßte, beschreiben? Johann Jacob Froberger (1616–1667) stammte aus Stuttgart und verbrachte wesentliche Strekken seines Lebens am Hof Kaiser Ferdinands III. in Wien; dieser ermöglichte ihm einen Studienaufenthalt bei Girolamo Frescobaldi in Rom, wenige Jahre vor dessen Tod 1643. Allein schon die kaiserliche Protektion, aber ebenso die Vielzahl von Reisen, die Froberger durch Europa führten, machten ihn im 17. Jahrhundert (und auch deutlich darüber hinaus) zu einem der einflußreichsten Komponisten von Musik für Tasteninstrumente. Johann Kaspar Kerll (1627–1693) hingegen war zunächst Hoforganist beim österreichischen Erzherzog Leopold Wilhelm; dieser sandte ihn nach Rom, vielleicht ebenfalls noch zu Frescobaldi (Kerll war bei dessen Tod aber erst 16 Jahre alt!), sicherlich aber zu Giacomo Carissimi. Als kurbayerischer Vizekapellmeister schrieb er 1658 die Krönungsmesse für Kaiser Leopold I.; 1673 ging Kerll nach Wien zurück, zunächst als Organist am Stephansdom, dann als kaiserlicher Hoforganist. Johann Pachelbel (1653–1706) schließlich hatte in seiner Geburtsstadt Nürnberg und in Regensburg eine akademische Ausbildung erhalten; von Regensburg aus hatte er Kontakt zu Kaspar Prentz, einem Schützling Kerlls; und als dieser 1673 an den Wiener Stephansdom berufen wurde, erhielt Pachelbel (als

Protestant) den Ruf auf die zweite Organistenstelle dort – die er aufgab, um 1677 an den Eisenacher Hof überzuwechseln.

Folglich enthielt der Band Werke der Komponisten, in deren Tradition Johann Christoph Bach sich fühlen konnte: über seinen Lehrer Pachelbel zurück zu dessen Wiener Vorgesetztem (vielleicht auch Lehrer) Kerll, über diesen zurück in den Froberger-Umkreis. Froberger hatte die Gunst Ferdinands III. besessen, Leopold I. schätzte Kerll weitaus mehr; diese kaiserliche, süddeutsch-österreichische Musik hatte Pachelbel aufgenommen und deren Stil an Johann Christoph Bach vermittelt. Ein ähnliches Klavierbuch hat sich auch von Pachelbels Schüler Johann Valentin Eckelt erhalten[35]; da in ihm allerdings auch Musik jüngerer Komponisten enthalten und Kerll mit nur einer Komposition repräsentiert ist, kann der Inhalt des Buches, das Johann Christoph Bach besaß, auch anders ausgesehen haben. Er könnte zu den Froberger-Kompositionen auch aus den Froberger-Drucken Zugang erhalten haben, die in den neunziger Jahren plötzlich in größerer Zahl erschienen – nicht zuletzt deshalb, weil er auch weiterhin Musik für Tasteninstrumente gesammelt hat. Wichtig für den Charakter »des« Klavierbuchs scheint also jener Traditionsaspekt gewesen zu sein.

Noten beschaffte man sich normalerweise in handschriftlichen Kopien; Notendrucke waren Luxusgüter. Ebenso wie also Johann Christoph Bach bei dieser Traditionsbestimmung vorgegangen war, ebenso wie Johann Sebastian Bach sich diesen Band zu erobern versuchte, arbeiteten zahllose Musiker der Zeit. Bedauerlicherweise sind weder das Original des Froberger-Kerll-Pachelbel-Notenbuchs noch Bachs Abschrift erhalten geblieben. Daß Johann Christoph Bach aber tatsächlich nach diesem Muster Sammlungen von Musikwerken anlegte, ist durch zwei jüngere Bände belegt, die aber mit etwas irreführenden Namen versehen sind und deshalb ihren eigentlichen Urheber nicht auf Anhieb nennen[36]: das »Andreas-Bach-Buch« (genannt nach Johann Andreas Bach, dem Sohn und Nachfolger Johann Christophs) und die »Möllersche Handschrift«, die vielleicht durch Johann Christoph Bachs Tochter Magdalena Elisabetha (verheiratete Möller) in den Besitz der Familie kam, durch die sie ihren Namen erhielt. Beide

Handschriften erschließen im wesentlichen ein anderes Repertoire; geprägt wird es vor allem von Kompositionen norddeutscher Musiker wie Dietrich Buxtehude, Jan Adams Reinken und Georg Böhm, und die Bände bieten ansonsten einen Querschnitt durch das frühe Orgelwerk Johann Sebastian Bachs.

Es ist unwahrscheinlich, daß diese Kompositionen bereits der Ohrdrufer Zeit Bachs entstammen; eher setzen sie Bachs eigene, direkte Bekanntschaft mit Orgelmusik norddeutscher Komponisten voraus und dürften von Johann Christoph Bach auch in diesem Kontext gesehen worden sein. Somit spiegeln sie wohl dessen Sammeltätigkeit etwa während des ersten Jahrzehnts des 18. Jahrhunderts (vgl. Kapitel 5). Allerdings ist es kaum vorstellbar, daß Bach in Ohrdruf nicht auch erste Kompositionen verfaßt hätte, selbst wenn sich keinerlei diesbezügliche Quellen erhalten haben. Zumindest Bachs Orgelchoräle der sogenannten »Neumeister-Sammlung«, 1985 erstmals publiziert, dürften in jene Zeit einzuordnen sein, weil sie in ihrer Choralbehandlung dem knappen Fugentypus der Pachelbel-Tradition deutlich nahestehen[37]. Doch auch mit diesen Kirchenliedbearbeitungen ist das Spektrum, das die Pachelbel-Tradition ihm erschlossen hat, sicherlich nicht ausreichend erfaßt; man hat ebensosehr an »choralfreie« Musik zu denken.

Viertes Kapitel

Lüneburg,
Sangerhausen, Weimar
1700–1702

Zum Schuljahr 1699/1700 war Bach in Ohrdruf noch in die Prima versetzt worden; im darauffolgenden Sommer hatte er Thüringen verlassen und war mitten im Schuljahr nach Lüneburg gewechselt. Daß er dorthin ging, akzeptiert man im Rahmen einer Bach-Biographie als etwas völlig Normales. Doch nichts daran war naheliegend: Weshalb ging Bach – Vollwaise, als Primaner längst berufsreif – aus Thüringen fort, weshalb ausgerechnet nach Lüneburg? Dieser Schritt in Bachs Leben, der vielleicht einer der wirklich entscheidenden für ihn war, muß also besonders gründlich beleuchtet werden.

Als Ursache für den Abgang wird in der Ohrdrufer Matrikel jenes ominöse »ob defectum hospitiorum« angegeben (vgl. S. 98). In Lüneburg selbst ist Bach daraufhin nur zu Beginn des zweiten Quartals 1700 nachweisbar: im April und Mai 1700. Damals erscheint sein Name in den Listen, mit denen der Kantor der Michaelisschule, August Braun, die Verteilung des Geldes protokollierte, das er den Mitgliedern einer Spezialabteilung des Schulchors auszahlte; Aufgabe der Sänger dieses »Mettenchors« war es, nicht nur Hauptgottesdienste musikalisch zu bestreiten, sondern besonders auch die Vorabend- und Frühgottesdienste (Vespern und Metten). Anschließend fehlt nicht etwa Bachs Name auf den Listen, sondern die Listen selbst fehlen; folglich versiegt mit Mai 1700 die einzige unmittelbar zeitgenössische Quelle, die über Bachs Lüneburger Zeit etwas berichtet. Erst von 1702/03 an wird die Dokumentenlage etwas günstiger: mit

Blick auf eine fehlgeschlagene Bewerbung um eine Organistenstelle in Sangerhausen und eine kurzzeitige Tätigkeit am Weimarer Hof. Als ratloser Betrachter dieser Zeit steht man allerdings auch nicht allein, denn schon Bachs Sohn Carl Philipp Emanuel, von Johann Nikolaus Forkel nach Details zur Biographie seines Vaters gefragt, konnte nur sagen[1]: »*Nescio* [ich weiß nicht], wodurch er von Lüneburg nach Weimar gekommen.«

Nur einige Anekdoten des späteren 18. Jahrhunderts, die aber wohl nicht in allen Details restlos zuverlässig sind, können diesem Bild zusätzliche Konturen geben: Sie beziehen sich im wesentlichen auf Reisen, die Bach von Lüneburg aus gemacht habe. Doch ehe man diesen Informationen nachgehen kann, hat man sich zunächst um die Situation in Lüneburg zu kümmern, am Ausgangsort der Reisen; und davor ist noch danach zu fragen, weshalb ein Ohrdrufer Primaner plötzlich seinen Schulbesuch gerade dort fortsetzte. Der »Nekrolog« von 1754 berichtet hierzu folgendes[2]:

»Johann Sebastian begab sich, nachdem sein Bruder gestorben war, in Gesellschaft eines seiner Schulcameraden, Namens Erdman, welcher nunmehr, vor nicht gar langen Jahren, als Baron und Rußisch-Kayserlicher Resident in Danzig, das zeitliche gesegnet hat, nach Lüneburg, auf das dasige Michaels-Gymnasium.

In Lüneburg wurde unser Bach, wegen seiner ungemein schönen Sopranstimme, wohl aufgenommen. Einige Zeit hernach ließ sich einsmals, als er im Chore sang, wider sein Wissen und Willen, bey den Soprantönen, die er auszuführen hatte, auch zu gleicher Zeit die Octave tiefer mit hören. Diese ganz neue Art von einer Stimme behielt er acht Tage lang: binnen welcher Zeit er nicht anders als in Octaven singen und reden konnte. Hierauf verlohr er die Töne des Soprans, und zugleich seine schöne Stimme.«

Vorab ist zu korrigieren, daß keineswegs der Tod des Bruders Ursache für den Ortswechsel war; Johann Christoph Bach starb erst 1721. Tatsächlich verließ auch Georg Erdmann die Schule, um nach Lüneburg zu gehen, und auch er erscheint in den Mettengeld-Listen des April und Mai 1700. Bach hatte noch lange Kontakt zu ihm; noch 1726 und 1730 wechselten sie Briefe[3].

Wie schon 1870 Wilhelm Junghans herausfand, wurden in den Lüneburger Mettenchor nur Schüler aufgenommen, die aus ärmlichen Verhältnissen stammten und gute Diskantstimmen hatten. Zwar stammt die Formulierung aus einer Schulverordnung von 1736; doch erstens mag sie um 1700 durchaus ebenfalls so gehandhabt worden sein, und zweitens scheint dies (zumindest bei flüchtiger Betrachtung) Bachs Position im Mettenchor hinreichend zu erklären: Die Stimmangabe wird durch die »Nekrolog«-Mitteilung bestätigt, und daß Bach praktisch mittellos war, bedarf keines weiteren Kommentars. Allerdings müßte geklärt werden, wodurch Bachs (freier) Schulbesuch in Lüneburg dann nach dem Stimmbruch noch zu rechtfertigen war. Schon früh hat die Bach-Forschung hierfür Erklärungsmodelle bereitgestellt: Philipp Spitta vermutete, Bach habe als Instrumentist gewirkt[4].

Diese Überlegungen haben aber zunächst eine Schwachstelle: Sie gehen davon aus, daß die Mitteilung des »Nekrologs«, Bachs Stimme habe erst in Lüneburg zu mutieren begonnen, richtig ist und daß die Vorschrift, Neuaufnahmen von Sängern an jene stimmlich-soziale Vorbedingung zu knüpfen, keinen Raum für anderweitige Regelungen ließ. Genau diese beiden Aspekte erweisen sich aber als zweifelhaft. Was ist zu tun: Wenn man den Schulwechsel verstehen will, darf man nicht nur nach den Verhältnissen Bachs fragen, sondern auch nach den Ohrdrufer und Lüneburger Bedingungen, und nur wenn alle drei Aspekte sich organisch miteinander verbinden lassen, hat man eine vertretbare Erklärung gefunden. Allerdings sind Bachs Intentionen relativ unklar, ebenso die Situation der Ohrdrufer Schule; Ansatzpunkt für die Untersuchung müssen also die Lüneburger Verhältnisse sein. Neuerlich hat man sich dabei mit Namen und Fakten zu beschäftigen, die auf den ersten Blick mit Bach gar nichts zu tun haben; doch auch hier läßt sich Bachs Umgebung deutlicher nachzeichnen als Bachs Situation selbst, und auch hier wird anschließend der Raum, den man für Bach nur durch Hypothesen füllen kann, enger, wenn man die Umgebung betrachtet hat.

Bachs Übersiedlung nach Lüneburg – aus Lüneburger Sicht

Die Mettengeld-Listen[5] berichten monatlich, welche Honorare an die Mitglieder des Mettenchores gezahlt wurden; als Gesamtbetrag standen hierfür 8 Taler zur Verfügung. Häufig wurde dieser Betrag nicht exakt getroffen, weil die Sänger nicht alle das gleiche Honorar erhielten und die Ausgaben sich nicht jeweils exakt auf jene Summe hinbewegen ließen: Es gab Sänger, die einen Taler monatlich erhielten, daneben Sänger mit einem Monatshonorar von 16, 12 oder 8 Groschen, schließlich in jedem Monat zwei nie namentlich genannte »Expectanten«, denen ein Gesamthonorar von 8 Groschen (also je 4) zugeteilt wurde. Somit war der Kantor zu einer sorgsamen Dokumentation seiner Ausgaben verpflichtet, und entsprechende Plus- oder Minus-Beträge wurden von einer Monatsabrechnung in die nächste übernommen, um dann mit ihr wieder ausgeglichen zu werden. Abgesehen von den finanziellen Angaben läßt sich aus den Listen freilich der Ensemble-Umfang im jeweiligen Monat ableiten; Angaben über die Stimmzugehörigkeit fehlen hingegen.

Diese Listen sind allerdings nicht die einzigen Sängerübersichten, die in Lüneburg geführt wurden; es gibt im gleichen Aktenbestand auch solche, die im Halbjahresabstand angefertigt wurden und Zahlungen an die Mitglieder des größeren »Chorus symphoniacus« referieren – also an die Sänger des normalen Schülerchors. In diesen Listen werden die Sänger nach Stimmzugehörigkeit gruppiert, und zwar offenbar so, daß der aktuelle Zustand des Ensembles zum Zeitpunkt der Abrechnung referiert wird. Der »Chorus symphoniacus« hatte mehr Mitglieder als der Mettenchor, dessen Sänger freilich auch in dem größeren Ensemble mitwirkten; auf diese Weise läßt sich jeweils für den Abrechnungsstichtag der Chorgeld-Listen auch die genaue Stimmzusammensetzung des Mettenchors rekonstruieren. Die letzte der erhaltenen Chorgeld-Listen wurde unmittelbar vor der Ankunft Bachs und Erdmanns in Lüneburg angefertigt, also zu Ostern 1700 (für das Halbjahr seit Michaelis 1699); man erfährt somit zwar nicht, in welchen Stimmen des Mettenchors Bach und Erdmann ihren Platz fanden, kann dies aber für jeden ihrer Sängerkollegen tun.

Schließlich wirkt sich ein dritter Faktor aus. Für die Zusammensetzung des Mettenchors war der Kantor an eine präzise musikalische Vorgabe gebunden; diese ist zwar nicht für Bachs Kantor August Braun dokumentiert, sondern erst für dessen Nachfolger Johann Conrad Dreyer, doch der Informationsmangel mag allein darin begründet sein, daß sich Brauns Personalakte nicht erhalten hat. Der entsprechende Passus in Dreyers Dienstanweisung lautet[6]:

»Zu wißen sey hiermit, daß, nachdehm das *Cantorat* bey hiesigem Closter *St: Michaelis vacant* geworden, der *Studiosus Johann Conradt* Dreyer hinwieder angenommen und bestellet worden, derogestalt und also, daß derselbe sich verpflichtet und verbindtlich gemachet, solch seinem ambte getreulich und nach seinem besten Verstande vorzustehen, insonderheit aber die *Music* sowohl *Vocal=* als *instrumentaliter* in der Kirchen, und sonsten so offte es erfoderdt wird, besten Fleißes, zu *tractiren*, und zu *dirigiren*, und dero Behueff nicht alleine Jedes mahl tüchtige Sänger, die wenigstens in 8 Persohnen als 2 Bassisten, 2. tenoristen, 2 Altisten und 2 Discantisten bestehen, sondern auch gute stücke selbst zu componiren, zu verschaffen und auffzuführen, sich auch öffters und die mehriste Zeit selbst im Singen hören zu laßen und sonst alles in solcher guten Ordnung zu bringen, daß darauff mit fueg nichtes zu tadeln und zu sagen seyn möge.«

Die Besetzungsstärke (zwei Sänger pro Stimme) mußte also garantiert sein; und man erfährt aus dieser Angabe auch, wie das Gesamthonorar für die Ensemble-Mitglieder damals wohl verstanden wurde: 8 Taler standen zur Verfügung, und acht Personen war die Mindestbesetzung; ein größeres Ensemble (wie schon um 1650 nachweisbar[7]) war nur durch die Staffelung der Honorare unterhalb der 1-Taler-Grenze denkbar.

Ausgangspunkt für die Betrachtung kann also die Chorgeld-Liste von Ostern 1700 sein, weil in ihr alle Mettenchor-Sänger, mit deren Funktionen man im Folgenden zu operieren hat, in ihrer Stimmzugehörigkeit ausgewiesen sind. Zugleich werden Sonderaufgaben benannt: diejenige des Chorpräfekten und seines Stellvertreters (»Adjunkt«).

Im Baß werden vier Sänger genannt (Vornamen: soweit bekannt): Lasius (der Präfekt), Franck (Adjunkt), ferner Mittag und Plett. Im Tenor erwähnt Kantor Braun fünf Sänger: Köhler, Hochgesang major und minor, Dey und Henrich Buncke. Auf die Situation von »Hochgesang minor« muß man näher eingehen, weil dieser ein halbes Jahr zuvor, zu Michaelis 1699, noch Altist war; also bietet er ein Beispiel dafür, wie man mit einem Mutanten umging. Auch für den Alt werden fünf Sänger genannt: August Johann Schmersahl, Plate, Levin Achatius Schön, Christoph Dietrich Statius Bergman und Wuhrman. Der letztere war im halben Jahr zuvor noch Diskantist gewesen; damals hatte zudem, wie erwähnt, »Hochgesang minor« noch im Alt gesungen. Umfangreicher aber ist der Diskant; namentlich erwähnt werden sieben Sänger: Koch major, Gottlieb Schmidt, Vogel, de Brevill, Volckmann, Siegel und Koch minor. Der zweite und die letzten beiden sind gegenüber der Liste von Michaelis 1699 neu, in der Wuhrman noch als Diskantist eingereiht ist (an Ostern 1700 war er, wie erwähnt, Altist). Zu ihnen kommen weitere hinzu, deren Identität hinter summarischen Begriffen verborgen bleibt: »zwei Expectanten« und die »Famula«[8].

Damit hat man die spezifische Information ausgeschöpft, die die Chorgeld-Listen bieten – abgesehen vom Finanziellen, das hier außer Betracht bleiben kann. Dieses ist hingegen an den Mettenchor-Listen besonders interessant, weil sich hinter der Staffelung der Honorare wohl eine Rangüberlegung verbirgt. Den Grundstock des Mettenchors bildeten 1699/1700 vier Sänger, die jeweils monatlich einen Taler verdienten, nämlich zwei Bassisten (Lasius und Franck, die beiden Mitglieder, die zugleich Sonderaufgaben ausübten) sowie ein Tenorist (Köhler) und ein Diskantist (Koch); auch diese beiden werden also herausragende musikalische Aufgaben innegehabt haben. Damit aber waren unter den restlichen Sängern nur noch 4 Taler zu verteilen.

Am wenigsten erhielten die beiden »Expectanten«: je 4 Groschen pro Monat. In den Chorgeld-Listen werden sie stets unter den Diskantisten genannt, und daraus ergibt sich für sie eine eindeutige Stimmzuordnung. Sie suchten also einen Weg in das Ensemble; gerade für sie muß die Regelung gegolten haben, daß Neulinge gute Sopranstimmen haben müßten (neben der sozialen Anforderung). Das Gros der übrigen Sänger erhielt entweder 8 oder 12 Groschen, in Einzelfällen aber auch 16 Groschen – ebensoviel wie der bestbezahlte Altist. Die Veränderungen im Sänger-Ensemble und in den gestaffelten Honoraren während des Winterhalbjahres 1699/1700 lassen sich in einer Tabelle darstellen.

Name	Stimme	Honorar Rthl.	ggr.	Bemerkungen

a) Sänger, die über die gesamte Zeit hinweg ein konstantes Honorar erhalten

Name	Stimme	Rthl.	ggr.	Bemerkungen
Franck	Baß	1		
Köhler	Tenor	1		
Koch	Diskant	1		
Hochgesang min.	Alt/Tenor		16	
Vogel	Diskant		12	
Hochgesang maj.	Tenor		12	
Mittag	Baß		12	
2 Expectanten	[Diskant]		je 4	

b) Sänger, die nur zeitweise im Ensemble mitwirken

Name	Stimme	Rthl.	ggr.	Bemerkungen
Lasius	Baß	1		bis März
Dey	Tenor		16	bis Februar

c) Sänger mit wechselnden Honoraren

Name	Stimme	Rthl.	ggr.	Bemerkungen
Schmersahl	Alt		16	ab März, zuvor 12 ggr. (erst ab Dezember)
Schmidt	Diskant		12	ab März; zuvor 8 ggr.
Platt	Alt		8	Zahlungen erst ab November
Schön	Alt		8	keine Zahlung für März

Eine wichtige Startinformation ist, daß es jene 1-Taler-Sänger gab – und daß dieser privilegierten Gruppe kein Altist anzugehören brauchte. Interessant ist nun aber, wie Kantor Braun mit den Ensemble-Veränderungen umging, die sich in der zweiten und dritten Rubrik spiegeln. Wie also sah die Besetzung von Monat zu Monat aus?

In der Mettengeld-Liste für Oktober 1699 sind 13 Sänger mit ihren Honoraren genannt, und die Stimmangaben der Chorgeld-Liste für Michaelis 1699 lassen sich auf dieses Ensemble übertragen. In jeder Stimme singt demnach mindestens ein hochbezahlter Sänger (wohl als Konzertist; derjenige im Alt mit dem niedrigeren Honorar), im Sopran singen die beiden Expectanten. Vielleicht auch aufgrund längeren Wirkens im Ensemble erhalten zudem zwei Sänger in Tenor und Baß ein exzeptionell hohes Honorar (der Adjunkt als weiterer Bassist 1 Taler, ein Tenorist 16 Groschen). Jede Stimme ist mindestens doppelt besetzt – das bestätigt zugleich, daß »Hochgesang minor« im Oktober 1699 noch Altist gewesen sein muß, denn nur ein anderer Schüler läßt sich neben ihm als Altist identifizieren. Zudem werden die verfügbaren 8 Taler nicht ausgegeben, sondern nur 7 Taler 16 Groschen.

Im November wird das Ensemble um einen Altisten erweitert, der 8 Groschen erhält (Platt), im Dezember um einen weiteren (12 Groschen für Schmersahl). Bei diesem Stand bleibt das Ensemble bis Ende Februar 1700; in eine Gesamtübersicht für die Zeit von Oktober 1699 bis Februar 1700 lassen sich diese Ensemble-Zuwächse also leicht einarbeiten (vgl. die Zusätze in Klammern).

Honorar	Diskant: 5	Alt: 2 (+ 2)	Tenor: 3	Baß: 3
1 Rthl.	1	–	1	2
16 ggr.	–	1	1	–
12 ggr.	–	– (+ 1)	1	1
8 ggr.	2	1 (+ 1)	–	–
4 ggr.	2	–	–	–

Bis Ende Februar ist also damit zu rechnen, daß die Funktion des führenden Altisten noch bei »Hochgesang minor« lag. Daß der 12-Groschen-Sänger Schmersahl ins Ensemble aufgenommen wurde, mag allerdings bezeichnend sein: Er hatte bereits zuvor einmal im Ensemble mitgewirkt[9], und seine Reaktivierung läßt sich daher als zukunftsbezogene Maßnahme mit Blick auf Hochgesangs Stimmwechsel interpretieren.

Demgegenüber zeigt sich im März 1700 ein erstaunliches Bild: Die Verhältnisse sind äußerlich fast wieder so wie im Oktober des Vorjahrs, und nur das Honorar für einen Diskantisten (Schmidt) ist von 8 auf 12 Groschen hinaufgesetzt worden.

Honorar	Diskant: 5	Alt: 2	Tenor: 3	Baß: 3
1 Rthl.	1	–	1	2
16 ggr.	–	1	1	–
12 ggr.	1	–	1	1
8 ggr.	1	1	–	–
4 ggr.	2	–	–	–

Hochgesang minor hat demnach die Stelle des ausgeschiedenen 16-Groschen-Tenors Dey eingenommen, und Schmersahl ist zum neuen führenden Altisten geworden. Dies bleibt äußerlich ohne Auswirkung; wichtig ist aber, daß dem Sänger Hochgesang minor sein hohes 16-Groschen-Honorar erhalten blieb, obgleich er die Stimme wechselte[10]. Folglich lag der Anlaß für alle Umbesetzungen wohl bei Dey und seinem Ausscheiden aus dem Ensemble: Möglicherweise wartete Hochgesang auf eine Gelegenheit zum Stimmwechsel (bezogen auf das Ensemble, nicht stimmphysiologisch gesprochen) und konnte Dey ersetzen, mußte aber selbst als höchstrangiger Altist ersetzt werden.

Eine weitere Änderung ergab sich im März 1700 zur Haushaltskorrektur: Im Vormonat Februar hatten die Mettengeld-Zahlungen (einschließlich Überhängen aus dem Januar) 8 Taler 14 Groschen betragen. Der Kantor mußte also versuchen, seine Ausgaben allmählich wieder auf den Normalstand von 8 Talern zurückzuschrauben. Deys 16-Groschen-Gehalt (Tenor) wurde eingespart, und der 8-Groschen-Altist Schön pausierte für einen Monat; der Diskantist Schmidt konnte 4 Groschen Zulage erhalten.

Eine größere Besetzungsänderung gab es hingegen mit Beginn des Sommerhalbjahrs: Ende März schied der Bassist Lasius aus, also der bisherige Präfekt. Diese Funktion ging nun »ordnungsgemäß« auf den bisherigen Adjunkten (Franck) über, dem aber ein neuer Adjunkt zugeordnet werden mußte: der Tenorist Köhler. Also war diese Chor-Funktion nicht von der Stimmlage abhängig; und bei diesem Revirement in den Spitzenfunktionen entstand keine neue »Stelle« für einen 1-Taler-Sänger. Höchsthonorare bezogen fortan nur noch Franck (Baß), Köhler (Tenor) und Koch (Diskant). Damit aber noch nicht genug: Abgesehen von Lasius verlor der Baß Ende April auch den Sänger Mittag; und Anfang April wurden nicht nur Bach und Erdmann in das Ensemble aufgenommen, sondern zugleich auch wieder der Altist Schön. Somit ist zunächst festzuhalten, daß Bach unmittelbar nach Verlassen des Ohrdrufer Lyzeums in Lüneburg als Sänger geführt wird: Sein Ohrdrufer Abgangsvermerk datiert vom 15. März, eine Lüneburger Funktion nimmt er vom 3. April an wahr. Folglich wurde er nie »Expectant«, sondern ihm wurde von vornherein eine höhere Ensemble-Funktion anvertraut. Mußte er dann aber auch noch alle übrigen Voraussetzungen, die für »Expectanten« galten, erfüllen?

Üblicherweise bestimmt man die Position, die die beiden Ohrdrufer Neuzugänge in Lüneburg übernahmen, von jener April-Liste her[11]. Dann wäre der Sopran (mit Bach als zusätzlichem, sechstem Sänger) zwar deutlich überbesetzt gewesen; doch dies wäre man noch bereit hinzunehmen. Um die Mai-Liste macht man hingegen – vielleicht nicht ganz zufällig – einen großen Bogen; denn sie berichtet auf Anhieb von immensen Besetzungsproblemen, wenn man die Chorstimmen nur aus den Stammsängern der Vormonate zusammenstellt und die beiden Neuankömmlinge Bach und Erdmann außer Betracht läßt.

Honorar	Diskant: 5	Alt: 2	Tenor: 3	Baß: 1
1 Rthl.	1	–	1	1
16 ggr.	–	1	1	–
12 ggr.	1	–	1	–
8 ggr.	1	1	–	–
4 ggr.	2	–	–	–

Der Diskant hatte also seine Normalbesetzung mit drei Sängern plus den beiden »Expectanten«, der Alt jene kleine, aber nicht untypische Zweierbesetzung[12]; auch damit, daß drei Tenoristen beschäftigt werden, wird das Bild der Vormonate bestätigt. Somit befanden sich auch im Mai 1700 in Sopran, Alt und Tenor exakt ebenso viele Sänger wie im Oktober 1699. Im Baß allerdings war nur ein einziger Sänger übriggeblieben: Franck. Damit blieb Kantor Braun unter dem Besetzungslimit, das zumindest für seinen Nachfolger galt. Sicher, es braucht für ihn nicht unbedingt gegolten zu haben. Aber schon die Tatsache, daß Braun in den übrigen Stimmen offenkundig ein klares Konzept verfolgte (fünf Soprane, zwei Altisten, drei Tenöre), spricht dagegen, daß er sich nun mit einem einzigen Bassisten zufriedengab und normal besetzte Stimmen personell noch weiter aufstockte. Etwas anderes kommt hinzu: Franck war zugleich Präfekt und somit Stellvertreter des Kantors in dessen Verantwortung für Proben und Chorumgänge[13]. Damit wird die Unterbesetzung des Basses noch krasser.

Wenn folglich zu Ostern 1700 überhaupt Sänger neu in den Chor aufzunehmen waren, dann als Tuttisten im Baß: Hier gab es die einzige Vakanz; und im Vergleich zur Praxis der Vormonate läßt sie sich sogar als Doppelvakanz verstehen. Da tatsächlich zwei Sänger neu in das Ensemble eintraten (eben Bach und Erdmann), konnten sie wohl nur als Bassisten eine Stelle in ihm erhalten. Dann war das Ensemble in jeder Stimme zahlenmäßig wieder ebenso stark besetzt wie im Oktober 1699 und im März 1700. Mit Bach und Erdmann als 12-Groschen-Sängern wirkt die Besetzung im Vergleich zu den Vor-

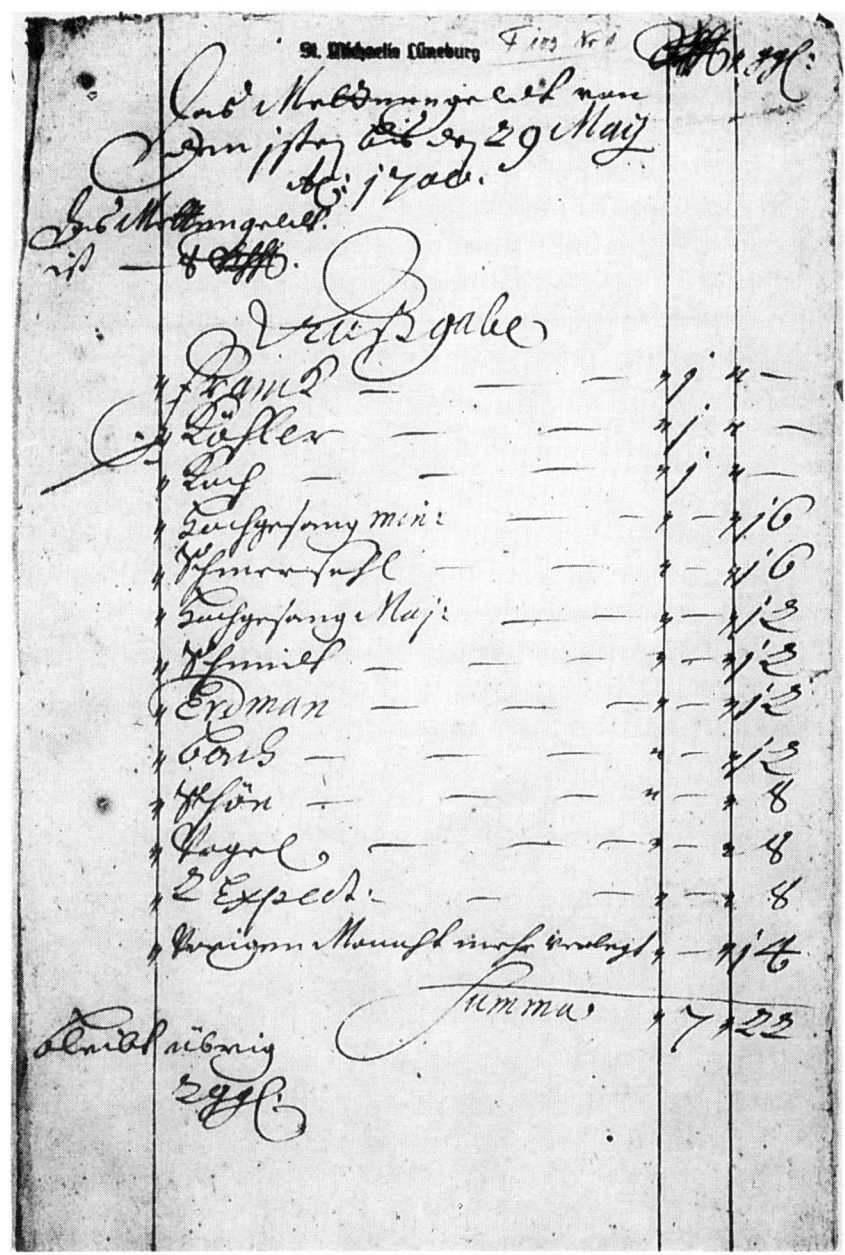

Lüneburger Mettengeld-Liste für Mai 1700. Bach ist als neunter genannt.

monaten immer noch dünn: Damals hatte Kantor Braun im Baß stets zwei Sänger mit Spitzenhonorar und einen weiteren auf einem mittleren Rang vorsehen können.

Nur ein Aspekt könnte gegen diese Überlegung sprechen. Ehe Bach in Lüneburg ankam, hätte Kantor Braun nochmals Sänger »umschichten« können, so daß etwa ein Tenor in den Baß, ein Altist in den Tenor und ein Diskantist in den Alt verschoben wurde, um für Bach im Diskant Platz zu machen. Hier hilft noch einmal ein Blick auf die Chorgeld-Liste für Ostern 1700 weiter: Hätte denn ein Bedarf bestanden, gerade für einen von außen Kommenden eine derartige Umbesetzung vorzunehmen? Wäre es dann nicht besser gewesen, in eine der anderen Mettenchor-Stimmen einen Sänger aufzunehmen, der zuvor nur im »Chorus symphoniacus« mitgesungen hatte und von dorther zumindest mit örtlichen Gegebenheiten vertraut war? Gerade wenn man an dieser Stelle nochmals die Chorgeld-Liste zu Rate zieht, gelangt man zu einem klaren Ergebnis: In allen Stimmen außer dem Baß hätte Braun nachgeordnete Sänger in den engeren Kreis des Mettenchors übernehmen können[14]; an ihnen ist er in dieser offenkundigen Baß-Notlage folglich vorübergegangen und hat nicht an eine größere Verschiebung in ihrem Interesse gedacht. Die Notlage im Baß hingegen wird aus der Oster-Chorgeld-Liste mindestens ebenso deutlich wie aus der Mai-Mettenchor-Liste: Auch von den Bassisten, die damals im größeren »Chorus symphoniacus« mitwirkten, war Franck als einziger übriggeblieben, so daß eine Verstärkung für den Mettenchor auch aus dem erweiterten Lüneburger Sängerkreis nicht zu gewinnen war. Insofern ist das Bild, das die Lüneburger Listen vermitteln, eindeutig; wer an ihren Angaben zweifelt, müßte schon außerordentlich gut begründen, weshalb er anderen Personallisten Glauben schenken will.

Theoretisch bliebe die Möglichkeit, daß Bachs Mutation im April 1700 einsetzte. Doch die vorausschauende Personalpolitik Brauns, die sich im Vorfeld des März-Revirements (mit der Reaktivierung und daraufhin der Beförderung Schmersahls) zeigt und dieses daher schon auf Monate im voraus absehbar macht, spricht eindeutig dafür, daß die Neueinstellungen Erdmanns und Bachs darauf abzielten, sie bereits in das Ensemble zu integrieren, solange derjenige Sänger noch in diesem mitwirkte, den sie im Folgenden ersetzen sollten. Und außerdem war Mutation im eigentlichen Sinne nicht das Problem für die Stimmzugehörigkeit: »Hochgesang minor« wechselte die Stimmlage, als sich eine Vakanz im Tenor bot, nicht also als direkte Folge eines eingetretenen Stimmbruchs. Tatsächlich können sowohl der achtzehnjährige Erdmann als auch der fünfzehnjährige Bach bereits ihre Stimme gewechselt haben, auch wenn das durchschnittliche Mutationsalter höher lag als heute; in jedem Fall bezieht sich eine solche Altersangabe nur auf Durchschnittswerte.

Wie aber kam man in Lüneburg auf die Idee, gerade aus Ohrdruf zwei neue Bassisten zu ordern? Dies war allerdings kein Einzelfall; in Lüneburg gab es immer wieder einen Mangel an Männerstimmen, den man nicht selten mit Sängern aus Mitteldeutschland behoben hat[15]. Sogar führende Mitglieder des Michaelis-Ensembles von 1699/1700 waren derartige Quereinsteiger, nämlich Bachs Präfekt Franck (1697 als Bassist eingetreten) und dessen Vorgänger Lasius (eingetreten am 1. Januar 1698 als Bassist und Adjunkt), ebenso weitere Sänger, und zwar durchaus auch aus der Zeit, in der Braun als Kantor amtierte[16]. Dies zeigt, daß Eintritte in den Chor keineswegs nur über den Sopran denkbar waren. Von kaum einem dieser Sänger weiß man aber, woher er tatsächlich kam – ob aus Thüringen oder aus einer anderen Gegend.

Wer aber gab Bach den Anstoß, nach Lüneburg zu gehen? Und reiste er allein? Der »Nekrolog« berichtet[17]: »Johann Sebastian... begab sich... in Gesellschaft eines seiner Schulcameraden... nach Lüneburg«. Das soll vermutlich nur heißen: Bach und sein früherer Ohrdrufer Schulkamerad (Georg Erdmann) hielten sich auch in Lüneburg gemeinsam auf. Denn Erdmann verließ das Ohrdrufer Lyzeum schon am 19. Januar 1700. Er wird daraufhin nicht zwei Monate lang auf Bach gewartet haben, sondern schon allein nordwärts gezogen sein. Kantor Herda könnte ihm den Weg dorthin geebnet haben; auch Herda (wie Erdmann aus Leina stammend) hatte die Lüneburger Schule besucht. Erdmann taucht in den dortigen Sängerlisten nicht vor April 1700 auf, aber als Sohn eines Handwerkers mag er auf die

Vergünstigungen nicht ebenso angewiesen gewesen sein wie Bach; es ist also denkbar, daß Erdmann unabhängig von der Chor-Mitwirkung in die Michaelisschule überwechselte, daß er erst in der aktuellen Baß-Notlage des Mettenchors in diesen eintrat und daß die frischen Kontakte zwischen Ohrdruf und Lüneburg erst im März 1700 dazu führten, daß Bach ihm folgte. Die Choristenwünsche der Lüneburger Michaelisschule brauchen also nicht auch die Ursache für Erdmanns Schulwechsel gewesen zu sein; sie ist wohl eher in Ohrdruf zu suchen. Weil ein Schulbesuch für ihn dort anscheinend nicht länger möglich war (hierzu im Folgenden mehr), mußte er nach einem anderen Ausbildungsinstitut Ausschau halten, um seine Schulbildung abzuschließen. Für Bach sah die Lage anders aus: Da nicht der Besuch der gymnasialen Abschlußklasse sein Hauptinteresse gewesen sein kann, sondern eine schulische Bindung, die ihm als Waisen den Fortgang seiner musikalischen Ausbildung ermöglichte, war für ihn die Wahl Lüneburgs als Zielort davon abhängig, ob ihm eine Freistelle geboten werden konnte.

Daraufhin wurde Bach in Lüneburg nicht als Konzertist, sondern nur »mit der dritthöchsten Vergütung« in den Mettenchor aufgenommen, wie Gustav Fock es mit Verwunderung bemerkte[18]; doch dies wird verständlich, wenn Bach seine schöne Sopranstimme damals bereits verloren hatte. Aber auch daraufhin konnte er im Lüneburger Ensemble zur Beseitigung einer Notlage beitragen. Dabei sollte man die Lüneburger Qualitätsansprüche vielleicht nicht allzu hoch veranschlagen: Kantor Herda war vormals in Lüneburg ein 1-Taler-Bassist gewesen (also mit dem Höchsthonorar), und dennoch gab ihm wenig später sein Jenenser Professor den persönlichen Rat, »von der *Music* vieler ursach halber keine *profeßion* zu machen«; es mag also Unterschiede darin gegeben haben, wie man Sänger-Anforderungen in einem (traditionsreichen und wohl keineswegs schlechten) norddeutschen Chor und in einem Ensemble des klassischen Musiklandes Thüringen formulierte. Dieser Unterschied spiegelt sich auch in der unterschiedlichen Besetzungsstärke beider Ensembles: Während 1699/1700 die Zahl der Mitglieder im »Chorus symphoniacus« gerade 21 betrug, versuchte man 1704 in Ohrdruf, die Zahl der Chorschüler zu begrenzen »und über 27 aber höchstens 30 nicht [zu] recipiren«[19]. Also war die Besetzung zuvor größer (und für die Schule teurer) gewesen, und das Angebot an Sängern lag in Ohrdruf weit über der Nachfrage. In den »ungünstigeren« Lüneburger Verhältnissen konnte man 1700 an einem Bassisten interessiert sein, der als Tuttist brauchbar war – auch wenn er lokale Thüringer Qualitätsstandards nicht unbedingt erfüllte.

Bach muß daraufhin für seine ganze Lüneburger Schulzeit ungebrochen Mettengeld-Empfänger gewesen sein, und zwar als Sänger; die Annahme, Bach könnte jemals als Instrumentist am Mettengeld teilgehabt haben, ist angesichts der geringen Sängerbesetzung des Ensembles abwegig. Mettenchor-Mitglieder erhielten die üblichen Gegenleistungen der Schule: Sie brauchten kein Schulgeld zu bezahlen, hatten Kost und Logis frei, bekamen im Winter zusätzlich Brennholz und Talglichte und erhielten zudem das individuell festgesetzte Honorar[20]. Sobald ein Lüneburger Schüler nicht mehr in der Lage (oder willens) gewesen wäre, die von ihm geforderten Leistungen zu erbringen, wäre auch die Konsequenz von seiten der Schule eindeutig gewesen: Man hätte die Gegenleistungen gestrichen. Somit konnte Bach in Lüneburg lückenlos an dem Verfahren anknüpfen, das er in Ohrdruf entwickelt hatte: Durch eine Leistung für die Schule besorgte er sich Obdach und Verpflegung und verdiente außerdem etwas Geld. Wie aber trieb Bach dort seine außerschulische Ausbildung voran? Ehe man dieser Frage nachgehen kann, muß man noch eine andere klären: Weshalb mußte er überhaupt an einen anderen Ort gehen, weshalb blieb er nicht in Ohrdruf?

Bachs Weggang aus Ohrdruf – aus Ohrdrufer Sicht

Der »Nekrolog« gibt also nicht nur die Ursache der Übersiedlung Bachs inkorrekt wieder (weil Johann Christoph Bach nicht schon 1700 starb); auch die Stimmbruch-Anekdote kann in der mitgeteilten Form nicht richtig sein. Es ist zwar durchaus denkbar, daß Bachs Stimmwechsel irgendwann jene Phase des In-Oktaven-Singens durchlief, dann allerdings schon vor dem Wechsel nach Lüneburg. Die Stimmbruch-Anekdote gehört also wohl nach Ohrdruf – und man sollte untersuchen, ob sie nicht direkt oder indirekt etwas mit jenem kryptischen Begriff »ob defectum hospitiorum« zu tun hat, der als Ursache für Bachs Abgang vom Ohrdrufer Lyzeum angegeben wird. Zunächst muß man (unabhängig von allen weitergehenden Überlegungen) isoliert nach der Bedeutung der Formulierung fragen und kann dabei auf Überlegungen Hans-Joachim Schulzes aufbauen, der den Wurzeln dieses Begriffs in sprachlicher und allgemein inhaltlicher Hinsicht besonders weit nachgegangen ist. Es geht nur um drei Wörter: Die lateinische Präposition »ob« ist leicht als »wegen« zu übersetzen, doch schon der genaue Sinn der Formen »defectum« und »hospitiorum« bleibt unklar – und ihnen muß man daher jeweils einzeln nachgehen.

Der Begriff »defectus«[21] kann von »defectio« (Schwinden, Abnehmen) kommen. Noch näherliegend ist die direkte Ableitung vom klassischen Verb »deficere« (mangeln): im Sinne eines abgeschlossenen Prozesses, der sich auch im deutschen Fremdwort »Defekt« auswirkt. Im Mittellateinischen war dies die vorrangige Bedeutung; gerade im Latein des 17. Jahrhunderts benutzte man keineswegs nur klassische Formulierungen. Folglich verließ Bach die Ohrdrufer Schule wohl »wegen eines Mangels«. Dieser Begriff wird durch den Genitiv »hospitiorum« genauer spezifiziert: im Sinne von »Mangel an etwas«. Das Substantiv »hospitium« heißt allgemein »gastliche Aufnahme« (Bewirtung, Quartier oder Unterkunft). Das ist also relativ einfach; unklar bleibt aber erstens, weshalb dieser Begriff in den Plural versetzt wurde, und zweitens, bei wem der Mangel herrschte: bei Bach oder bei der Schule? Beiden Fährten muß man nachgehen.

Um die Situation verständlicher zu machen, zieht Schulze eine zeitgenössische Übersetzung heran (aus Halle, 1735); damals sei beklagt worden, daß »die Choralisten hier keine hospitia oder Freitische mehr haben«. Hier werden also eine lateinische und eine deutsche Formulierung einander gegenübergestellt; das ist ein Glücksfall. Schulze nimmt nun an, daß ein Schüler »zur vollständigen Versorgung [...] offenbar mehrere derartige Freitische« benötigt habe, und fährt fort[22]: »Bekam er sie nicht zusammen, trat ein Mangel (›Defect‹) ein.« Doch bei näherer Betrachtung erweist sich der Glücksfall eher als Problem, denn die Plural-Frage wird durch die Gegenüberstellung nicht einfacher. Denn wie lautet der Singular dazu? Von Schulzes Idee ausgehend, lautete die Lösung »der Choralist [hat] hier keine hospitia oder Freitische mehr«; doch man kann den Satz auch komplett in den Singular setzen: »Der einzelne Choralist hat kein hospitium oder keinen Freitisch mehr.« Nach dieser Version entstünde der Plural »hospitia« nur deshalb, weil es um mehrere Choralisten ging.

Zeitüblich war es, von diesem »totalen Singular« auszugehen, und hierfür gibt es aus Bachs Umgebung Belege[23]. Als zwischen 1714 und 1716 das Weimarer Hofpersonal in einer Liste erfaßt wurde, setzte man neben den Namen des Diskantisten Weichard die Angabe »geht mit an Freitisch«; also gab es in Weimar »den« Freitisch. Oder: Ehe August Braun in Lüneburg Kantor wurde, war er Spieler des Orgelpositivs gewesen – und hatte damit das Recht auf »den üblichen freien Tisch bei den Chorschülern«. Oder: 1712 schreibt der Eisenacher Rektor Christian Juncker[24], einige privilegierte bedürftige Schüler erhielten »zu ihrer Verpflegung« (also im Sinne von Pflege, Ausstattung) »einiges Geld in Choro musico, Geld und Brod in der Currende, und den so genannten Freytisch«. Und das gleiche zeigt sich in der Finanzierungspraxis der Leipziger Thomasschule zu Bachs Zeit. Im Rechnungsjahr 1723/24 berichtet das Rechnungsbuch der Thomasschule: »13 [rth] 3 [gr] – [o Pfennig] Seind von dem Hospital zu *St. Johannis* alhier vor die selbigen vormahls gespeisten 3. Tische Schüler, und denenselben gegebenen Kuchen bezahlet worden, dafür die Schüler an denen FestTagen in der *St. Johannis* Kirche die *Music* zu machen haben.« Auch hier erscheint »der Tisch« als der übergeordnete Begriff in den Plural versetzt.

Schließlich gibt es noch eine dritte Variante, nach der der Begriff »hospitia« bereits in sich selbst als Plural aufgefaßt wurde: Für die Räume juristischer Kollegien an altenglischen Universitäten gibt es den Begriff »hospitia studiorum«[25], eine Bedeutung, die gerade auch dann wichtig sein kann, wenn es (wie hier) um akademische Einrichtungen geht. Gab es also einfach Platzmangel in den Schulräumen?

Dies wiederum erforderte eine Klärung der Hintergründe, die zu dem »defectum« führten.

Zunächst also kann man festhalten, daß die Vorstellung, man habe als Schüler mehrere Freitische sammeln müssen, außerordentlich wenig wahrscheinlich ist: Entweder man hatte (nach dem Sprachgebrauch der Zeit) »den Freitisch«, oder man hatte ihn eben nicht; und man hatte ihn nur, wenn man eine Leistung für die Schule erbrachte. Das Problem des Frei-»Tischs« aber hatte an einer Schule sicherlich noch eine andere Dimension als etwa am Weimarer Hof: Hier kann es tatsächlich darum gegangen sein, ob jemand Anteil an der Dienertafel hatte (entsprechend dazu, daß man eine Dienstwohnung haben oder Hauszins beziehen konnte). Ebenfalls von Weimar aus wird aber das System der ausbildungsbezogenen Freistelle genauer gefaßt. 1704 hat Herzog Wilhelm Ernst dem Theologiestudenten Christoph Rosenberg an der Landesuniversität Jena »eine Freystelle im *Convictorio* anweisen laßen«, stattet ihn ferner mit »Stube, Bette, Holz und Licht« aus und gibt ihm »zu Anschaffung benötigter Bücher Acht Thaler« jährlich[26]. Folglich ging es um drei Aspekte. Entsprechend mußte für Bach in erster Linie geklärt werden, ob er die Schule kostenlos besuchen konnte oder nicht: Das, was er als Leistung aus diesem System benötigte, war die Befreiung von der Zahlung des Schulgelds – denn einen Schlafplatz hatte er wohl im Haus seines Bruders (anders wären weder ein Unterricht bei ihm noch die Geschehnisse, die die Mondschein-Anekdote beschreibt, denkbar gewesen). Wenn also 1700 für Bach ein Mangel eintrat, der ihm ein weiteres Verweilen am Lyzeum unmöglich machte, hat man zuallererst an die finanzielle Absicherung des Schulbesuchs zu denken. Doch wodurch wurde der Mangel hervorgerufen – durch innere Probleme der Schule oder durch Bach? Folglich hat man sich mit Bach an der Ohrdrufer Schule und mit dem engsten Umfeld des Abgangsvermerks zu beschäftigen.

Die Ohrdrufer Schule hatte in den Jahren zwischen 1696 und 1700, in denen Bach als ihr Schüler nachgewiesen ist, 251 bis 294 Schüler; die durchschnittliche Zahl lag bei 278[27]. Ein einschneidender Rückgang der Schülerzahlen lag in den Jahren 1697 und 1698; er wirkte sich massiv in den Klassenstufen Quarta und Quinta aus, also in Bereichen, von denen Bach nicht betroffen war (die Quintanerzahl ging von 111 auf 67 zurück; gleichzeitig wuchs die Quartanerzahl nur von 36 auf 40 an). Damit lagen die Schülerzahlen 1699/1700 dann exakt beim Durchschnittswert des Zeitraums; die Schule insgesamt kann also keinen Mangel an Plätzen gehabt haben. Genauer betrachten muß man die Situation in den drei Oberklassen. Von der Quarta waren sie scharf abgesetzt: Die Quarta wurde auch von einer Reihe deutscher Schüler besucht (bisweilen als »Germani« einzeln aufgeführt), weshalb in ihr stets etwa ähnlich viele Schüler waren wie in den drei Oberklassen zusammen. Die Schülerzahl in Tertia, Secunda und Prima lag durchschnittlich etwas über 35 und erreichte ein Maximum im Jahr 1699 (38). Auch für diesen Spitzenwert ergab sich der Grund nicht in Bachs Klassenstufe; er wurde vielmehr durch eine überhöhte Tertianerzahl erreicht (16 statt 10 bis 13 in den Nachbarjahren). In der Prima schließlich waren 1696 besonders viele Schüler gewesen (15), dann jeweils in den ungeraden Jahren 11 und in geraden 13; somit kam zwar 1699/1700 die höhere Schülerzahl zustande, ohne aber besonders auffällig zu sein. Und in jedem Jahr hatte die Prima Zugänge – beispielsweise auch im Schuljahr 1699/1700, als Bach von der Secunda in die Prima eintrat.

Bemerkenswert ist dies deshalb, weil kurz zuvor schon andere Schüler »ob defectum hospitiorum« aus der Schule ausgeschieden waren, und zwar ebenfalls aus der Prima – denn der Terminus betrifft in der Zeit um 1699/1700 nicht nur Bach und auch nicht nur Georg Erdmann[28]. Er findet sich für insgesamt sieben Schüler und nur innerhalb einer kurzen Phase: Der erste von ihnen verließ die Schule am 22. Januar 1699; Bach, der am 15. März 1700 aus Ohrdruf fortzog, war der letzte. Die beiden Daten liegen in zwei verschiedenen Schuljahren. Deshalb muß man nun zu erkunden versuchen, was die schulischen Biographien der Betroffenen miteinander verbindet und wie derartige Eintragungen zustande kamen.

Die Abgangsvermerke erscheinen (ähnlich wie diejenigen für Bach[29]) normalerweise zweimal in der Schulmatrikel. Der Grund hierfür ist leicht einzusehen: Die Matrikel berichtet am Ende eines Schuljahrs über die Situation in der jeweiligen Klasse; die nächste Liste wurde erst am Ende des nächsten Schuljahrs angelegt. Wollte man also Veränderungen vermerken beziehungsweise Material für die Liste des Folgejahrs sammeln, mußte man Zusätze in der jeweils jüngsten Liste vornehmen, und sie sind klar als solche kenntlich – etwa dadurch, daß sie mit einer Feder anderer Dicke geschrieben sind. Abgangsvermerke werden also zunächst in der Liste für das vorausgegangene Schuljahr nachgetragen und daraufhin in der Schülerliste des nächstfolgenden Jahres unter einer eigenen Rubrik zusammengefaßt, die dann alle Arten von Abgängen aufführt, auch die Versetzungen in die nächsthöhere Klasse.

So steht Bach im Schülerverzeichnis für 1698/99 (das im Sommer 1699 angelegt wurde) unter den Secundanern, die die Klasse verließen: Er war in die Prima versetzt worden. Während des Schuljahrs 1699/1700 verließ er dann auch diese; folglich wird sein Abgang im Schülerverzeichnis des Vorjahrs nachgetragen (unter den Secundanern). Als dann für das laufende Schuljahr 1699/1700 die Endabrechnung gemacht wird, wird sein Name nochmals unter den Primanern genannt: weil er während des zu Ende gegangenen Schuljahrs aus dieser Klasse das Lyzeum verlassen hat. Wenn also vier von jenen sieben Schülern während des Schuljahrs 1698/99 abgingen, finden sich die typischen, nachgetragenen Vermerke bereits im Schülerverzeichnis von 1697/98 – und im Sommer 1699 wurden ihre Namen dann unter den Abgängen zusammengefaßt (einer von ihnen wird sowohl 1698 als auch 1699 unter den Abgängen erwähnt). Die drei übrigen, Johann Martin Avenarius, Georg Erdmann und Bach, verließen Ohrdruf während des Schuljahrs 1699/1700, so daß die entsprechenden Angaben zunächst in das Schülerverzeichnis des Vorjahrs eingetragen wurden; dabei wird im Sommer 1700 Erdmanns Abgang nicht nochmals erwähnt.

Dies alles muß aus einem besonderen Grund so ausführlich nachgezeichnet werden: Bisweilen nämlich werden mit den jeweils zwei Eintragungen in die Matrikel auch zwei verschiedene Abgangsgründe genannt – und dies läßt dann freilich Rückschlüsse auf den »defectus« zu. Für Avenarius wird der Vermerk 1700 dahingehend abgeändert, daß er mit zwei anderen auf die Universität gehen wolle (»academiam

Schulmatrikel des Ohrdrufer Lyzeums, Sommer 1699. Bach ist zweimal genannt: oben als zweitbester Secundaner, unten wegen seines Wechsels in die Prima. Abgangsvermerke sind nachgetragen (etwa für Nr. 11, Georg Erdmann).

petierunt«). Und für die Schüler, die schon im Schuljahr 1698/99 Ohrdruf verließen, taucht der ominös-ausführliche Passus »ob defectum hospitiorum« nicht schon 1697/98 auf, sondern erst 1698/99; im Vorjahr werden die Abgangsgründe anders formuliert. Deshalb kann man von dort aus versuchen, die Vermerke genauer zu verstehen[30].

Der erste der Betroffenen hieß Melchior Immanuel Quehl[31]; über ihn heißt es im Schülerverzeichnis 1697/98 zunächst nur: »valedixit d. 22 Januar. 1699. Arnstatum petiturus« (»er nahm seinen Abschied am 22. Januar 1699, um nach Arnstadt zu gehen«). Ihm folgte Johann Jakob Fültner – mit gleichem Ziel: »valed. d. 26 April 1699 Arnstadtum petiturus«. Und für Heinrich Sebastian Höpffner lautet die Formulierung ähnlich, nur mit anderem Ziel (Schleusingen): »valed. d. 19 Junij 1699 Schleüsingam petiturus«. Ohne Tagesdatum und sehr viel detailreicher folgt danach der Vermerk für Johann Simon Hock: »petit demissionem, extrema pauperitate coactus ad pharmacopolam Meinungensem transiturus« (»erbittet die Entlassung, ist wegen außerordentlicher Armut gezwungen, zum Apotheker in Meiningen aufzubrechen«). Wie erwähnt, erscheint der Hinweis »ob defectum hospitiorum« für sie erst im Schülerverzeichnis für 1698/99, als die Abgangsvermerke summiert werden. Der Schreiber faßt die vier Namen mit einer geschweiften Klammer zusammen, vermerkt dahinter »ob defectum hospitiorum liberalium sese contulerunt...« und nennt anschließend als Ziele die Orte Meiningen, Arnstadt und Schleusingen. Daraus ergibt sich zunächst, daß die Angabe des Grundes »ob defectum hospitiorum« erst nachträglich in die Protokollierungspraxis eingebracht wurde, denn – zunächst abgesehen von Hock – wird für drei Schüler ein Allerweltsgrund für das Ausscheiden genannt: Der Begriff »valedixit« ist neben »abiit« (»er ist weggegangen«) der häufigste genannte (neben Bemerkungen über Flucht oder Ausschluß aus der Schule). Es ist daher unwahrscheinlich, daß der Grund »ob defectum hospitiorum« nur im Jahr 1699 vorhanden war; vielmehr kann er sich auch hinter zahlreichen anderen Vermerken verbergen, die aber lediglich »abiit« lauten.

Für Hock allerdings wird der Abgangsgrund 1697/98 besonders

detailliert bezeichnet: Dieser Schüler war zu arm, um sich den Schulbesuch weiter leisten zu können. Für die anderen drei Betroffenen
kann aber dasselbe kaum der Grund gewesen sein, denn wenn der
Schreiber über Hock so genau berichtet, wäre zu fragen, weshalb er es
für die drei anderen nicht ähnlich tut. Und es gibt noch ein weiteres
Argument dafür, daß Armut nicht für jeden der Betroffenen ausschlaggebend für den »defectus« gewesen sein kann: In der Matrikel
für 1698/99 (in der jene Formulierung eingeführt wird), stehen die
vier genannten Schüler als Nr. 4 bis 7 unter den Abgängen aus der
Prima; auf Platz 3, unmittelbar vor ihnen, wird ein Schüler genannt,
der ebenfalls aus Armut die Schule verließ. Für ihn, Georg Ernst
Creuzburg, wird aber auf das charakteristische »ob defectum hospitiorum« verzichtet[32]. Wenn dieser Begriff für Hock gebraucht wird,
nicht aber auch für den ebenso armen Creuzburg, bestand ein grund-
sätzlicher Unterschied zwischen Armut und dem »defectus hospitiorum«. Auch für Bach kann Armut oder plötzlich eingetretene
Mittellosigkeit (durch Verlust des Stipendiums) also nicht der Anlaß
gewesen sein, Ohrdruf zu verlassen.

Im Frühjahr 1700 gingen dann die letzten drei der sieben von der
Schule: neben Erdmann und Bach auch – als erster – Johann Martin
Avenarius: »valed. ob defectum hospitiorum d. 15 Januarij 1700.«.
Vier Tage später folgte Erdmann (»valed. ob defectum hospitiorum
d. 19 Januar. [Monatsangabe korrigiert] 1700 abiitque Lüneburg-
gum«), schließlich nach rund zwei weiteren Monaten Bach (»Lüneburgum [als Nachtrag eingefügt: »ob defectum hospitiorum«] se
contulit d. 15 Martij 1700«). Nur für ihn findet man auch im Schülerverzeichnis von 1699/1700 noch den Bericht »ob defectum hospitiorum Luneburgum conceßit«; die Angabe des Abgangsgrundes
wird also aus der Schreibvorlage direkt übernommen und erscheint
hiermit dann überhaupt zum letzten Mal.

Bei genauer Betrachtung verbindet die sieben Schüler, abgesehen
von diesem Abgangsvermerk, gar nichts. Sie waren unterschiedlich
alt: zwischen 14 (Höpffner, 1698) und 19 1/2 (Avenarius, 1699). Für
Bach lautet die Angabe 15 (1699!), für Erdmann 17 (1699), für Hock
17 1/2 (1698), für Fültner und Quehl 18 (1698). Sie stammten aus

unterschiedlichen Orten: Es waren nicht nur Auswärtige wie Bach als Eisenacher oder Avenarius, Organistensohn aus Steinbach-Hallenberg, sondern auch Einheimische wie Hock (der eben ein »Ordruv-[iensis]« war)[33]. Auffällig ist aber, daß sechs von ihnen Primaner waren (nur Erdmann ging aus der Secunda ab), allerdings in unterschiedlichen Jahrgängen innerhalb des Vier-Jahres-Zeitraums, der in Ohrdruf für den Aufenthalt in der Prima vorgesehen war[34]: Bach, Höpffner und Quehl schieden aus deren erstem Jahr aus, Avenarius und Fültner aus dem dritten, Hock schließlich aus dem vierten. Gab es also Probleme mit den Schulplätzen in der Prima?

Tatsächlich ist dies nicht auszuschließen. In jenen letzten Jahren des 17. Jahrhunderts verzeichnet die Matrikel pro Jahr maximal neun Primaner, die in das nächste Schuljahr übernommen wurden; besonders viele Abgänge gab es 1696/97 (zunächst elf, von denen aber eine Reihe nachträglich wieder aufgenommen wurden) – damit waren jene Verhältnisse erreicht worden. Somit könnten in den folgenden Jahren zu wenige Primaner von der Schule abgegangen sein, so daß manchen deswegen der Abgang nahegelegt wurde. Andererseits mußte man auch immer wieder einige Schüler in die Prima neu aufnehmen, um in der Secunda keinen übergroßen Stau zu produzieren; dennoch gelang es Erdmann nicht einmal, in die Prima überzuwechseln, so daß er bereits aus der Secunda abgehen mußte.

Dieser zwangsweise Schulabgang wäre für einen Schüler, der für seine berufliche Karriere die Abschlußprüfung der Prima benötigte, ein harter Schlag gewesen. Für Bach war die Lage in dieser Hinsicht aber wohl eindeutig: An ein Universitätsstudium konnte er aus finanziellen Gründen kaum denken. Doch war er offenkundig darauf angewiesen, seine musikalische Ausbildung weiterhin durch eine schulische Existenz abzusichern, und zwar im buchstäblichen Sinne: Wenn er nun nicht in eine Lehre eintreten konnte oder wollte, mußte er eben weiterhin in einer Schule dadurch für seinen Lebensunterhalt sorgen, daß er sich durch seine (musikalische) Leistung eine Freistelle verschaffte. Bei alledem bleibt aber unklar, weshalb das Schicksal, die Schule verlassen zu müssen, gerade Bach traf – und nicht einen derjenigen, die dann im Folgejahr von der Schule abgingen[35].

Es hat nie ein Zweifel daran bestanden, daß Bach in Ohrdruf Chorschüler war – letztlich angesichts des »Nekrolog«-Hinweises auf seine Sopranstimme. In diesem Fall erbrachte er eine Leistung für die Schule; ebenso wie in Eisenach und Lüneburg kann sie nicht unhonoriert geblieben sein[36]. In Lüneburg wäre ein Mutant nicht aus dem Ensemble ausgeschieden; das gleiche kann auch in Ohrdruf üblich gewesen sein. Doch wenn man in Ohrdruf Bachs Sopranstimme besonders geschätzt hatte (wie im »Nekrolog« berichtet) und seine Stimme nach dem Stimmbruch nur noch durchschnittlich war (wie es auch die Lüneburger Situation nahelegt), war er für Ohrdrufer Verhältnisse – im Herzen des Musiklandes Thüringen – nur noch ein durchschnittliches Chormitglied, und damit war seine Position an der dortigen Schule gleich in mehrfacher Hinsicht gefährdet. Hätte man aber in Ohrdruf auch auf Bach verzichtet, wenn er der führende Sopranist des Ensembles war – bis zuletzt? Grundsätzlich läßt sich dies nicht ausschließen, weil das Bereithalten von Sängern ja nicht der primäre Zweck der Schule war. Dennoch ist man bei diesem Thema auch nicht nur auf Spekulation angewiesen; denn aus zwei benachbarten Richtungen erhält man weitergehende Informationen.

Zunächst: Über die Stellung Ohrdrufer Choristen um 1700 ist kein Material erhalten geblieben – mit einer Ausnahme. Fast hundert Jahre nach Bachs Ohrdrufer Zeit, 1798, kam es zu einer Auseinandersetzung darüber, wie der damalige Kantor Ernst Carl Gottfried Bach (ein Enkel von Bachs Bruder Johann Christoph) das Chorgeld austeilte; in den Beratungen zog man eine Regulierung heran, die 1704 getroffen wurde – zwischen dem Superintendenten Kromayer und Elias Herda. Dieses Schriftstück kopierte man, beglaubigte die Abschrift am 15. Dezember 1798 und legte sie zu der Akte, in der sie die Zeiten überdauerte, während das Original verlorenging. Demnach hatte Kromayer damals folgendes geäußert[37]:

>»Weil das Chorsingen nicht eben nur ein *meritum* [als eine Verdienstmöglichkeit] zu halten, und also das ersungene Geld mehr ein *beneficium* [Anerkennung] als verdienter Lohn ist, in deßen Genießung die obern Claßen die untern billig vorgehen, so bleibt es bey der hierbevor [ergänzt: »dießfalls«] gemachten Verord-

nung, daß nemblich der schlimste *Primaner* im singen dem besten *Secundaner*, und der schlimmste *Secundaner* dem besten *Tertianer* in der Distribution [Verteilung] vorgezogen werde; hergegen kann man auf die *Concertisten* bey Austheilung des CollecturGeldes reflectiren.«

Folglich gab man Schülern aus Oberklassen einen Anreiz, an der Schule zu bleiben, indem man ihnen bei der Geldzahlung entgegenkam. Es hätte also den allgemeinen Praktiken der Schule widersprochen, wenn man nicht auch nach der musikalischen Funktion gefragt hätte; in dieser Situation hätte man ja auch einem der Klassenkameraden den Abgang nahelegen können, um Bach länger an der Schule zu halten (möglicherweise also den »Concertisten«). Bestand somit dieser Vorzug Bachs nicht mehr – so daß die Leistung, die Bach bieten konnte, nicht mehr außergewöhnlich genug war, daß man ihn an der Schule hielt?

Einen Vergleichsfall bietet die Situation seines Klassenkameraden Johann Martin Avenarius. Er war sogar Präfekt des Ohrdrufer Chors; auch ihn aber traf der »defectus«. Sein zweiter Abgangsvermerk (1699/1700) berichtet, daß er an die »academia« abging. Avenarius konnte dies tun, weil er offenkundig schon lange genug in der Prima gewesen war: Am 9. November 1697 war er in sie eingetreten, damals 17 1/2 Jahre alt (von Anfang an als Präfekt); weil er damals die Schule nicht zu einem der üblichen Schuljahrs-Endtermine wechselte, wird er bereits eine Zeitlang an einer anderen Schule die Prima besucht haben[38]. Ebenso wie für Bach ist auch für ihn grundsätzlich zweierlei denkbar: Er könnte die Schule verlassen und gleichzeitig sein Präfektenamt aufgegeben haben; er könnte aber auch die Schule verlassen haben, gerade weil er das Präfektenamt aufgab. Dies letztere ist sogar besonders wahrscheinlich: Im Schülerverzeichnis für 1698/99 (dem letzten, in dem er als ordentlicher Schüler genannt wird) ist der Präfektenhinweis nachträglich eingeklammert worden. Somit könnte er tatsächlich sein Amt niedergelegt und damit seine schulische Position ähnlich gefährdet haben, wie man es für Bach nach dem Verlust seiner »ungemein schönen Sopranstimme« vermuten kann; der Stimmbruch kann etwa in der Zeit kurz nach Bachs Wechsel in die

Prima eingetreten sein, denn dieser Klassenwechsel wurde von schulischer Seite ja noch unterstützt. Doch, wie gesagt: Grundsätzlich ist auch denkbar, daß man auf die musikalischen Funktionen gar keine Rücksicht nahm – weder für Avenarius noch für Bach.

In mancher Hinsicht bleibt das, was die Ohrdrufer Akten vermitteln, also lückenhaft; die Lüneburger Akten sprechen aber eine eindeutige Sprache. Ihnen ist zu entnehmen, daß Bach im dortigen Mettenchor nur als Bassist einen Platz gefunden haben kann. Ein Detail aber ist auffällig: In einer biographischen Gesamtsituation, in der sich für Bach nur äußerst spärliche Daten ermitteln lassen, ist der Ortswechsel bruchlos dokumentiert. Zwischen dem Abgangsvermerk in Ohrdruf und dem Beginn des Zeitraums, in dem Bach als Mettenchor-Mitglied Geld erhielt, liegen 18 Tage – und rund 350 Kilometer Weg, die der Schüler Bach zweifellos zu Fuß zurückgelegt hat. Bach muß gewußt haben, wohin die Reise ging; das aber heißt, daß es Verhandlungen darüber gegeben hatte, ob er in Lüneburg mit allen Vergünstigungen Chorschüler werden könne. Elias Herda (oder ein anderer Ohrdrufer Lehrer) kann also über ältere oder über jüngere Kontakte nach Lüneburg den Schulwechsel so arrangiert haben, daß er zu einem günstigen Zeitpunkt abgewickelt werden konnte. Darauf aber mußten dann beide Schulen ihre spezifischen Erfordernisse abstimmen: In Ohrdruf stand der »defectus hospitiorum« im Raum, der aller Wahrscheinlichkeit nach mit der Klassenstärke der Prima zusammenhing und jeweils denjenigen traf, der gegen den Schulausschluß am wenigsten einwenden konnte, in Lüneburg mußte ein Platz im Mettenchor frei sein. An dieser Stelle schließt sich der Kreis: Denn auch hierbei war die vorausschauende Personalpolitik des Lüneburger Kantors August Braun gefragt, die schon in der Lüneburger Ensemble-Situation des Winters 1699/1700 dokumentiert ist. Im Rahmen der Absprachen (die eben schon vor dem 15. März getroffen werden mußten, an dem Bach Ohrdruf verließ) mußte Braun prüfen, ob es einen Platz für Bach gab. Eine Lücke hatte sich im Baß aufgetan; daß Bach eine andere Stelle einnahm, ist vor diesem Hintergrund undenkbar.

Musizieren in Lüneburg

Über die musikalischen Eindrücke, die Bach in Lüneburg erhielt, ist man nur wenig besser informiert als über die Situation in Ohrdruf: Das dortige Repertoire der Kirchenmusik läßt sich nicht genauer spezifizieren, wohl aber die Substanz, aus der Johann Christoph Bach als mutmaßlicher Orgellehrer seines Bruders schöpfte; für Lüneburg hingegen kann man einigermaßen das Repertoire der Kirchenmusik rekonstruieren, hat es dafür aber hinsichtlich des Orgelunterrichts mit mehr Unbekannten zu tun. Die Bestände der Lüneburger Chorbibliothek wurden in einem normalen Verfahren katalogisiert: wenn ein neuer Kantor in sein Amt eingeführt wurde und die Notenbestände übernahm, die mit der Stellung verbunden waren. Insofern ist man über den Stand der Kantoratsbibliothek im Jahr 1695 durch das Übergabeprotokoll nach dem Tod von Brauns Amtsvorgänger Friedrich Emanuel Praetorius informiert[39]. In alphabetischer Ordnung erscheinen 1102 Kompositionen, die einen breiten Querschnitt durch die Musik vor allem Deutschlands und Italiens im 17. Jahrhundert bieten.

Unter den Italienern sind sowohl venezianische Musiker wie Claudio Monteverdi (1567–1643) und Alessandro Grandi (1575/80–1630) als auch der römische Musiker Giacomo Carissimi (1605–1674), daneben mit besonders vielen Kompositionen Gasparo Casati, der 1641 als Kapellmeister an der Kathedrale von Novara gestorben war (17 Werke), oder Giuseppe Peranda (um 1625–1675), der allerdings lange Zeit am Kurfürstenhof in Dresden wirkte (18 Werke). Mit noch mehr Werken sind nur deutsche Komponisten vertreten: Johann Rosenmüller, Kapellmeister in Wolfenbüttel (um 1619–1684), führt mit 96 Kompositionen die Reihe an, gefolgt erst von dem Hamburger Johanneums-Kantor Joachim Gerstenbüttel (um 1650–1721) mit 41 Werken und Heinrich Schütz (1585–1672) mit 30 Werken, ehe man mit den Kompositionen des Leipziger Thomaskantors Sebastian Knüpfer (1633–1676; 27 Werke), des Darmstädter Kapellmeisters Wolfgang Carl Briegel (1626–1712; 26 Werke) und August Brauns selbst (24 Werke) in Bereiche vorstößt, in denen die Werkspektren für mehrere Komponisten etwa gleich groß waren.

Diese Namen lediglich zu nennen genügt freilich nicht; man muß sie interpretieren. Daß Rosenmüller eine so herausragende Stellung einnimmt, ist im welfischen Lüneburg wohl kein Zufall: Er war Kapellmeister an dem Hof gewesen, zu dessen Territorium Lüneburg gehörte. Rosenmüller hatte eine Zeitlang in Venedig gewirkt, so daß italienische Stilelemente in einem Repertoire wie dem Lüneburger vielleicht nicht gerade zufällig waren. Kontakte nach Dresden, wie sie sich mit den Werken Schützens und seiner (italienischen) Nachfolger zeigen, zielen stilistisch in ähnliche Richtungen, deuten aber an, daß man in Lüneburg überregionale Kontakte pflegte. Etwas andere Stilrichtungen repräsentieren hingegen Gerstenbüttel und Briegel: Neben dem Sachsen Rosenmüller stehen hier ein typisch norddeutscher und ein typisch mitteldeutscher Musiker – Gerstenbüttel, aus Wismar stammend, hatte seine Hamburger Position jahrzehntelang inne, Briegel war zeitweilig auch in Schweinfurt und Gotha tätig gewesen. Somit kann man auch das in Lüneburg vorhandene Spektrum der Musik deutscher Komponisten noch in mehrere Stilrichtungen auffächern.

Erstaunlich ist daneben, daß der Notenbestand die Musik mehrerer Generationen mit gleicher Intensität spiegelt. Das Repertoire reicht nicht ebenso weit zurück wie das in Eisenach zugängliche, war aber wesentlich breiter gelagert als dieses (einfach als eine freie Sammlung von Notenmaterial), und die Vielfalt ergibt sich auch in anderer Hinsicht: Neben Werken für Solostimme und Generalbaß (in der Regel mit weiteren Instrumenten) finden sich ausgesprochen großbesetzte Werke, etwa ein 31stimmiges deutsches Sanctus des Stuttgarter Kapellmeisters Samuel Capricornus (1628–1665) mit 17 obligaten Stimmen oder »Lobe den Herrn, meine Seele« des gerade amtierenden Leipziger Thomaskantors Johann Schelle (26stimmig) – Kompositionen, bei denen man sich fragen muß, wie man in Lüneburg die reine Chorbesetzung erweitert hat (etwa im geforderten Streicheroder Blechbläserapparat). Doch auch die im Verzeichnis erfaßten Kompositionen von Braun selbst (der ja schon vor seiner Kantorenzeit an der Schule wirkte) und von seinem Vorgänger Praetorius sind derart groß besetzt.

Solche Werke dürften für den Mettenchor außerhalb des normalen Aufgabenbereichs gelegen haben; sie werden in Hauptgottesdiensten erklungen sein, gesungen vom größeren »Chorus symphoniacus«. Möglicherweise waren die Werke, die der Mettenchor darbot, musikalisch auch weniger anspruchsvoll als die, die im Hauptgottesdienst erklangen. Doch dies läßt sich nicht mit einem Werturteil verbinden. Man sollte sich die Mettengeld-Zahlungen nicht im Sinne einer Sängergage vorstellen, sondern eher als Teil der kirchlichen Ausstattung; nicht besonders virtuoses Musizieren wurde belohnt, sondern ein besonderer kirchlicher Dienst – den man in diesem kleineren Ensemble nur den besseren Sängern anvertraute. Dennoch kam ein Mettenchor-Mitglied zweifellos mit dem in jeder Hinsicht traditionsreichen Repertoire in Berührung: über die Mitwirkung im »Chorus symphoniacus«.

Wie aber steht es um Bachs Lüneburger Fortschritte in der Musik für Tasteninstrument? 1775 schrieb Carl Philipp Emanuel Bach an Johann Nikolaus Forkel, als dieser ihn – an den Vorarbeiten seines Bach-Buches arbeitend – nach Details über seinen Vater befragte[40]: »Blos eigenes Nachsinnen hat ihn schon in seiner Jugend zum reinen u. starcken Fugisten gemacht.« Carl Philipp Emanuel Bach dachte primär an Musik für Tasteninstrumente; als Vorbilder, die Bach dabei gehabt habe, nennt er zunächst die Personen, die auch im »Nekrolog« erwähnt sind – die Komponisten der Werke, die in dem geheimnisumwobenen Klavierbuch Johann Christoph Bachs enthalten waren. In zweiter Linie kommt er auf Johann Caspar Ferdinand Fischer und Nicolaus Adam Strungk zu sprechen, ferner auf einige Franzosen, dann auf »Buxdehude, Reincken, Bruhnsen« – und schließlich auf den »Lüneburgischen Organisten Böhmen«, wobei er diese Formulierung erst nachträglich wählt; zunächst hatte er von »seinem Lüneburgischen Lehrmeister Böhmen« gesprochen, dies also nachträglich abgeschwächt. Georg Böhm gilt seither als eine der Personen, von denen Bach besonders viel – und möglicherweise persönlich – gelernt habe. Böhm war 1698 als Organist an die Lüneburger Johanniskirche gekommen, an dem der Michaelisschule entgegengesetzten Ende der Stadt gelegen; er stammte aus Hohenkirchen, einem Nachbarort von

Ohrdruf, und hatte sich unter anderem eine Zeitlang im Umkreis der Hamburger Oper aufgehalten. Diese Aspekte haben dazu geführt, daß man Verbindungen zwischen Böhm und Bach während dessen Lüneburger Zeit praktisch zwingend annahm. Andererseits hat Jean-Claude Zehnder gezeigt, daß eine stilistische Orientierung Bachs an Musik Böhms eher in Werken festzustellen sei, die er der Zeit um 1708 zuordnet, als in früheren Werken[41]. Angesichts der komplexen Überlieferungssituation Bachscher Werke, in der eine chronologische Ordnung der frühen Werke nur grob möglich ist, sollte man mit derartigen Feststellungen außerordentlich vorsichtig sein: Denkbar ist ja, daß Bach auch um 1708 noch ähnliche kompositorische Elemente verwendete wie ein paar Jahre zuvor – trotz aller einschneidender neuer Stilbegegnungen, die er in den wenigen dazwischenliegenden Jahren außerdem hatte.

Im Zusammenhang mit Böhm ist eine Frage besonders wichtig. Bach ging in Lüneburg ja nicht einfach »nur« zur Schule; er benötigte vielmehr eine außerschulische Ausbildung, die ihm auch längerfristig ein Auskommen ermöglichte. Ebenso wie er in Ohrdruf eine Sängertätigkeit (die ihm einen kostenlosen Schulbesuch und geringe Einkünfte einbrachte) mit der außerschulischen Musikerausbildung (durch seinen Bruder) verband, muß auch in Lüneburg für beides gesorgt gewesen sein. Dies zu untersuchen drängt sich förmlich auf: Bach war Primaner geworden, obwohl das in seiner Familie ungewöhnlich war; nach einem Dreivierteljahr in der Ohrdrufer Prima beendete er den Schulbesuch nicht. Eine handwerksmäßige Organistenlehre lag für ihn ohne Zweifel weiterhin außer Reichweite; folglich mußte der Wechsel nach Lüneburg dem Ziel dienen, das Ohrdrufer Ausbildungsmodell fortzusetzen. Dann aber mußte nicht nur für die Fortsetzung seiner schulischen Laufbahn gesorgt werden, also zwischen Ohrdruf, wo man dem »defectus hospitiorum« entgegensteuern mußte, und der aktuellen schulisch-chorischen Situation in Lüneburg. Vielmehr mußte auch bedacht werden, wie Bachs schulbegleitende Fachausbildung fortgesetzt werden könne, denn sie war die einzige Lebensperspektive, die er hatte, sobald er sich im schulischen Leben nicht mehr halten konnte.

Denkbar ist, daß Georg Böhm (als Musiker, der aus der Nachbar-schaft Ohrdrufs stammte) von vornherein als weiterer Verhandlungs-partner hinzugezogen wurde, wahrscheinlicher aber, daß August Braun zunächst selbst diesen Unterricht zusicherte. Braun war zwei-fellos ein solider Komponist; anders sind die Werknachweise, die sich im Verzeichnis der Michaelisbibliothek finden, nicht zu interpretieren (leider ist von seinem Schaffen fast nichts erhalten geblieben). Und weil er nach seiner Lüneburger Schulzeit zunächst das Orgelpositiv an der Schule spielte, muß er auch das Spiel von Tasteninstrumenten beherrscht haben (übrigens war er ansonsten ein »normaler« Kantor, der auf die standestypische Weise musikalischen und wissenschaftli-chen Unterricht mischte – daß diese Aufgaben-Doppelung den Kan-tor über Gebühr belaste, wurde erst für Brauns Nachfolger Dreyer angesprochen)[42].

Neben Braun könnte auch der Michaelisorganist Friedrich Chri-stoph Morhard Bach die Organistenfortbildung zugesichert haben, und auch dies könnte im Rahmen der schulischen Absprachen verein-bart worden sein – also von Institution zu Institution (und unabhängig von Morhards Qualifikation, die die Nachwelt eher bezweifelt[43]). Erst in dritter Linie wäre dann an Georg Böhm zu denken; denn dabei hätten die Absprachen über die Institutionen hinausgehen und an zwei Musikern vorbei geführt werden müssen, die an Michaelisschule oder -kirche Tasteninstrumente spielten oder spielen konnten. Doch nach-dem Bach in Lüneburg Fuß gefaßt hatte, ist ein Kontakt zu Böhm durchaus wahrscheinlich – ähnlich wie dies 1705 für den damaligen Michaelis-Chorpräfekten Johann Heinrich Harlipp belegt ist[44]. Dem Lernen bei Böhm waren allerdings auch Grenzen gesetzt; aus einem Gutachten Arp Schnitgers weiß man etwa, daß Böhms Johanniskir-chenorgel nur in äußerst bescheidenem Umfang Pedalspiel zuließ, und das Instrument wurde erst 1712/14 repariert[45].

Auch in einer anderen Hinsicht ist es unwahrscheinlich, daß Bach das Musizieren Böhms entgangen sein sollte: Denn Bach scheint sich im Lüneburger Musikleben außerordentlich gut orientiert und sogar beruflich zurechtgefunden zu haben. Der »Nekrolog« berichtet hierzu Folgendes[46]: »Auch hatte er [Bach] von hier [Lüneburg] aus

Gelegenheit, sich durch öftere Anhörung einer damals berühmten Capelle, welche der Hertzog von Zelle unterhielt, und die mehrentheils aus Frantzosen bestand, im Frantzösischen Geschmacke, welcher, in dasigen Landen, zu der Zeit was ganz Neues war, fest zu setzen.« Man schließt daraus in der Regel zweierlei. Das erste: Der Hof des Herzogs von Celle wird kaum darauf gewartet haben, daß gerade Bach kam und sich die Kapelle anhören wollte; vielmehr dürfte Bach aushilfsweise an deren Musizieren mitgewirkt haben. Hierzu wäre Bach mehrfach in das fast 90 Kilometer entfernte Celle gereist. Wie aber kann sich Bach dies als Mettenchor-Mitglied geleistet haben? Um die Wegstrecke einmal als Fußgänger zurückzulegen, hätte er schon knapp drei Tage benötigt; jedesmal wäre er also mindestens eine Woche lang nicht in Lüneburg gewesen. Fraglich ist auch, wie er seine Reise finanziert hat; allein Verpflegung und Unterkunft müssen für ihn zu teuer gewesen sein. Und schließlich ist zu fragen, ob ihm aus seiner Chor-Position heraus mehrfach längere Reisen erlaubt worden sind. Vermutlich aber ist die Problematik weitaus einfacher zu klären: Wie Christoph Wolff dargelegt hat[47], kann Bach die besagte Kapelle auch im Lüneburger Stadtschloß gehört (und auch in ihr mitgewirkt) haben, das 1700 zum Witwensitz der Celler Herzogin Eleonore Desmier d'Olbreuse erwählt wurde; ob Bach jemals in Celle gewesen ist, ist also zu bezweifeln.

Reisen nach Hamburg

Nach Hamburg reiste Bach aber wohl tatsächlich. Anregungen hierzu können aus mehreren Richtungen gekommen sein: Böhm könnte ihm den Besuch der Oper nahegelegt haben, und Bach könnte sich dafür interessiert haben, einige Zeit bei Jan Adams Reinken (1623–1722) zuzubringen. Reinken war bereits seit fast einem halben Jahrhundert in der Hansestadt, fast vierzig Jahre lang als Organist an der Katharinenkirche; er war einer der führenden Meister im spezifischen Stil der norddeutschen Orgelmusik. Fraglicher ist schon, ob Bach dort seinen Vetter und früheren Ohrdrufer Schulkamerad, Johann Ernst Bach, traf; Spitta vermutete, dieser sei 1701 dort gewesen[48], doch über seinen Schulabgang im Jahr 1700/01 sind die Eintragungen im Ohrdrufer Schülerverzeichnis zunächst eindeutig. Als Fortschreibung des Vorjahrs-Verzeichnisses wird vermerkt: »valedixit remigravitque Arnstatum d. 18 April. 1701« (»er hat seinen Abschied genommen und ist am 18. April 1701 zurück nach Arnstadt gezogen«). Und am Ende des Schuljahrs heißt es dann, etwas pathetischer[49]: »Jo. Ernest. Bach, Arnstad.[iensis], valedixit, repetiitque patriam.« Folglich hat er zum angegebenen Zeitpunkt »sein Vaterland wiederaufgesucht« – eine Bezeichnung, die für die Entfernung von rund 20 Kilometern zwischen Ohrdruf und Arnstadt zwar übertrieben wirkt, die aber verständlich wird, wenn man bedenkt, daß die Orte zwei verschiedenen Territorien angehörten. Ohne daß man ein genaueres Datum wüßte, läßt sich über ihn ermitteln, daß er sich anschließend »umb das Orgelwerk besser zu excoliren auswärts zu Hamburg ein halbes Jahr und darüber mit schwehren Kosten aufgehalten«; daraufhin war er eine Zeitlang in Frankfurt am Main, und seit 1705 ist er wieder in Arnstadt nachweisbar[50]. Die Zeitspanne ist zu groß, als daß man seinen halbjährigen Aufenthalt zwangsläufig gerade zwischen April 1701 und Sommer 1702 anzunehmen hätte, als Bach wohl gerade noch in Norddeutschland war; denkbar ist sogar, daß Bach nach seiner Rückkehr auch Johann Ernst zu einer Hamburg-Reise angeregt und entsprechend beraten hat.

Auch für Reisen nach Hamburg mußte Bach die erwähnten Probleme lösen: Beurlaubung, Fußweg sowie Bestreitung der Reise- und Aufenthaltskosten. Daß zumindest die materielle Seite für ihn schwierig war, ist Stoff einer der Anekdoten, die von Bachs Lüneburger Zeit handeln; sie wird erstmals 1786 von Friedrich Wilhelm Marpurg mitgeteilt[51]:

>»Er war auf der Schule zu Lüneburg, in der Nähe von Hamburg, wo damals ein sehr gründlicher Organist und Componist, Nahmens Reinecke blühete. Da er um diesen Künstler zu hören, öfters eine Reise dahin machte, so geschah es eines Tages, da er sich länger in Hamburg aufgehalten hatte, als es das Vermögen seiner Börse erlaubte, daß er bey seiner Zurückwanderung nach Lüne-

burg, nicht mehr als ein paar Schillinge in der Tasche hatte. Noch nicht hatte er den halben Weg zurück gelegt, als ihn ein starker Appetit anwandelte, und er zu dem Ende in einem Wirthshause einkehrte, wo ihm bey dem köstlichen Geruch aus der Küche, die Lage, worinnen er sich befand, noch zehnmal schmerzhafter vorkam. Mitten in seinen trostlosen Betrachtungen darüber hörte er ein knarrendes Fenster öfnen, und sahe, daß aus selbigem ein paar Heringsköpfe auf den Kehrigt geworfen wurden. Als einem ächten Thüringer, fieng ihm beym Anblick dieser Figuren der Mund zu wässern an, und er säumte keinen Augenblick sich ihrer zu bemächtigen; und siehe, o Wunder! er hatte kaum angefangen sie zu zergliedern, so fand er in jedem Kopfe einen dänischen Ducaten versteckt; welcher Fund ihn in den Stand setzte, nicht allein nunmehro eine Portion Braten zu seiner Mahlzeit hinzuzufügen, sondern annoch mit ehestem mit mehrer Gemächlichkeit eine neue Wallfahrt zum Hrn. Reinecke nach Hamburg zu unternehmen.« Zweifellos ein farbig ausgeschmückter Bericht; doch er dürfte mehrere richtige Aspekte enthalten – nicht nur den Hinweis auf die knappe Kasse Bachs, sondern auch auf sein Interesse, von Reinken etwas zu lernen. Fraglich ist allerdings, ob Reinken Bach kostenlos von seiner Kunst profitieren ließ. Möglicherweise hat Bach sich damals direkt kompositorisch mit Reinkens Musik auseinandergesetzt: in den (sehr freien) Bearbeitungen dreier Sonaten aus dessen »Hortus musicus« (Hamburg 1687; BWV 954, 965, 966), die sogar treffender als Neukompositionen zu bezeichnen wären. Christoph Wolff hat die traditionelle Sicht, daß diese Werke erst um 1720 entstanden seien, in Frage gestellt und darauf hingewiesen, daß gerade sie jenes autodidaktische Lernen anhand konkreter Vorbilder spiegeln könnten, von dem der »Nekrolog« spricht, zumal auch ein anderer Reinken-Schüler (Peter Heidorn) sich mit musikalischer Thematik seines Lehrers auseinandersetzte[52].

Ein paar Tage in Sangerhausen und
zwei Quartale in Weimar

Wie eingangs zitiert, mußte Carl Philipp Emanuel Bach gegenüber
Forkel bekennen: »*Nescio* [ich weiß nicht], wodurch er von Lüneburg
nach Weimar gekommen.« Ohrdrufer Schuljahre endeten im Sommer: Im August 1699 war Bach als Klassen-Zweitbester in die Prima
versetzt worden. Das Schulleben in Lüneburg basierte hingegen auf
einer Semestergliederung, die von Michaelis und Ostern (offenbar
mit einer stärkeren Betonung des Osterfests)[53] bestimmt wurde.
Wenn Bach die üblichen zwei Schuljahre in der Prima auch in Lüneburg absolvierte (nachdem er die Ohrdrufer Prima in einem anders
terminierten Schuljahr noch kein ganzes Jahr besucht hatte), schied er
zu Ostern 1702 aus der Michaelisschule aus.

Daraufhin klafft in Bachs Biographie eine Lücke. Nur mit einem
Hinweis, den er selbst gibt, läßt sie sich provisorisch füllen. Als im
November 1736 sein Sohn Johann Gottfried Bernhard sich um die
Organistenstelle an der Jacobikirche in Sangerhausen bewarb, setzte
er selbst alle Hebel in Bewegung, um diesem die Stelle zu sichern. In
einem Brief an den Sangerhäuser Ratsherrn Johann Friedrich Klemm
schreibt er[54], daß »vor bey nahe 30 Jahren« er diesen »damahlen
*vacanten Figural*Organisten Dienst« habe übernehmen sollen. Dies
wurde durchkreuzt, indem »durch hohe LandesObrigkeit ein *Subject*
zugeschicket wurde, welches *causire*te [= bewirkte], daß, obwohln
damahln die sämtlichen *vota* [...] meine Wenigkeit betraffen, ich
doch wegen obiger *raison*, nicht so glücklich seyn könte, zu *emergi-
ren*.« Demnach hätte er selbst wohl im Sommer oder Herbst 1702 in
Sangerhausen die Nachfolge Gottfried Christoph Gräffenhayns antreten sollen, der am 9. Juli 1702 begraben worden war; der Herzog
von Sachsen-Weißenfels oktroyierte der Stadt den Weißenfelser Musiker Johann Augustin Kobelius. Mehr ist über das Thema »Bach und
Sangerhausen, 1702« nicht zu erfahren: nichts über die Gründe, weshalb man dort gerade diesen erst siebzehnjährigen Organisten wählte,
der zudem noch von weither stammte. Hatte Bach eine Empfehlung
bei sich – aus Hamburg oder Lüneburg? Wer setzte sich am Ostfuß des

Harzes für ihn ein? Jedenfalls kann Bach vor Juli 1702 nichts von dieser Berufsperspektive gewußt haben.

Im März 1703 erscheint Bach als »Laquey« (Lakai) auf der Besoldungsliste des Herzogs Johann Ernst von Sachsen-Weimar, ebenso nochmals im Sommer; die übliche Identifizierung des Zeitraums, den Bach in Weimar verbracht hatte, ist aber wohl falsch: Nicht von März bis Sommer war er dort, sondern genau im ersten Halbjahr 1703 – die an ihn ergangenen Zahlungen sind auf die Quartals-Zahltage Reminiscere und Trinitatis bezogen, und Zahlungen wurden grundsätzlich im nachhinein geleistet[55]. In jedem Fall war er nur für sehr kurze Zeit in Weimar tätig, und möglicherweise befand er sich dort lediglich in einer Warteposition: Im Sommer 1703 wurde er nach Arnstadt berufen, und zwar an ein neues Instrument, das erst damals fertiggebaut war.

Was Bach in Weimar 1703 genau tat, weiß man nicht[56]. Bach selbst berichtet im »Ursprung der musicalisch-Bachischen Familie«, er sei »HoffMusicus« gewesen, ohne dies näher zu spezifizieren; bei diesem Informationsstand bleibt es auch noch bis um 1800 (etwa in biographischen Artikeln über Bach, wie sie 1784 Johann Adam Hiller und 1790 von Ernst Ludwig Gerber geschrieben wurden). Wohl erst Johann Nikolaus Forkel legte sich 1802 darin fest, daß Bach in Weimar »für die Violine angestellt« gewesen sei. 1703 wird er jedoch in Arnstadt als »Fürstlich Sächsischer HoffOrganiste zu Weimar« bezeichnet. Mit Äußerungen darüber, daß dies den Tatsachen widerspreche, sollte man vorsichtig sein: Zwar kann dies nicht Bachs Titel gewesen sein (weil die Stelle ein anderer innehatte: Johann Effler); doch möglicherweise umschreibt dies seine Tätigkeiten nicht ganz unzutreffend. Und weil die Arnstädter Information den geringsten Abstand zum Geschehen hat, sollte man zumindest versuchen, auch ihr nachzugehen.

Effler könnte Gründe gehabt haben, sich durch Bach vertreten zu lassen – etwa auch alters- oder gesundheitsbedingt (Bach wurde 1708, kurz vor Efflers Tod, dessen Nachfolger), und damit würde noch nicht ausgeschlossen, daß Bach daneben auch als Geiger wirkte. Wenn Bach nun als Vertreter des Organisten beschäftigt wurde, wäre vor allem zu klären gewesen, wer ihn finanzierte. Das war an denjenigen mitteldeutschen Höfen stets ein besonders heikles Problem, an denen mehrere Linien nebeneinander regierten – wie auch in Weimar. Bach bezog Geld aus der »Particulier Cammer« des lediglich mitregierenden Herzogs Johann Ernst; folglich könnte der regierende Herzog (Wilhelm Ernst) eine Zahlung für einen weiteren Organisten als unnötig angesehen und auf seinen Mitregenten abgewälzt haben. Erst daraus aber, daß Herzog Johann Ernst die Besoldung Bachs trug, schloß Philipp Spitta, der Herzog müsse »seine eigne kleine Capelle gehabt« und an Musik ein »specielleres Interesse« gehabt haben[57]. Dies ist daraufhin zunehmend als Tatsache behandelt worden – ohne daß die Grundlagen dafür weiter geklärt worden wären. Auch daß ein weiterer »Laquey« mit dem Nachnamen Hoffmann beschäftigt wurde[58], genügt nicht zur Annahme einer Privatkapelle: Man kann diesen »Hoffmann« nicht sicher genug als Mitglied jener Thüringer Musikerfamilie identifizieren, zu der auch die Bachs schon früh Kontakte hatten. Genaueres weiß man folglich nicht; umrißhaft lassen sich aber weitere Argumente dafür erkennen, daß Bach in Weimar auch 1702/03 etwas mit der Orgel zu tun hatte.

Fünftes Kapitel

Arnstadt
1703–1707

Also führte das Experiment, das Bach seit dem Tod seiner Eltern verfolgt hatte, beim zweiten Anlauf zum Ziel: Die Organistenausbildung, die er schulbegleitend genossen hatte, reichte aus, um ins Berufsleben einzusteigen – und zwar sogar so, daß er eine vergleichsweise gut dotierte Stellung antreten konnte. Arnstadt kann für ihn kein unbekanntes Pflaster gewesen sein – nicht nur deshalb, weil er während seiner Ohrdrufer Schulzeit in nächster Nähe der Stadt gelebt hatte, sondern auch deshalb, weil sich an den beiden Hauptkirchen der Stadt, der Liebfrauen- und der Oberkirche, bereits wesentliche Ereignisse der Bachschen Familiengeschichte abgespielt hatten. In dieser Stadt wurde Bach nun ein Beschäftigter im »öffentlichen Dienst«, so daß sich über ihn selbst im größeren Umfang individuelles Aktenmaterial erhalten hat – nicht also nur über seine nähere Umgebung. Es gibt eine Anstellungsakte, die Aufschluß über seine Tätigkeiten gibt, und er ist in Ratsprotokollen erwähnt (wenn man sich mit seiner Person in Ratssitzungen beschäftigte); hauptsächlich aus diesen Quellen fließen die biographischen Informationen, denen man nachgehen kann.

Doch mit dieser äußeren Verbesserung der Informationslage sind die Probleme von Bachs künstlerischer Biographie nicht wesentlich lösbarer geworden, denn zunehmend muß man natürlich danach fragen, wie die Schaffens- und Lebensbedingungen miteinander verbunden waren. Aber eine Werkchronologie für den jungen Bach zu erstellen ist überaus schwierig: Bach hat die meisten seiner Manuskripte nicht datiert; wenn man sie nach den Schriftzügen chronologisch ordnen will, ist man auf sinnvolles Vergleichsmaterial angewiesen, also auf anderweitige handschriftliche Dokumente Bachs, die datiert sind.

Aus seiner Arnstädter Zeit gibt es solches Material: Quittungen, mit denen er in wiederkehrenden Abständen den Erhalt seiner Besoldung bestätigte. Doch dieses Verfahren funktioniert nur, wenn sich derart frühe Kompositionen überhaupt in seiner Handschrift erhalten haben; viele, die man dem Frühwerk zurechnen zu müssen glaubt, sind aber nur in Abschriften erhalten – angefertigt etwa von den nachmaligen Bach-Schülern. Dann ist man auf Stilkritik angewiesen; man muß erkennen, in welchen Werken Bach mit ähnlichen kompositorischen Techniken gearbeitet hat, und die betreffenden Werke können dann in ungefähr der gleichen Zeit entstanden sein. Dabei braucht in seinem Stil Älteres nicht völlig von Neuerem verdrängt worden zu sein, sondern Bach kann beides auch jeweils miteinander verbunden haben.

Im Idealfall erhält man damit eine »relative Chronologie«, die also darüber berichtet, wie sich Bachs Stilentwicklung in seinen Werken spiegelt – ohne daß man sagen könnte, wann die Werke genau entstanden. Man muß nach äußeren Ereignissen suchen, die Bach auf etwas Neues gebracht haben können; das wiederum ist aber von der Bewertung der biographischen Konstellationen abhängig, die man für Bach zu erschließen bereit ist. Fatal wird es dabei, wenn man mit dem Gesichtspunkt der Reife operiert: Ist das, was er als Achtzehnjähriger, also zu Beginn seiner Arnstädter Zeit, zu leisten vermochte, noch »suchendes Frühwerk«, oder handelt es sich um ein »frühes Meisterwerk«? Denn an sich gehen solche Fragen zweifellos daran vorbei, wie man 1703 in Arnstadt den Beruf des Musikers sah. Bachs »Meisterschaft« war damals groß genug, daß man ihn nach Arnstadt holte; nach Begriffen der Zeit hatte er ausgelernt. Dies sollte auch die Bewertung seines Schaffens prägen.

Bachs Berufung nach Arnstadt

Die Bestallungsurkunde für den achtzehnjährigen Bach wurde am
9. August 1703 ausgefertigt; er wurde zum Organisten in der sogenannten Neuen Kirche berufen. Sie war nur insofern »neu«, als sie,
während eines Stadtbrandes 1581 vernichtet, erst 1683 wiederaufge-
baut worden war; ihr Patron war der heilige Bonifatius. Nach Fertigstellung der Neuen Kirche war in ihr auch eine neue Orgel erbaut
worden: zwischen 1699 und 1703 von dem Orgelbauer Johann Friedrich Wender. Orgeln gehörten zu den größten Investitionen, die von
damaligen Kommunen getätigt wurden, und deshalb war es erforderlich, daß man die Bauleistung nach der Fertigstellung fachmännisch
überprüfte. Hierbei ging es in erster Linie um eine Reihe technischer
Details: Ein Auftraggeber wollte sicher sein, daß das neue Instrument
funktionierte – also etwa daß die Kraftübertragung von den Tasten zu
den Pfeifenventilen keine Mängel aufwies und daß der Winddruck,
der von den Blasebälgen her aufgebaut wird, für das Spiel aller Teile
der Orgel ausreichte. Natürlich wollte man auch Gewißheit darüber
haben, nicht betrogen worden zu sein: Für die Orgelpfeifen sollten die
Metall-Legierungen und Hölzer dem Bauangebot entsprechend eingesetzt sein. Also war von den Gutachtern ein hohes Maß an orgel-
bautechnischen Kenntnissen gefordert. Schließlich aber wollte man
sicher sein, daß das neue Instrument den spielpraktischen Anforderungen standhielte; ein Gutachter brachte das Instrument also in möglichst vielerlei Hinsicht zum Klingen. Die Begutachtung der neuen
Arnstädter Orgel fand wohl kurz vor dem 3. Juli 1703 statt: An diesem
Tag konnte man Wender über das positive Ergebnis der Prüfung
informieren.

Für diese Begutachtung zog man den achtzehnjährigen Bach selbst
heran, und rund fünf Wochen später erhielt er seine Anstellung als
Organist. Somit aber geben schon die frühesten Arnstädter Nachrichten über ihn Rätsel auf: Weshalb wurde gerade er zum Gutachter
bestimmt? Woher hatte er hierfür die erforderlichen Kenntnisse? Die
Vorstellung, die man sich dann von der Berufung macht, gründet sich
weithin auf das Bild, das Philipp Spitta von Bachs Orgelprobe ge-

zeichnet hat[1]: »Er kam, spielte, und das Consistorium wußte, daß dies der Mann war, den man brauchte.« Kann dies aber derart im Sinne eines »Ich kam, sah und siegte« Caesars geschehen sein? Wird Bachs Wirken auf seine Umgebung damit nicht allzu verklärt? Zudem hat Spitta vernachlässigt, daß eine Orgelprobe nicht nur ein Orgelkonzert war, sondern vor allem jene technische Prüfung umfaßte. Somit muß man um die überlieferten Fakten herum versuchen, das Bild neu zu zeichnen. Für eine Orgelprobe benötigte ein öffentlicher Auftragge- ber einen Gutachter seines Vertrauens; genau dieses Vertrauen muß Bach bereits zuvor erweckt haben. Wer also kann auf die Idee gekom- men sein, hierfür gerade ihn als Achtzehnjährigen ins Auge zu fassen? Zudem: Es ist zumindest fraglich, ob Bach schon 1700, als er nach Lüneburg ging, einen fachlichen Stand erreicht hatte, der seine Um- welt beeindruckte; dann nämlich wäre der Schulwechsel nicht mehr nötig gewesen, sondern Bach hätte sich irgendwo um eine Anstellung bewerben können. Er, der als Schüler in die Ferne gezogen war, kam mit neuen Qualifikationen nach Thüringen zurück, die ihn für eine Anstellung empfahlen; selbst wenn man im traditionellen Bach-Zen- trum Arnstadt möglicherweise dazu bereit war, ein Familienmitglied zu begünstigen, müßte man fragen, weshalb dies gerade Johann Seba- stian Bach widerfuhr und nicht etwa einem seiner Verwandten.

Zweifellos hatte man sich in Arnstadt[2], als die Orgel ihrer Fertig- stellung entgegenging, nach einem Organisten umgesehen. Die ein- schlägigen Positionen in der Stadt waren in den Händen des weiteren Bach-Clans: Christoph Herthum war 1692 seinem Schwiegervater Heinrich Bach als Organist an der Ober- und Liebfrauenkirche nach- gefolgt; Herthum, Pate von Bachs Bruder Johann Christoph, hatte damit die Oberaufsicht über die Organistendienste an den beiden Hauptkirchen inne und wirkte zugleich als Organist an der Hofkirche der Grafen von Schwarzburg. Selbstverständlich konnte er nicht an allen Instrumenten gleichzeitig spielen; ihm wurde somit ein weiterer Organist nachgeordnet, sein Schwiegersohn Andreas Börner, der zuvor auch schon interimistisch den Musikdienst an der Neuen Kir- che versehen hatte und nun gleichzeitig mit Bach einen neuen Vertrag in Arnstadt erhielt. Auf dieser Grundlage war die Stellenstruktur auch eingerichtet gewesen, ehe die Orgel an der Neuen Kirche fertig war. Nach deren Vollendung mußte also nicht einfach nur eine neue Stelle besetzt werden, sondern es stellte sich überhaupt die Frage, wie der nunmehr dritte Organist in das örtliche Gefüge der Dienstpositionen eingebaut werden sollte.

Zuvor hatte es genügt, für die Stadt einen Organisten und einen Stellvertreter zu beschäftigen, die daraufhin zwei Kirchen versorgten; diese Struktur behielt man für die beiden Hauptkirchen bei. Die neue, dritte Orgel wurde aber nicht auch nach diesem Prinzip versorgt, sondern der neue Organist war nun direkt und ausschließlich für sie zuständig, also außerhalb der bisherigen Organisten-Hierarchie. Dennoch ist kaum denkbar, daß Herthum, der an deren Spitze stand, auf die Neuregelung der Arnstädter Organistendienste keinen Einfluß hatte; gerade er, der nach der alten Struktur der führende Organist der Stadt war, dürfte hierfür die Fäden in der Hand gehabt haben.

Weshalb aber blieb Börner nicht über 1703 hinaus an der Neuen Kirche? Zweifellos hat dies nicht mit mangelhaften Fähigkeiten zu tun; Philipp Spitta hat ihn zu einem Musiker herabgewürdigt, der nur »nothdürftig die Orgel zu behandeln« verstand, und ihn damit unnötig in schiefes Licht gebracht. Die zeitgenössischen Akten enthalten hingegen durchaus anerkennende Äußerungen über ihn. In gewisser Hinsicht wurde Börner sogar gegenüber Bach bevorzugt, indem er fortan am Organistendienst der beiden alten Hauptkirchen mitwirkte; andererseits bewarb er sich 1707 um Bachs Nachfolge an der Neuen Kirche, so daß auch die dortige Selbständigkeit ihn interessiert haben kann[3]. Somit sagt das Revirement insgesamt wohl weniger über Börner aus als über Bach.

Daß Herthum mit seinem Schwiegersohn zusammenarbeitete und sich für ihn einsetzte, ist wohl nicht weiter erstaunlich. Doch wie öffnete sich für Bach ein Platz in dieser Konstellation? Er muß irgendwann in das Bewußtsein der Arnstädter Verantwortlichen getreten sein – wohl nach 1702 (als Börner den Dienst an der Neuen Kirche provisorisch übernahm), freilich vor Sommer 1703. Bach müßte in jener Zeit einmal in dieser für seine Familie so zentralen Gegend gewesen sein, und sein Auftritt müßte einiges Aufsehen erregt haben, zumindest auch gegenüber Herthum, dem er als überdurchschnittlich qualifizierter Organist entgegengetreten sein muß. Von allen, die auf Bachs Arnstädter Wahl Einfluß hatten, müßte Herthum – als Fachmann vor Ort – der wichtigste gewesen sein. Wie sich dies im Detail vorstellen läßt, ist eine Frage, der man im Folgenden noch gesondert nachgehen muß.

Daß die Neuorganisation des Arnstädter Organistenwesens aber so sehr zugunsten der Bach-Familie (oder eher: zugunsten von Herthums Umkreis) gelöst werden konnte, setzt voraus, daß Herthum gute Verbindungen zu den Stadtoberen hatte. Beziehungen lassen sich am leichtesten zu Martin Feldhaus erkennen, einem der Arnstädter Bürgermeister, der mit dem Herthum-Bach-Umkreis durch familiäre Beziehungen verbunden war: Schwestern seiner Frau Margarethe waren verheiratet mit dem Gehrener Organisten Johann Michael Bach (Catharina) und mit dem Eisenacher Organisten Johann Christoph Bach (Maria Elisabetha); alle drei Frauen waren Töchter des vormaligen Arnstädter Stadtschreibers Johann Wedemann. Und Herthums Frau Maria Catharina war eine Schwester der beiden »beteiligten« Musiker aus der Bach-Familie. Also beschreibt man die Clan-Beziehungen, die sich daraufhin entfalten konnten, nur unscharf, wenn man sie allzusehr aus dem Blickwinkel der Bach-Familie betrachtet; vielmehr handelt es sich um die Beziehungen zwischen vier Ehepaaren, aus drei Bach-Geschwistern, drei Wedemann-Schwestern und zwei Auswärtigen (Feldhaus und Herthum). Feldhaus war zudem von seiten der Stadt der Verantwortliche für den Orgelbau in der Neuen Kirche.

Folglich läßt sich klar definieren, in welches Umfeld Bach eintrat. Diese Feststellung ist aber auch in anderer Hinsicht bemerkenswert: Wie erwähnt, wurde Bach zu der Arnstädter Orgelprüfung als »Fürstlich Sächsischer HoffOrganiste zu Weimar« eingeführt, obgleich dieser Titel ihm nicht zustand, sondern Johann Effler ihn innehatte. Effler aber war in Gehren Johann Michael Bachs Vorgänger gewesen und kann von dorther in Beziehung zur Familie gesehen werden; wenn Bach also bei ihm tatsächlich in einer Warteposition gehalten wurde, kann auch dies aus dem speziellen Arnstädter Bach-Clan (mit den Wedemanns, Feldhaus und Herthum) heraus gelöst worden sein. Es ist also keineswegs undenkbar, daß Bach, bis die Neuregelung der gesamten Arnstädter Orgel-Verhältnisse anstand, bei Effler Unterschlupf fand – im Sinne der Rolle eines Adjunkten, der aber aus der Privatschatulle eines nichtregierenden Herzogs bezahlt wurde; in einer ähnlichen Warteposition hatte sich in Arnstadt auch Bachs Bruder befunden, ehe er nach Ohrdruf berufen wurde.

Je mehr Argumente sich aber dafür finden lassen, daß genau dieser begrenzte Arnstädter Bach-Kreis sich für Bach einsetzte, um so mehr muß man erklären, wieso gerade Bach den Weg in dieses Gefüge fand. Der Einstieg kann ihm, wie gesagt, am leichtesten über Herthum geglückt sein, mit dem Bachs Ohrdrufer Bruder Johann Christoph (sein Patensohn) ohnehin Kontakt gehabt haben kann; in keinem Fall kann die Arnstädter Wahl Bachs aber eine Angelegenheit nur weniger Tage gewesen sein: weder von ihm aus, der zuvor an geeigneter Stelle auf sich aufmerksam gemacht haben muß, noch von den Arnstädtern aus, die für ihre im Bau befindliche Orgel über kurz oder lang einen Musiker brauchten.

Weitaus weniger deutlich ist, woher Bach die einschlägigen Kenntnisse im Orgelbau hatte. Immer wieder wird betont, daß an den Orten, an die er kam, die Orgeln gerade nicht intakt waren, so daß er Einblicke in deren schlechten Zustand gewinnen konnte und deshalb erfuhr, wo die Mängel lagen und wie man trotzdem auf den Instrumenten noch spielen konnte. Besonders wichtig mag in dieser Hinsicht der Orgelumbau in Ohrdruf gewesen sein, weil Bach von all den in Frage stehenden Instrumenten wohl am ehesten mit ihr in Kontakt gekommen ist; ob die Beziehungen zum Eisenacher Johann Christoph Bach und in Lüneburg zu Georg Böhm so eng waren wie zu seinem Ohrdrufer Bruder, darf man wohl bezweifeln. Jedenfalls muß Bach außerordentlich früh den erforderlichen Sachverstand gehabt haben, denn erstens setzte sich seine Gutachtertätigkeit gleich fort (1706 in Langewiesen zwischen Ilmenau und Gehren)[4], und zweitens äußerte er wenige Jahre später sehr präzise Wünsche für die Orgeldisposition in Mühlhausen. Es ist ferner nicht zu erkennen, daß er nach dieser Arnstädter Orgelprobe (zu der er bereits qualifiziert genug gewesen sein muß) seine theoretischen Kenntnisse irgendwo massiv aufbesserte.

Später berichtet Carl Philipp Emanuel Bach über diese Tätigkeit seines Vaters[5]: »Den ganzen Orgelbau verstand er im höchsten Grade. Hatte ein Orgelbauer rechtschaffen gearbeitet, und Schaden bey seinem Bau, so bewegte er die Patronen zum Nachschuß [also: die Auftraggeber zur Nachzahlung].« Und: »Das erste, was er bey einer Orgelprobe that, war dieses: Er sagte zum Spaß, vor allen Dingen muß ich wissen, ob die Orgel eine gute Lunge hat, um dieses zu erforschen, zog er alles Klingende [alle klingenden Register] an, u. spielte so vollstimmig, als möglich.« Zwar braucht Bach diese gefürchtete Kompetenz 1703 noch nicht im vollen Umfang gehabt zu haben; doch das, was Bach als Achtzehnjähriger auf diesem Gebiet wußte, ist zweifellos weit über die technischen Normalanforderungen hinausgegangen – die man in der Arnstädter Bestallungsurkunde so formulierte, daß er das Orgelwerk »gebührend *tractiren*, darauff gute Acht haben, und es mit allem Fleiß verwahren« solle – und daß er, wenn »etwas daran wandelbahr würde[,] es bey Zeiten melden und daß nöthige *reparatur* beschehe, Errinnerung thun« solle.

Bachs Reise als Gutachter von Weimar nach Arnstadt war keine Fußreise: In der Kostenabrechnung des Rats ist auch »pferde miethe« aufgeführt. Insgesamt erhielt Bach für seine Dienstreise 8 Gulden 13 Groschen; von ihnen mußte er allerdings jenen Luxus finanzieren. Doch verglichen mit seinem vorigen Weimarer Quartalshonorar (6 Gulden 18 Groschen) läßt sich die Zahlung nur als stattlich bezeichnen. Und: 4 Taler (umgerechnet 4 Gulden 12 Groschen) waren allein sein Arbeitslohn. Man ließ sich das Urteil des achtzehnjährigen Experten folglich ebensoviel kosten, wie dieser in zwei Monaten Weimarer Alltagsarbeit verdiente, und weil es kaum denkbar ist, daß man in Arnstadt nicht von vornherein auf Bachs Dienste spekuliert hatte, läßt sich diese hohe Zahlung auch als ein Akt des Werbens interpretieren. Bach war ein guter Ruf vorausgeeilt; freilich mußte er ihn irgendwo in Gang gesetzt haben. Dies kann nur bei einem Aufenthalt Bachs im Raum Arnstadt/Ohrdruf geschehen sein, der im Sommer oder Herbst 1702 anzusetzen ist: nachdem Börner den

Dienst an der Neukirche provisorisch übernommen hatte, wohl auch nachdem Bachs Bewerbung in Sangerhausen fehlgeschlagen war, jedenfalls bevor um die Jahreswende 1702/03 seine provisorische Anstellung in Weimar erfolgte.

Bach als Musiker um 1702/03

Wie also hat man sich Bachs musikalisches »Profil« vorzustellen, mit dem er seine nähere und fernere Verwandtschaft so überraschte? Sicherlich: Er war in Lüneburg einem besonderen Chormusik-Repertoire begegnet, und der »Nekrolog« betont Begegnungen mit französischer Ensemblemusik – zu denken wäre dabei etwa an Kompositionen von Jean-Baptiste Lully oder an Werke, die dessen Stil nahestanden und im näheren geographischen Umkreis uraufgeführt worden waren (zum Beispiel, 1696 in Hannover, die Oper »La Briseïde«, die Agostino Steffani zugeschrieben wurde). Doch in Bachs spezieller Situation, die ihm so schlagartig den Eintritt in die Organistenkreise (nicht nur in Arnstadt, sondern zuvor auch in Sangerhausen) eröffnete, kann dies keine herausragende Rolle gespielt haben; die Kompetenz, die Bach offenkundig ausstrahlte, mußte vielmehr auf dem Gebiet der Orgelmusik liegen. Dabei spielten zweifellos nicht nur eigene Kompositionen eine Rolle, sondern im Rahmen des normalen Organisten-Berufsbilds auch besondere spieltechnische Fähigkeiten. Da Bach vor seiner Lüneburger Zeit noch kein derart »besonderer« Musiker gewesen sein kann, muß sein dortiger Aufenthalt ihm den entscheidenden »Schub« gegeben haben.

Auf diesem Gebiet wird Bach im Rahmen seiner musikalischen Erkundungen in Lüneburg nicht nur Werke des Johannis-Organisten Georg Böhm kennengelernt haben, sondern möglicherweise auch Werke von dessen Vorgänger Christian Flor (1626–1697). In Hamburg ist Bach zunächst der Musik Reinkens begegnet, vielleicht aber (dort oder anderswo) auch Werken von dessen Schüler Peter Heidorn aus Uetersen, der Georg Böhm bei der Lüneburger Bewerbung unterlegen war; er könnte andere Musiker getroffen haben, etwa Christian Ritter, der zuvor in schwedischen Diensten gestanden hatte und sich in Hamburg vielleicht nicht erst 1704 aufgehalten hat, als er dort anderweitig nachweisbar ist. Und je tiefer er in die norddeutsche Orgelmusik eindrang, desto wahrscheinlicher ist auch, daß er Werken des 1697 gestorbenen Husumer Orgelmeisters Nikolaus Bruhns und von dessen einstigem Lehrer, dem Lübecker Marienorganisten Dietrich Buxtehude, begegnete (dessen Name ihm übrigens auch schon vor der Abreise nach Norden geläufig gewesen sein kann)[6].

Mit diesen Namen erfaßt man ziemlich exakt das Werkrepertoire der sogenannten »Möllerschen Handschrift«, eines jener Sammelbände, die Johann Christoph Bach angelegt hat – im wesentlichen aus Kompositionen norddeutscher Musiker, ferner solchen Johann Sebastian Bachs[7]. Das Repertoire greift in so vielfältiger Hinsicht Traditionslinien aus Lüneburg und Hamburg auf, daß es kaum ohne die Mitwirkung Bachs, der sich gerade dort aufgehalten hatte, zustande gekommen sein kann: Könnte er nicht seinem Bruder – 1703, nach der Rückkehr ins Thüringische – einen Quellenbestand zugänglich gemacht haben[8], der diesem, zeitlebens an Ohrdruf gebunden, einen breiten Einblick in die norddeutsche Musik erschloß?

Die Datierung der Handschrift gibt aber nach wie vor Rätsel auf – vor allem deshalb, weil man nicht genau rekonstruieren kann, wie der Band angelegt wurde. Die Eintragungen sind wohl kaum in einem Zuge vorgenommen worden, weil es mitten im Band auch sehr viel jüngere Eintragungen gibt; andererseits ist auch Robert Hills Theorie nicht sehr plausibel, daß einige der Werke einzeln oder gruppenweise bereits abgeschrieben worden waren, ehe der Band zusammengefügt wurde, und dabei jeweils mehrere Seiten leer geblieben seien. Papier war kostbar; hätte man also riskiert, daß derartige Lücken entstanden? Auch das Bindeverfahren war sehr aufwendig: Jedes ursprünglich hochformatige Doppelblatt wurde am Falz auseinandergeschnitten und die Einzelblätter dann wieder so zusammengeklebt, daß ein Querformatband entstehen konnte. Schließlich aber blieben die Schriftformen Johann Christoph Bachs und seiner Kopisten über die gesamte Entstehungszeit des Bandes hinweg weithin unverändert, so daß aus dieser Richtung keine weiteren Argumente zu beschaffen sind. Daß Hill hingegen »innere« Zusammenhänge zwischen manchen Stücken konstruiert, die vor den im Band benachbarten Werken in diesen eingetragen seien, ist bereits eine Folgerung aus seiner Vorentscheidung[9]. Und nur an einer einzigen Stelle gab es Platzprobleme beim Eintragen eines Stücks – die aber keineswegs damit zusammenhängen, daß das betreffende Werk zwischen zwei bereits eingetragene Stücke hätte hineingezwängt werden müssen: Bachs Präludium und Fuge g-Moll BWV 535a, ausnahmsweise vom Komponisten selbst als Reinschrift niedergeschrieben.

Soweit möglich, achtete Johann Christoph Bach darauf, daß man aus dem Band gut musizieren könne – ohne nämlich allzu häufig umblättern zu müssen[10]. Deswegen beginnen viele Werke auf der linken Seite des aufgeschlagenen Buches (und zwar jedes Stück auf einer neuen Seite), oder man achtete darauf, daß man möglichst nur zwischen zwei größeren musikalischen Einheiten (zum Beispiel zwischen Sätzen) umblättern mußte. Bach[11] begann auf einer rechten Seite und trug auf ihr das Präludium ein. Er blätterte um, um mit der Fuge fortzufahren, ohne daß die vorige Notenseite gefüllt gewesen wäre – eine halbe Zeile ließ er frei. Für die Fuge reichte ihm eine aufgeschlagene Doppelseite allerdings nicht ganz aus. Von den 73 Takten, die sie gemäß einer späteren Quelle einnimmt, brachte er 64 und einen halben auf ihr unter; wohin also mit den restlichen achteinhalb Takten? Und mit achteinhalb Takten wäre eine ganze neue Seite noch lange nicht gefüllt worden. So verschwenderisch Bach am Präludienschluß gearbeitet hatte, ging er nun besonders sparsam vor; er heftete einen Papierstreifen an die Seite an (dieser ist nicht erhalten geblieben, sondern nur Spuren des Anheftens), auf dem er den Rest niederschrieb; achteinhalb Takte füllen exakt auch die dritte der vier Notenzeilen auf der Seite.

Platzprobleme können Bachs Vorgehen nicht bestimmt haben: Er fertigte ja eine Reinschrift an, hatte also eine andere Quelle vor sich liegen und mußte von dorther einen Überblick über den ungefähren Platzbedarf haben; wenn von vornherein absehbar war, daß der Platz knapp werden konnte, hätte er jedenfalls am Ende des Präludiums mit dem Platz auch sparsamer umgehen können (man kann während der

Fugeneröffnung immer noch problemlos umblättern, mindestens solange nur eine Stimme spielt). Folglich hat Bach aber überhaupt nicht gespart, sondern streng nach aufführungspraktischen Kriterien gearbeitet: Nach Ende des Präludiums sah er das Umblättern vor, und gegen Ende der Fuge wollte er vermeiden, den Spieler nochmals umblättern zu lassen. Dieses Wechselspiel aus Großzügigkeit (am Ende des Präludiums) und Sparsamkeit (am Ende der Fuge) zeigt, daß Platzprobleme nicht das Ausschlaggebende waren.

Somit liefert auch dieses Manuskript keinen Anhaltspunkt dafür, die genaue Abfolge der Eintragungen zu rekonstruieren. Der Anfangs- und Endpunkt der Schreibarbeit läßt sich nicht mit einem genauen Datum belegen[12]; deshalb kann man auch aus der Reihenfolge, in der sich Kompositionen Bachs in dem Band finden, kaum auf deren Entstehungszeit schließen. Dies aber hat in einem Punkt Folgen: In dem Band befindet sich auch eine Abschrift von Bachs Choralbearbeitung »Wie schön leuchtet der Morgenstern« BWV 739 – viel weiter hinten eingetragen als Präludium und Fuge g-Moll. Zu dieser Choralbearbeitung gibt es auch (außerhalb des Bandes) eine autographe Reinschrift Bachs – auf dem gleichen Papier einer Arnstädter Papiermühle niedergeschrieben wie die »Möllersche Handschrift«, aber den Schriftzügen zufolge älter als jene Eintragung des Präludiums mit Fuge[13]. Dies sind die beiden ältesten Notenhandschriften Bachs, die sich erhalten haben; beide müssen in seiner Arnstädter Zeit entstanden sein, die jüngere wohl nicht nach 1705, die ältere nicht vor 1702. Welche Bedeutung hat aber diese Choralbearbeitung – weshalb wird sie in gleich zwei derart frühen Quellen überliefert?

Bei der weiteren Klärung der Situation kommt ein Aspekt »von außen« zu Hilfe, mit dem man den Versuch, das Werk zu datieren, weiterführen kann. Das Autograph enthält – was in Orgelmusik-Quellen ziemlich selten ist – genaue Spielanweisungen (Bach gibt an, mit welcher Hand bestimmte Anteile der Komposition gespielt werden sollen, und markiert alle Pedal-Abschnitte mit »Ped.«). Außerdem sagt er, in welchen Klangbereichen der Orgel Einzelpassagen gespielt werden sollen: »R.« und »O.« bezeichnen dabei wohl »Rückpositiv« und »Oberwerk«. Damit unterscheidet er zwischen dem

Bach, Reinschrift des Orgelchorals »Wie schön leuchtet der Morgenstern«
BWV 739. Ein »R« (»Rückpositiv«) steht in der obersten Notenzeile, zweimal
»O« (»Oberwerk«) in der fünften.

Haupt-Klangbereich (Haupt- oder Oberwerk) und dem Pfeifenapparat, der hinter der Orgelbank steht – also beispielsweise zwischen ihm und einer Emporenbrüstung. Folglich mußte die Orgel, für die Bach das Stück komponierte, diese beiden Teile haben; gerade Rückpositive sind nicht in jedem Instrument anzutreffen. Wenn Bach das Stück nun in Arnstadt schrieb, hatte er aber keine Möglichkeit, es in dieser Weise auf seinem Dienstinstrument in der Neuen Kirche zu spielen, weil in ihr ein Rückpositiv nicht vorhanden war. Also ist das Werk – zumindest der autographen Quelle zufolge – für eine andere Orgel entstanden. Man könnte an das Lübecker Instrument Buxtehudes denken; Bach reiste 1705/06 zu ihm und könnte das Stück dort komponiert haben. Doch vom Schriftcharakter her beurteilt, liegt das Datum 1705/06 für die Entstehung des Manuskripts zu spät. Ebenso kommt aber die Orgel der Arnstädter Liebfrauenkirche in Frage[14]. Wann aber kann Bach einen Anlaß gehabt haben, in Arnstadt auf der Liebfrauen-Orgel zu spielen: kaum jedenfalls nach seiner Anstellung an der Neuen Kirche, sondern eher vorher. Dies, ebenso das auffallende Interesse, das Bachs früher Thüringer Umkreis an dieser Komposition zeigt, legt einen besonderen Gedanken nahe: Könnte sie nicht etwas mit Bachs Eintauchen in die Arnstädter Verhältnisse, irgendwann im Spätjahr 1702, zu tun haben, so daß sich in ihr Bachs besondere Qualifikation spiegelt? Wie auch immer: Das Werkspektrum, das die »Möllersche Handschrift« wiedergibt, läßt sich mit Bachs Arnstädter Können in Verbindung bringen – mit dem, was er aus Norddeutschland an Noten mitgebracht hat (und was auch Johann Christoph Bach zugänglich wurde), und dem, was Bach selbst daraus machte, etwa im Umfeld der Choralbearbeitungen und jenes g-Moll-Präludiums. Er muß auch nicht gleich 1702 mit all den eigenen Stücken Eindruck gemacht haben, die in dem Band seines Bruders stehen, sondern eher mit jenen fremden Werken und ersten Ansätzen einer eigenen Umsetzung ihrer Stileigentümlichkeiten – etwa wie in der Choralbearbeitung BWV 739, die klar unter dem Einfluß der norddeutschen Choralfantasie steht[15].

Bachs Dienstaufgaben und Besoldung

In jener neugeschaffenen Organistenposition waren nunmehr prinzipiell alle denkbaren musikalischen Aufgaben des lutherischen Gottesdienstes neu zu regeln: nicht nur das Orgelspiel, sondern auch der Chorgesang. Von diesem ist aber in der Bestallungsurkunde unter den Dienstaufgaben Bachs keine Rede[16]; vielmehr wird von ihm – neben den üblichen Forderungen nach Treue, Gehorsam und ehrenwertem Lebenswandel – gefordert, er solle sich »in Eürem anbefohlnen Ambte, Beruff, Kunstübung und Wißenschafft fleißig und treülich bezeigen in andere Händel und verrichtungen Euch nicht mengen, zu rechter Zeit an denen Sonn- und Fest- auch andern zum öffentlichen Gottes dienst bestimbten Tagen in obbesagter Neüen Kirchen bey dem Eüch anvertrauten Orgelwercke Euch einfinden, solches gebührend *tractiren*« und, wie erwähnt, pfleglich zu behandeln. Für diese Dienste wurde als Entlohnung eine Mischfinanzierung vorgesehen: Er erhielt 50 Gulden Besoldung, die zu gleichen Teilen (je 25 fl.) aus den »Biergeldern« und aus dem Gotteskasten übernommen werden sollten – also aus den Steuereinnahmen der Stadt und den Finanzen der Kirche. Daneben erhielt er »vor die Kost und wohnung dreysig thlr.« aus dem St.-Georgs-Hospital (dessen Vorsteher wiederum Feldhaus war[17]), umgerechnet 34 Gulden 4 Groschen, so daß sich seine jährlichen Gesamteinkünfte auf 84 Gulden 4 Groschen beliefen. Auf seinem Weimarer Posten hätte er in einem Jahr 27 Gulden 9 Groschen erhalten; seine Einkünfte hatten sich also mehr als verdreifacht.

Damit waren die Personalkosten, die an der Neuen Kirche für die Musik anfielen, allerdings noch nicht komplett; auch die Leitung des Chores war noch zu organisieren. Anscheinend war dies zuvor die Aufgabe Börners gewesen; nun aber übernahm nicht Bach sie, sondern die Zahlungen, die zuvor an Börner gegangen waren, kamen dem Chorpräfekten Johann Andreas Rambach zugute, einem älteren Schüler des örtlichen Lyzeums[18]. Von vornherein bestand also eine Distanz zwischen dem Schülerchor und Bach, ähnlich wie für seinen Ohrdrufer Bruder, aber mit weitaus besserer finanzieller Absicherung. Das Repertoire des Arnstädter Chors läßt sich übrigens ähnlich beschreiben wie das Eisenacher: Auch hier standen Chorbuchbestände aus der Reformationszeit (mit Werken von Senfl, Obrecht, Isaac, Pierre de La Rue und Josquin Desprez) neben Noten des 17. Jahrhunderts[19]. Ob Bach sich auch von dieser Musik fernhalten wollte (nicht also nur von den Schülern), ist nicht klar zu erkennen.

Seine Dienstauffassung blieb nicht unwidersprochen, wie sich bei der ersten Ratssitzung zeigt, in der etwas verhandelt wird, das mit Bach zu tun hat[20]; der Widerspruch ergab sich nicht von selbst, sondern gewissermaßen nur durch Zufall. Am 5. August 1705 erhob Bach selbst Klage gegen eine Gruppe von sechs Schülern, die ihn auf dem Marktplatz angefallen hätten; der Schüler Johann Heinrich Geyersbach sei dabei »mit einem Brügel uf ihn loß gangen«. In der Auseinandersetzung habe Bach sogar den Degen ziehen zu müssen geglaubt; er verlangte nun eine Bestrafung Geyersbachs. Die Angelegenheit wurde bis hin zum 21. August in vier Sitzungen in aller Ausführlichkeit verhandelt. Die Schüler ließen Bachs Klagen dabei nicht unwidersprochen im Raume stehen. Geyersbach war fast drei Jahre älter als Bach; besonders geärgert hatte ihn offenkundig, daß Bach »Ihn einen Zippel *Fagotti*sten geheißen«. Man sollte sich freilich überlegen, was das Beleidigende daran war; vermutlich läßt sich »Zippel-« von »Zippeler« herleiten, einer eingedeutschen Fortentwicklung des lateinischen Wortes »discipulus« (Schüler)[21]. Dann hätte Bach nur den sozialen Unterschied betont, der zwischen ihnen beiden bestand: auf der einen Seite er als zwanzigjähriger, fertiger Organist, auf der anderen Seite Geyersbach als dreiundzwanzigjähriger Schüler (daß er tatsächlich Fagott spielte und dies nicht eine umgangssprachliche Zusammensetzung war, ergibt sich aus dem weiteren Gang der Verhandlung).

Im Grunde genommen war beides ein hilfloser Versuch Bachs, sich gegenüber den Schülern Autorität zu verschaffen: sowohl das plumpe Vorgehen gegenüber Geyersbach als auch die Klage vor dem Rat. So liefen dann die Verhandlungen in eine andere Richtung als die, die Bach sich gewünscht hatte, und er mußte sich auch vom Rat sagen lassen, er stehe »ohne dem in dem ruff daß mit denen Schühlern er sich nicht vertrüge vnd vorgebe, er sey nur auff *Choral* nicht aber *musicalische* stücke bestellet, welches doch falsch, denn er müste alles mit *musiciren* helffen«. Er war also notfalls noch dazu bereit, die Schüler beim Choralsingen anzuleiten; sobald aber größere »*musicalische* stücke« (also Motetten und dergleichen) gefragt waren, erklärte er sich für nicht zuständig. Die Gründe bleiben vorerst weiter unklar; dem Rat gegenüber erklärte er allerdings, »er weigere sich nicht, wann nur ein *Director musices* da wehre«.

Die Reaktion des Rats darauf ist einigermaßen erstaunlich: Man gab sich mit dieser patzigen Antwort zufrieden und stellte lediglich fest, »mann lebe mit *imperfectis*«, also mit Unvollkommenheiten. Dies galt demnach für beide Seiten: für Bach, der dennoch mit den Schülern musizieren solle, und für den Rat, der somit eingestand, an einem wunden Punkt getroffen zu sein. Zur Begründung seines Verhaltens beschrieb Bach also eine Situation, die sich konkret durch die jüngste Ämterentwicklung ergeben hatte: Für ihn bestehe in dem Arnstädter Organistensystem eine gewisse Narrenfreiheit, in der er keinen musikalischen Vorgesetzten habe, der ihm Anweisungen geben könne. Auch Herthum konnte nicht sein Vorgesetzter sein (anders etwa als für Börner).

Fürs erste hatte Bach die Klage also abgeschüttelt; die Geyersbach-Affäre blieb (für beide Kontrahenten) ohne direkte Konsequenzen. Ohne den Vorstoß gegen Geyersbach hätte Bach aber wohl kaum so schnell Kritik über seine Amtsführung zu hören bekommen. Tatsächlich war auch nichts hierzu in seiner Bestallung erwähnt; stillschweigend kann man entspechende Dienstleistungen von ihm nicht erwartet haben. Als er etwa im Dezember 1713 zum Organisten in Halle gewählt worden war, wurden auch die Pflichten auf dem Sektor der Figuralmusik detailliert aufgelistet[22]. Schließlich aber erhielt der Schüler Rambach ja Geld für seine (zweifellos begrenzten) musikalischen Aktivitäten; allenfalls kann man von Bach also eine kooperative Einstellung erwartet haben. Doch fortan stand die Stimmung in diesem Punkt gegen ihn, und so ist es durchaus folgerichtig, daß anderthalb Jahre später, im Februar 1707, als neuerlich sein Verhalten in einer Ratssitzung behandelt wurde, der Vorwurf wieder da war;

und er hielt sich noch bis in eine dritte Runde, im darauffolgenden November[23]. Die Situation eskalierte also; losgetreten hatte Bach die Entwicklung freilich selbst. Jedesmal gelang es ihm, Zeit zu gewinnen, indem er eine Erklärung ankündigte, diese aber wohl nie abgab (wollte er sich mit einem Dritten beraten – mit Herthum, Feldhaus oder einem anderen Fürsprecher?). Die Argumente, die späterhin ausgetauscht wurden, hellen diese zunächst nicht völlig verständliche Situation allerdings auf.

Die Reise nach Lübeck

Anlaß für jene zweite Ratssitzungsserie, in der Bach aufzutreten hatte, war eine Bildungsreise nach Lübeck. Was er dort wollte, ist seit 1754 durch den Bach-Nekrolog in Grundlagen klargestellt[24]: »In Arnstadt bewog ihn einsmals ein besonderer starker Trieb, den er hatte, so viel von guten Organisten, als ihm möglich war, zu hören, daß er, und zwar zu Fusse, eine Reise nach Lübek antrat, um den dasigen berühmten Organisten an der Marienkirche Diedrich Buxtehuden, zu behorchen. Er hielt sich daselbst nicht ohne Nutzen, fast ein vierteljahr auf, und kehrete alsdenn wieder nach Arnstadt zurück.« Die Konsequenzen, die man daraus zu ziehen hat, sind aber weitaus unklarer als dieser Bericht. Denn woher rührte der aktuelle »Trieb«? Wie gut kannte er zuvor Buxtehudes Musik? Was konnte er konkret davon haben, Buxtehude als Organisten »zu behorchen«? Können es auch andersartige Aktivitäten Buxtehudes gewesen sein, die ihn interessierten?

Zunächst[25]: Bach hatte in Arnstadt um vier Wochen Urlaub gebeten; der Superintendent hielt ihm anschließend vor, viermal so lange weggeblieben zu sein. Der Vier-Wochen-Zeitraum war völlig unrealistisch geplant, denn wenn Bach die Strecke von Arnstadt nach Lübeck und zurück von vornherein zu Fuß meistern wollte, hätte er allenfalls wenige Tage in Lübeck bleiben können und die meiste Zeit für die Wanderung benötigt. Am 7. Februar 1706 war er wieder in Arnstadt (damals erscheint sein Name im Verzeichnis derer, die das

Abendmahl nahmen); folglich war er ungefähr im Oktober 1705 aufgebrochen. Der beantragte vierwöchige Urlaub des Organisten wäre dann vor Weihnachten zu Ende gewesen; daß dies eingehalten wurde, dürfte im besonderen Interesse der Kirche gelegen und die Urlaubsgenehmigung ermöglicht haben.

Wiederum war der Rat mit einer Äußerung Bachs schnell zufrieden. Dieser erklärte, »er sey zu Lübeck geweßen vmb daselbst ein vnd anderes in seiner Kunst zu begreiffen«; den Urlaub habe der Superintendent genehmigt. Dieser verweist auf die Differenz zwischen dem Urlaubsantrag und dem Fernbleiben; Bachs Antwort lautete daraufhin: »Hoffe das orgelschlagen würde unterdeßen von deme, welchen er hiezu bestellet, dergestalt seyn versehen worden, daß deßwegen keine Klage geführet werden können.« Und damit ist die Angelegenheit selbst bereits abgehandelt. Doch daraufhin ergibt sich eine Generalabrechnung mit Bachs Musizieren, und zwar in zwei Punkten; in den Ratsakten liest sich dies folgendermaßen:

> »Halthen Ihm vor daß er bißher in dem *Choral* viele wunderliche *variationes* gemachet, viele frembde Thone mit eingemischet, daß die Gemeinde drüber *confundi*ret [verwirrt] worden. Er habe ins künfftige wann er ja einen *tonum peregrinum* [wörtlich: einen fremden Ton] mit einbringen wolte, selbigen auch außzuhalthen, vnd nicht zu geschwinde auf etwas anders zu fallen, oder wie er bißher im brauch gehabt, gar einen *Tonum contrarium* [wörtlich: einen entgegengesetzten Ton] zu spiehlen.«

Und dann setzen die Stadtoberen in der alten Richtung nach:

> »Nechst deme sey gar befrembdlich, daß er bißher gar nichts *musici*ret worden, deßen Ursach er gewesen, weiln mit den Schühlern sich nicht *comporti*ren wollen, Dahero er sich zu erclähren, Ob er so wohl *Figural* alß *Choral* mit den Schühlern spiehlen wolle?«

Damit kritisiert man Bachs Wirken auf ganzer Breite: in der funktionsgebundenen Orgelmusik und hinsichtlich des Musizierens mit dem Schülerchor. Der zweite Punkt erscheint – nach allem, was schon vorher gewesen war – nicht mehr als verwunderlich (dennoch muß man auch ihm weiter nachgehen). Den ersten aber beschreibt man in der Regel als etwas Besonderes: Hinter ihm sieht man den Schock, der die Arnstädter Gottesdienstbesucher ereilt habe, als der Organist aus Lübeck zurückgekommen war[26]. Er habe dort etwas radikal Neues gelernt und nun umgesetzt.

Doch bei genauer Lektüre erkennt man, daß es eben um eine Generalabrechnung geht. Den zweiten Punkt formuliert man so, daß er »bißher« mit den Schülern allenfalls Choralgesang praktiziert habe; wenn im Rat aber dieses Wort »bißher« auch gebraucht wurde, um die »wunderlichen variationes« im Choral und die ausgefallenen Klangverbindungen zu charakterisieren, dann hatte Bach auch diese Verfahren schon von Anfang an angewandt. So gelesen, zeigt der Text also, daß die offiziellen Arnstädter Kreise ihm gegenüber von Anfang an eine Portion Skepsis hegten: Dieser Organist vertrat eine musikalische Richtung, die zumindest ungewohnt war und das Gleichmaß gottesdienstlicher Andacht insofern gefährdete, als man sich durch das Fremde gestört fühlen konnte. Um so weniger kann das Arnstädter Hauptinteresse an Bach bei jenen offiziellen Kreisen gesehen werden; viel eher hatte er mit seinem Spiel und Stil seine Organistenverwandtschaft beeindruckt, und diese hatte daraufhin ein »fachlich fundiertes« Urteil über Bach abgegeben – dahingehend, daß es sich bei ihm um jemand Besonderen handele, den man vor allen anderen auf die neue Stelle berufen solle. Je länger er diese moderne Musik aber im Gottesdienst anwandte, desto mehr stand man ihm und seiner Musik zurückhaltend gegenüber.

Dies trifft sich mit Überlegungen dazu, was Bach überhaupt an Neuem in Lübeck erlebt haben kann[27]. Wenn er um 1700/02 bei Reinken in Hamburg gewesen war, hatte er zwangsläufig die Grundlagen dessen kennengelernt, was auch Buxtehude praktizierte: die Grundlagen der norddeutschen Orgelkunst. Dennoch konnte er zweifellos von Buxtehudes Orgelmusik im engsten Sinne profitieren. Wie erwähnt, eroberte sich Bach in seinem Orgelstil erst allmählich einen souveränen Umgang mit Pedaltechniken, und Georg Böhm konnte ihm in Lüneburg kaum entsprechende Impulse geben, weil die Pedalregister seiner Orgel sich in einem so desolaten Zustand befanden, daß sie praktisch unbrauchbar waren. Tatsächlich läßt sich Bachs

Orgelwerk in seinen frühen Teilen nach diesem Kriterium ordnen[28]. Möglich ist also, daß Bach gerade jene Technik nun bei Buxtehude nachlernte.

Was er hingegen nicht genauer gekannt haben kann, sind Buxtehudes Kirchenkonzerte in der Lübecker Marienkirche; solche Veranstaltungen außerhalb des Gottesdienstes waren um diese Zeit etwas Außergewöhnliches, und Buxtehudes Ziel war es offenkundig, in ihnen im großen Stil Mehrchörigkeit darzustellen[29]. Wenn die Zeitangaben über Bachs Arnstädter Abwesenheit halbwegs stimmen, muß er besonders eindrucksvolle Werke dieser Art erlebt haben: die Werke, mit denen Buxtehude auf den Tod Kaiser Leopolds I. und die Thronbesteigung seines Nachfolgers Joseph I. reagierte – in der reichsfreien Hansestadt Lübeck freilich auch ein Loyalitätsbeweis gegenüber dem Stadtherrn. Am 2. Dezember 1705 musizierte Buxtehude sein »Castrum Doloris«, das »Trauerlager« zum Gedenken des Verstorbenen; am Tag darauf folgte »Templum honoris« (»Ehrentempel«) zu Ehren des neuen Kaisers. Beide Kompositionen sind – wie dies häufig mit direkt auf Einzelanlässe bezogenen Werken geschehen ist – nicht erhalten geblieben; die überlieferten Textdrucke lassen aber die Monumentalität der Veranstaltung erahnen – etwa hinsichtlich der Sinfonia, die für 25 Violinen gesetzt war. Somit mag es Bach vor allem um Einblicke in Buxtehudes Vokalmusik gegangen sein: um Musik, die dieser als Organist veranstaltete.

Das ist für Bach wohl gleich in mehrfacher Hinsicht wichtig gewesen: nicht nur im Bereich des Konkreten (Buxtehudes Musikstil als Vorbild für denjenigen Bachs), sondern auch im Allgemeinen – so, daß Bach von Buxtehudes gesamten Aufführungsmöglichkeiten etwas lernte. Wenn er sich zuvor weigerte, mit den Arnstädter Schülern figuraliter zu musizieren, mag dies eine grundsätzliche Vorsichtsmaßnahme gewesen sein, um sich nicht in den Schulbetrieb hineinziehen zu lassen; doch Bach kann kaum Erfahrung damit gehabt haben, wie man eigenständig mit Figuralmusik umgeht. Daß er jemals zuvor entsprechende Musik komponiert oder geleitet hätte, ist jedenfalls nicht belegbar (auch nicht für Lüneburg; er ist dort nie als Chorpräfekt nachweisbar, und ob es nahegelegen hätte, ihn dazu zu machen, ist wohl nur aus der Rückschau leicht zugunsten Bachs zu beantworten). Carl Philipp Emanuel Bach berichtete vielmehr über die frühe Ausbildung seines Vaters[30]: »Des seeligen Unterricht in Ohrdruf mag wohl einen Organisten zum Vorwurf gehabt haben u. weiter nichts.« Dies muß man wohl im engsten Sinne nehmen – so, daß auch nach seiner so speziellen Ausbildung das Musizieren mit einem Chor für Bach eine Terra incognita gewesen ist. Nach dem Aufenthalt in Lübeck aber läßt sich etwa der »Actus tragicus« (Bachs Kantate »Gottes Zeit ist die allerbeste Zeit« BWV 106) als ein Werk verstehen, in dem er Buxtehudesche Ideale direkt umgesetzt hat, ebenso die Schluß-Ciaconna der Kantate BWV 150 (»Nach dir, Herr, verlanget mich«); und noch in Mühlhausen, als Bach mit der Kantate BWV 71 (»Gott ist mein König«) selbst die Staatsmusik einer reichsunmittelbaren Stadt schrieb, mag er sich an der Lübecker Mehrchörigkeit Buxtehudes orientiert haben[31]. Doch nicht nur jene großangelegten Kompositionen können für Bach vorbildhaft gewesen sein; vielmehr könnte er auch das Musizieren mit kleinsten Besetzungen neu kennengelernt haben. Ebenso wie die norddeutsche Orgelkunst im engeren Sinne muß ihm auch diese Musizierform schon vorher vertraut gewesen sein, denn entsprechend gering besetzte Werke befanden sich zumindest auch im Repertoire der Lüneburger Michaelisschule. Vielleicht hatte er aber noch nicht völlig erfaßt, daß genau diese Musik zum Einzugsbereich eines Organisten gehören könne – vom norddeutschen Verständnis dieses Berufsstands aus betrachtet.

Als Spieler an einer Orgel kann man drei Funktionen übernehmen. Entweder man ist ein »absoluter« Solist – so, wie man es für ein Orgelvor- und -nachspiel oder für die Begleitung des Gemeindegesangs praktiziert. Oder man erhält eine Funktion in einem Ensemble; in ihm kann man aber entweder eine dienende oder eine führende Rolle übernehmen. Aus Sicht des späteren 18. Jahrhunderts ist die führende nur dann gegeben, wenn man einen solistisch-konzertierenden Orgelpart spielt (etwa in einem Orgelkonzert); die dienende wäre demgegenüber das Generalbaßspiel, also das Spiel des Parts, der eine solistische Entfaltung am wenigsten ermöglicht. Aus der Sicht des 17. Jahrhunderts standen die Dinge aber anders: Dienend wäre das

Spiel des Orgelpositivs gewesen, mit dem der Motetten- und Choralgesang einer Kantorei unterstützt wurde; in einer führenden Funktion
konnte sich hingegen schon ein Generalbaßspieler sehen, weil der
Generalbaß zugleich garantierte, daß man moderne Musik machte –
Musik, in der zudem nur Virtuosen auftreten konnten.

Die Unterschiede dieser älteren Musizierbedingungen wurden aus
den baulichen Gegebenheiten der Kirchen heraus noch verschärft.
Der Schülerchor hatte seinen Platz normalerweise nicht auf der Orgelempore, sondern auf einer eigenen Chorempore; neben der Orgel
wäre in den meisten Kirchen für ein größeres Ensemble kein Platz
mehr gewesen (es mag bisweilen auch statische Probleme gegeben
haben, eine große Empore sowohl für die Orgel als auch für den Chor
vorzusehen). Häufig waren die beiden Emporen sogar direkt unter-
einander angeordnet; ein Sichtkontakt zwischen den beiden Musizier-
Bereichen war damit unmöglich, eine Vermittlung der stilistischen
Sphären zumindest erschwert. Somit kam es praktisch nie zu einer
Vermischung der typischen Stilbereiche – zwischen den Motetten, die
der Kantor leitete, und den Geistlichen Konzerten, die der Organist
um sich herum musizieren ließ. Daß dies auch ein Konfliktpotential in
sich barg, ist 1663 für Hamburg belegt: in einer Auseinandersetzung
zwischen Thomas Selle als Kantor und Matthias Weckmann als Organist. Jan Adams Reinken in Hamburg ließ diesen musikalischen Anspruch sogar in seinem Titel deutlich werden; er bezeichnete sich als
»Director organi«, und Buxtehude sah seine Position ähnlich. Damit
wird betont, daß man als Organist von seinem Instrument her eine
musikalische Leitungsfunktion aufbauen könne und sich damit eine
modernere, konzertierende Musik erschließen könne[32].

In Thüringen war diese Musizierform wohl weitgehend unbekannt. In Eisenach etwa erregte es Aufsehen, daß die Hofkapelle, als
sie sich 1708 in das kirchliche Musizieren hineinziehen ließ, diese
Form praktizierte. Christian Juncker notierte in seinem Tagebuch[33]:
»Den 25. Dec. hat die fürstl. neue Capelle alhier zum erstenmahl in
der Kirche musicirt auff dem Orgelchor, nur mit Instrumenten und
einem Tenor solo.« Dieser Formulierung zufolge empfand man alles
als neuartig: nicht nur daß die Hofkapelle zum gottesdienstlichen

Musizieren herangezogen wurde, sondern auch daß sie auf der Orgelempore auftrat – und daß man eine derart solistische Musik aufführte
(Solotenor plus Instrumente). Die »Spezialisten« der Hofkapelle nahmen ihren Platz also nicht auf der Schülerempore ein und boten
zudem eine neue Form von Musik dar. Daraufhin aber unterschied
man in der Eisenacher Georgenkirche noch nach der Jahrhundertmitte
zwischen dem »Music Chor« (der Orgelempore) und dem »Sing und
Schüler-Chor«, der darunterliegenden Chorempore[34]. Wie erwähnt,
mag Bach diese Form des Musizierens schon in Lüneburg oder Hamburg um 1700/02 kennengelernt haben – in Eisenach hatte er sie
sicherlich noch nicht erlebt.

Wie ein gemeinsames Musizieren der beiden Bereiche vonstatten
gehen konnte, erfährt man aus dem Ratsprotokoll der Arnstädter
Bach-Verhandlung gleich nach der Lübeck-Reise. Im Rahmen der
»Generalabrechnung« wird der Chorpräfekt Rambach[35] wegen Be-
schwerden zur Rede gestellt, die er gegen Bach vorgebracht hat; er
wiederholt den Vorwurf so: »Der *Organist* Bach habe bißhero etwas
gar zu lang gespiehlet, nachdem ihm aber vom Herrn *Superint*[en-
denten] deswegen anzeige beschehen, währe er gleich auf das andere
extremum gefallen, vnd hätte es zu kurtz gemachet.« Man mag sich
fragen, mit welcher Berechtigung der Chorpräfekt Bachs Spiel kritisierte; daß dieses aber tatsächlich in Rambachs Arbeitsbereich hinein-
ragte, ergibt sich aus einem Zusatz, den er nachschiebt, als man ihm
vorwirft, während der Predigt einen Weinkeller aufgesucht zu haben:
»Der *Organist* hätte sich über ihn wegen des *Dirigi*rens nicht zu be-
schwehren, indeme nicht Er sondern der Junge Schmid es verrichtet.«
Die Situation klärt sich so: Bach konnte nicht sehen, wer den Chor
dirigierte, und hatte sich beschwert, weil die musikalische Abstimmung zwischen Orgel und Chor nicht funktionierte; Rambach hingegen beschwerte sich, weil Bach auf die Bedürfnisse des Chors keine
Rücksicht nahm. Sein Vorwurf gegenüber Bach betraf demnach die
Pausen, die beim Choralsingen zwischen den einzelnen Melodiezeilen
gemacht und von der Orgel ausgefüllt wurden. Bach orgelte auf der
Orgelempore, der Chor sang auf der Sängerempore; nur indem man
aufeinander hörte, konnte man eine Koordination herbeiführen. So

Eisenacher Gesangbuch 1763. Orgelempore (»Music Chor«) und Sängerempore sind übereinander angeordnet; unten und an den Seiten sind die Plätze für die Kirchenbesucher schematisch angedeutet.

konnte man keine komplexere Figuralmusik aufführen; hierzu hätte man einen souveränen Chorleiter gebraucht (einen Director musices, wie von Bach zu Anfang der Auseinandersetzungen gefordert) – oder Bach hätte während des Gottesdienstes seine Orgelbank verlassen und zu den Chorschülern stoßen müssen. Er hätte sie von einem Orgelpositiv aus dirigieren müssen, wie dies für die Begleitung der Schülerchöre üblich war; daß es ein solches Instrument in der Neuen Kirche gab, ist belegt[36]. Bach aber weigerte sich, seinen Musizier-Ort zu wechseln, und riskierte kirchenmusikalische Mißklänge, anstatt sich in Kontakt mit den Schülern zu begeben.

Zu überlegen bliebt schließlich, wie Bach auf die Idee kam, zu Buxtehude zu reisen. Zunächst: Es war keineswegs außergewöhnlich, diese Reise zu unternehmen; Buxtehude, 1637 geboren, saß auf einer äußerst attraktiven Stelle, und daß eine Nachfolgeregelung getroffen werden müsse, stand außer Zweifel. Allerdings war damit ein Problem verbunden, das Johann Mattheson in einem biographischen Artikel über seinen Freund Georg Friedrich Händel so formulierte[37]:

»Wir reiseten auch den 17. Aug. desselben 1703. Jahrs zusammen nach Lübeck [. . .]: Es hatte mich dahin der Geheime Raths-Präsident, Magnus von Wedderkopp, eingeladen: um dem vortrefflichen Organisten, Dieterich Buxtehude, einen künfftigen Nachfolger auszumachen. Da nahm ich Händel mit. [. . .] Wir hörten [. . .] wohlgedachtem Künstler, in seiner Marien-Kirche, mit würdiger Aufmerckſamkeit zu. Weil aber eine Heiraths-Bedingung bey der Sache vorgeschlagen wurde, wozu keiner von uns beiden die geringste Lust bezeigte, schieden wir, nach vielen empfangenen Ehrenerweisungen und genossenen Lustbarkeiten, von dannen. Johann Christian Schieferdecker legte sich hernach näher zum Ziel, führte nach des Vaters, Buxtehuden, Tode die Braut heim, und erhielt den schönen Dienst.«

Buxtehude starb am 9. Mai 1707, also rund anderthalb Jahre nach Bachs Aufenthalt dort; damals bereits muß Schieferdecker, der Anna Margaretha Buxtehude im Spätsommer 1707 heiratete, sich bei dem Orgelmeister aufgehalten haben. Folglich kann ein Interesse Bachs an der Stellung des Marienorganisten es zumindest nicht gerechtfertigt haben, daß er seinen Arnstädter Urlaub so massiv überschritt. Daß Bach den so überlangen Aufenthalt nutzte, »vmb daselbst ein vnd anderes in seiner Kunst zu begreiffen«, ist also glaubhaft.

Dietrich Buxtehude war als Musiker auch in Thüringen keine völlig unbekannte Größe. 1699 widmete Johann Pachelbel (von Nürnberg aus) ihm und dem kaiserlichen Organisten Ferdinand Tobias Richter seine Klaviervariationen »Hexachordum Apollinis«. In Orgelmusik-Handschriften aus dem Umkreis der Reichsstadt Mühlhausen kann es schon vor 1700 eine Buxtehude-Überlieferung gegeben haben, ebenso wie um 1700 bei Johann Christoph Bach in Ohrdruf die Abschrift eines Buxtehude-Werks entstand[38]. Und Bach war auch nicht der erste seiner Familie, der nach Lübeck reiste; dies erfährt man nur durch Zufall. Als 1703 in Eisenach der Organist Johann Christoph Bach starb, reihte sich unter die Bewerber auch sein gleichnamiger Sohn ein – allerdings nur aus der Ferne, denn er hielt sich gerade in Lübeck auf[39]. Somit konnte Bach auf einem relativ breiten Informationsspektrum aufbauen, das er wohl mit eigenen Eindrücken aus der Zeit um 1700/02 verbinden konnte. Vielleicht gab der Aufenthalt jenes Johann Christoph Bach bei Buxtehude tatsächlich den entscheidenden Anstoß; auf diesem Wege könnte er einen besonders lebendigen Bericht auch von Details erhalten haben, die ihm vorher noch unbekannt gewesen waren – etwa gerade von den Abendmusiken.

Bach braucht die Hin- und Rückreise nicht jeweils zusammenhängend absolviert zu haben – gerade zu kalter Winterszeit. Doch wenn er Anfang Februar 1706 wieder in Arnstadt war, kann man wohl davon ausgehen, daß er Buxtehudes Musizieren in der Weihnachtszeit (also zu der Zeit, in der er sicherlich in Arnstadt zurückerwartet worden war) noch miterlebt hatte. Damals mag Buxtehude noch weitere Figuralmusik aufgeführt haben; und Eindrücke auf diesem Gebiet könnten eben Bachs maßgebliche Reiseerträge gewesen sein.

Der Schülerchor und die »fremde Jungfer«

Möglicherweise bot Bachs Übernahme jener norddeutschen Musizierform auch den Anlaß dafür, daß der Arnstädter Rat nochmals
einen Vorstoß unternahm, um ihn zum Musizieren mit dem Schülerchor zu bewegen. Im Unterschied zu den beiden vorigen Ratsver-
handlungen kam man diesmal auf das Dauerproblem nicht nur im
weiteren Verlauf einer Debatte zu sprechen, die bei einem anderen
Thema ihren Ausgang genommen hatte; vielmehr war dieses am 11.
November 1706 der konkrete Verhandlungsanlaß. Man protokollierte[40]:

> »Wird dem *Organisten* Bach vorgestellet, daß er sich zu erclähren,
> ob[,] wie ihm bereits anbefohlen[,] er mit denen Schühlern *musici-*
> *ren* wolle oder nicht; dann wann er keine schande es achte[,] bey
> der Kirchen zu seyn, vnd die besoldung zu nehmen, müste er sich
> auch nicht schähmen[,] mit den Schühlern[,] so darzu bestellet[,]
> so lange biß ein anderes verordnet, zu *musici*ren. Dann es sey das
> absehen[,] daß dieselbe sich *exerci*ren sollen, vmb dereinsten zur
> music sich beßer gebrauchen zu laßen.«

Es kann also kein Zweifel sein, daß man Bach verstanden hatte: Er
empfand es als Zurücksetzung, mit den Schülern musizieren zu müssen. Man hielt dagegen, daß dies zu seinem Dienst gehöre; wenn der
Dienst als solcher keine Schande sei, dann sei auch dieses Musizieren
keine. Und man begründete die Notwendigkeit mit pädagogischen
Aspekten. Bach reagierte auf standardisierte Weise: Er kündigte eine
schriftliche Erklärung an (die er wohl auch diesmal nicht abgegeben
hat); und damit hatte er sich auch diesmal gegenüber dem Rat Luft
verschafft, denn dieser drang nicht weiter in ihn – zumindest nicht in
dieser Angelegenheit. Vielmehr folgt nun auch diesmal ein zweiter
Vorwurf, der aber vom ersten nicht allzuweit entfernt ist:

> »Stellen ihm hierauf ferner vor[,] auß was macht [= mit welcher
> Legitimation] er ohnlängsten die fremde Jungfer auf das *Chor*
> biethen und *musici*ren laßen.«

Wiederum ist die Angelegenheit schnell erledigt; Bachs Hinweis, er
habe darüber vorher mit dem Prediger Justus Christian Uthe gespro-

chen gehabt, verhindert Rückfragen. Folglich hat man es nicht einmal als allzu bedeutend angesehen, daß eine Frau in der Kirchenmusik hervorgetreten ist.

An der Episode interessiert die Nachwelt zunächst die Identität der »Jungfer«: Zweifellos ist es eine hübsche Vorstellung, wenn dies Maria Barbara Bach gewesen wäre, die Tochter des Gehrener Organisten Johann Michael Bach, die Bach wenig später heiratete. Man weiß nicht, seit wann sie in Arnstadt lebte (ihr Vater war 1694 gestorben); gewissermaßen wäre sie dort auch nie wirklich eine »frembde« Jungfer gewesen, weil sie – als Mitglied des Bach-Wedemann-Clans – genügend Verwandtschaft in der Stadt hatte. Möglich ist aber, daß der Begriff »fremd« etwas anderes besagt: daß man sehr wohl hören konnte, daß eine Frau singe, aber nicht genau erkennen konnte, wer die Sängerin war. Insofern ist auch für die »romantische« Vorstellung der Weg frei; allerdings kann auch eine andere Frau gesungen haben. Wichtiger ist aber wohl, daß ein derartiges Musizieren des Organisten mit einer einzigen Sängerin jene spezielle norddeutsche Musikform eines »Director organi« spiegelt: Bach hatte die Sängerin »auf das Chor« genommen, also auf eine der Emporen, und sie dort singen lassen; dies kann nur die Orgelempore gewesen sein. Folglich hatte er jenen Musizier-Ersatz eines norddeutschen Organisten praktiziert. Daraufhin erhält auch die Formulierung des Ratsprotokolls einen eigenen Sinn, die das Musizieren mit dem Schülerchor zeitlich näher bestimmt: Bach solle es »so lange biß ein anderes verordnet« praktizieren. Also sollte er bis auf weiteres darauf verzichten, es durch etwas anderes zu ersetzen; somit erteilte man eventuellen Ambitionen Bachs, Ensemblemusik norddeutscher Musizierpraxis in die Kirche hineinzutragen, eine klare Absage.

Bach hingegen hatte gezeigt, daß gerade diese Aufführungsform ihn interessierte: Sie ermöglichte ihm, von seinem Instrument aus Figuralmusik zu leiten. Wenn er nun aber sie und ihre Musik für Arnstadt übernahm, konnten sich seine Probleme nur vergrößern; denn damit gab er zu erkennen, daß er einen Ersatz für das von ihm verlangte Musizieren mit den Schülern wählte, und er demonstrierte damit seine Ablehnung der traditionellen Musizierform noch um so eindrücklicher. Nach der Ratsdebatte blieb es aber bei dem einen (gewagten) Experiment, eine Ersatz-Figuralmusik zum Motettengesang der Schüler zu etablieren. Vor diesem Hintergrund ist fraglich, in welcher Form in Arnstadt überhaupt Kantaten Bachs entstanden und aufgeführt worden sein könnten.

Bis zuletzt war man Bach in Arnstadt durchaus wohlgesonnen; gegen die Vorwürfe, die der Chorpräfekt Rambach wegen seines Orgelspiels vorbrachte, nahm man ihn fast unkritisch in Schutz[41]. Doch längerfristig gingen die Interessen beider Seiten allzuweit auseinander. Am 15. Juni wurde Bach in der Reichsstadt Mühlhausen zum Organisten bestallt; zwei Wochen später gab er in Arnstadt seine Orgelschlüssel zurück[42]. Zu seinem Nachfolger wurde sein Vetter Johann Ernst Bach bestimmt (dessen Vater war Johann Ambrosius Bachs Zwillingsbruder gewesen). Anhand von Bachs Bestallungsurkunde von 1703 fertigte man die des Nachfolgers aus – und korrigierte die Gehaltszahlungen markant nach unten: Johann Ernst Bach erhielt als Besoldung gerade noch 40 Gulden (10 Gulden weniger als sein Vetter), dafür immerhin aber anderthalb Maß Korn[43]. Auch Johann Ernst Bach hatte gewiß seine verwandtschaftlichen Fürsprecher in der Stadt; auch er war weit herumgekommen, nach Frankfurt am Main, ebenso nach Hamburg. Deutlich wird also, daß man Johann Sebastian Bachs Qualifikation schon damals höher einschätzte als die seiner gutausgebildeten Fachkollegen: 1707 stellte man für seinen Nachfolger jenen Unterschied klar, der sich schon 1703 ausgewirkt haben muß. Und wenn man diesen Unterschied würdigte, ohne sich mit Bachs Musizieren wirklich zurechtzufinden, zeigt dies, wo dessen wesentliche Arnstädter Fürsprecher zu suchen sind: in den Kreisen der mit ihm verwandten Organisten. Zudem erkennt man, daß die Qualifikation nicht abstrakt mit norddeutscher Orgelmusik zusammenhing; denn Einblicke in diese hatte auch Johann Ernst Bach. Folglich imponierte letztlich allein Bachs künstlerischer Rang. Handelte es sich also doch um eine »Meisterzeit in Arnstadt«?

Sechstes Kapitel

Mühlhausen
1707–1708

Nach Arnstadt war Bach gekommen, ohne andere Bewerber aus dem Feld schlagen zu müssen; die Stelle, die er dort antrat, war neu geschaffen worden, und die Stadtverwaltung hatte zuvor zweifellos Zeit gehabt, sich auf den Moment vorzubereiten, in dem sie zu besetzen war. In Mühlhausen hingegen war am 2. Dezember 1706 Johann Georg Ahle gestorben, der Organist der am Untermarkt gelegenen Blasiuskirche; Ahle hatte die Stelle von seinem Vater Johann Rudolf »geerbt«, der sie 1654 übernommen hatte – der Posten war also 52 Jahre in Familienbesitz gewesen. Nun begab man sich in der Freien Reichsstadt auf die Suche nach einem Nachfolger – nicht über eine öffentliche Ausschreibung; vielmehr wurden Kandidaten zur Vorstellung eingeladen, und die Initiative dazu ergriffen Bürger der Stadt.

Bachs Einstieg in die neue Stellung

Wie dies für Bach funktionierte, erfährt man nur indirekt, und zwar durch Johann Gottfried Walther. 1684 geboren, war dieser ein entfernter Verwandter Bachs (Walthers Großvater mütterlicherseits und Bachs Mutter waren Stiefgeschwister gewesen); zumindest durch sein »Musicalisches Lexicon« von 1732 ging er in die Geschichte ein. Walther erinnert sich 1739 in einem Schreiben an Johann Mattheson an die Mühlhäuser Geschehnisse[1]:

»Hierauf sollte am Sonntage *Sexagesimae* An. [Anno] 1707 auf Veranlassung des mülhausischen Orgelmachers, Herrn Wenders, und zweier dorthin-gesendeten Kirchen-Stücke von meiner Arbeit, mich daselbst einfinden, und die an der S. Blasius-Kirche, durch den Tod des seel. Joh. Rudolph Ahlens, lediggewordene Organisten-Stelle, mittelst einer öffentlich-abzulegende Probe, erlangen; da aber solches Vorhaben von einigen (vielleicht eigennützigen) Bekannten nicht für dienlich angesehen werden wollte, schrieb ich den Termin ab, und erwartete eine andere Gelegenheit.«

Sexagesimae, der vorletzte Sonntag vor Beginn der Fastenzeit, fiel 1707 auf den 27. Februar; an diesem Tag hätte Walther also wohl seine eingereichten Kompositionen aufführen und zugleich seine Qualifikation im solistischen Orgelspiel unter Beweis stellen müssen, um die Kandidatur für die Nachfolge Ahles (allerdings nicht die Johann Rudolfs) zu untermauern. Beide Aspekte scheinen demnach Grundanforderungen gewesen zu sein, die ein Bewerber erfüllen mußte; das Orgelspiel steht bei einer Organistenstelle außer Frage, doch die Forderung nicht nur nach Aufführung einer Figuralmusik, sondern auch nach deren Komposition ist bemerkenswert. Unklar bleibt hingegen, wer Walther dazu bewog, die Kandidatur zurückzuziehen; da sein Verwandter Bach die Stelle schließlich erhielt, fällt stets auch auf diesen zumindest der Schatten eines Verdachts. Da aber nicht deutlich wird, wie eng Walther und Bach in jener Zeit miteinander bekannt waren, sollte man zunächst andere »Bekannte« Walthers in Betracht ziehen.

Mit Hilfe dieses Berichts und der (allerdings nicht sehr aussagefreudigen) Mühlhäuser Dokumente läßt sich erschließen, wie Bach in den Kandidatenkreis hineinkam. Denkbar ist, daß auch in seinem Fall Johann Friedrich Wender aktiv wurde; Bach hatte ja in Arnstadt eines von dessen jüngsten Werkstücken begutachtet und anschließend als Dienstinstrument selbst übernommen. Wahrscheinlich arbeitete zudem neuerlich der Arnstädter Bach-Wedemann-Clan für ihn. Denn der Arnstädter Stadtschreiber Johann Gottfried Bellstedt, der mit der Wedemann-Schwester Susanne Barbara verheiratet war, stammte aus Mühlhausen, und sein Bruder Johann Hermann war beim dortigen Rat als Kammerschreiber tätig. Als Bach am 24. Mai 1707 gewählt worden war, wurde Johann Hermann Bellstedt beauftragt, mit Bach über dessen Forderungen zu verhandeln; folglich mögen auch zuvor die Kontakte auf diesem Wege abgewickelt worden sein[2].

Die Verhandlungen über die Berufung des neuen Blasiusorganisten wurden nicht in einem politischen Gremium der Stadt geführt, nicht also in einer der Abteilungen des Stadtrats. Dieser bestand aus zwei Bürgermeistern und 16 Räten; es gab insgesamt drei solche Gruppierungen, die als »Senatus ordinarius« (»gewöhnlicher Senat«) jeweils für ein Jahr amtierten und dann durch einen neuen Rat abgelöst wurden. Aus dem Gesamt-Personenkreis wurden noch zwei weitere Gremien gebildet, der »Senatus triplex« (»dreifacher Senat«, also die drei Ratsgruppierungen zusammen) und der »Senatus seniorum« (»Ältestenrat«: die wichtigsten Mitglieder der drei Räte)[3]. In diesen Gremien wurde zwar über die Nachfolge Johann Georg Ahles auf Spezialfunktionen entschieden (etwa im Obervormundschaftsamt der Stadt), doch für die Besetzung des Organistenpostens war der Rat offenkundig nicht zuständig[4], sondern hierüber wurde nur »in Conventu Parochiano« oder »Coram Deputatis Parochi D. Blasij« verhandelt – also »im Pfarrkonvent« beziehungsweise »vor den Deputierten der Gemeinde von Divi Blasii« (Bach spricht von den »Eingepfarrten«). Ihm gehörten Honoratioren des Stadtbezirks an, also vorrangig Mitglieder der Stadträte; den Vorsitz führte zumeist Conrad Meckbach, der Erste Bürgermeister im dritten Ratskollegium[5].

Der Wahlvorschlag, der in jener Sitzung dieses Pfarrkonvents positiv beschieden wurde, war von Meckbach so unterbreitet worden: »Ob nicht vor andern auff den N Pachen von Arnstadt, so neülich auff Ostern die probe gespielet, *reflexion* zu machen«. Der Vorname des Kandidaten ging unter (»N« steht für »nomen«); jedenfalls erfährt man aus seiner Vorlage, daß Bachs Probe an Ostern stattfand, also am 24. April 1707. Dieser zweifellos komfortable Termin für eine Präsentation erforderte von den Arnstädtern, daß sie sich an einem kirchlichen Hochfest mit einem Vertreter begnügten.

Bach hat bei dieser Probe sicherlich nicht nur georgelt; ebenso wie Walther mußte er die Anforderungen auf dem Gebiet der Figuralmusik erfüllen. In Bachs Kantatenwerk findet sich eine Osterkomposition, die zu seinen frühesten Vokalwerken zu rechnen ist: die Kantate »Christ lag in Todes Banden« BWV 4. Mit hoher Wahrscheinlichkeit ist sie Bachs Probemusik gewesen. Ein zweites Werk (wie man es von Walther verlangt hatte) ist nicht nachweisbar; das heißt aber nicht, daß Bach nur eines hätte einreichen müssen. Zudem: Er kann dieses Werk kaum geschrieben haben, ohne auf dem Sektor der Figuralmusik als Komponist anderweitige Erfahrungen gesammelt zu haben. Das Schaffensumfeld dieser Kantate erfordert also noch eine detailliertere Betrachtung.

Genau ein Monat lag zwischen Bachs Probe und Bachs Wahl; bis Bachs Forderungen in Mühlhausen bekannt geworden waren und behandelt wurden, verstrichen nochmals drei Wochen. Am 14. Juni wurde Bach dann persönlich vor den Blasius-Pfarrkonvent gebeten; es war der dritte Pfingsttag (neuerlich war also eine Vertretung Bachs in der Arnstädter gottesdienstlichen Musik notwendig). Er wurde nach seinen Gehaltsvorstellungen gefragt; seine Wünsche wurden ihm erfüllt, ohne daß Widerspruch protokolliert worden wäre. Im einzelnen wollte er »85 gfl [Goldgulden] so Er zu Arnstadt hette« haben; damit lag seine Forderung um 17 Groschen höher als sein tatsächliches Einkommen – er hatte den ungeraden Betrag, der sich in Arnstadt aus der Addition von Gulden- und Talerwährung ergab, stillschweigend aufgerundet. Das war zweifellos legitim; angesichts der sogar bis ins Familiäre reichenden Amtsbeziehungen zwischen Arnstadt und Mühlhausen wäre es im übrigen unklug gewesen, die Zahlen inkorrekt anzugeben. Dazu forderte Bach aber die Naturalleistungen, die Ahle erhalten hatte: 3 Malter Korn, 2 Klafter Holz (davon eines Buchenholz, als das andere wurde ihm Eiche oder Esche zugesichert) und 6 Schock Reisig frei Haus. Er verbesserte seine materielle Position also deutlich, und das geforderte Gehalt lag über dem seines Vorgängers, der 66 Gulden 14 Groschen erhalten hatte[6] (und auch sein Nachfolger erhielt weniger Geld als er). Unter dieser Bedingung nahm Bach die Berufung an und bat ferner, daß »zu überbringung seiner *mobili*en Ihme werde mit Fuhrwerck *assistiret* werden« - also darum, daß der Umzug auf Amtskosten durchgeführt werde. Auch dieses wurde ihm bewilligt.

Die Bestätigung durch den Rat fand in zwei Etappen statt: Erst am Tag darauf erklärten drei der Ratsherren ihre Zustimmung. Mitgeteilt wird, sie hätten »gesaget, hetten keine Fedder oder Dinten, weren wegen des unglücks so bestürtzet, daß Sie an keine *Music* dächten, wie es die anderen Herren machten weren Sie zufrieden«[7]. Das »Unglück« war ein Stadtbrand, der zwei Wochen zuvor, am 30. Mai, gerade in der Unterstadt gewütet hatte und dem mehr als 360 Häuser zum Opfer gefallen waren[8]; wie weit dies fortan das Vorgehen der Stadt prägte und ob dies auch das Musikleben beeinträchtigte, ist unklar. Jedenfalls wurde noch am 15. Juni 1707 Bachs Bestallung ausgefertigt. In ihr sind seine Aufgaben mit ähnlichen Formulierungen beschrieben wie in Arnstadt (also ohne ausdrückliche Erwähnung einer Verpflichtung zur Figuralmusik). Mit diesem Dokument trat Bach am 29. Juni vor den Arnstädter Rat, bat um seine Entlassung und gab die Orgelschlüssel zurück[9]; wenige Tage später wird er in Mühlhausen seinen Dienst angetreten haben, vermutlich am Fest Mariä Heimsuchung, dem 2. Juli. Möglicherweise führte er auch an diesem Tag eine Kantate auf: »Meine Seele soll Gott loben« BWV 223. Von ihr sind zwar nur der Textbeginn und das Thema der Schlußfuge bekannt; aber schon auf dieser Grundlage läßt sich eine textliche Beziehung zur Festtagspredigt der Blasiuskirche erkennen[10].

Ein Vierteljahr später, am 2. Oktober 1707, wurde in Arnstadt das erste Aufgebot für Johann Sebastian und Maria Barbara Bach verlesen. Ihre Väter waren Vettern gewesen; Maria Barbara, geboren am 20. Oktober 1684 in Gehren, war die Tochter von Johann Michael Bach und Catharina geb. Wedemann. Die Trauung fand am 17. Oktober in Dornheim statt, einem kleinen Ort östlich von Arnstadt, und sie wurde wohl vom örtlichen Pfarrer vollzogen, Johann Lorenz Stauber; er heiratete ein Dreivierteljahr später Regina Wedemann, eine Tante der Braut. Somit spiegelt die Hochzeit in doppelter Hinsicht, wie intensiv Bachs Beziehungen gerade zu dem Bach-Wedemann-Teilclan seiner Familie während seiner Arnstädter Zeit geworden waren. Und nur zwei weitere Ereignisse aus Bachs Mühlhäuser Amtszeit sind ebenso genau dokumentiert; beide lagen im Februar 1708. Die Kantate »Gott ist mein König« BWV 71 wurde am 4. Februar anläßlich des festlichen Ratswechsels aufgeführt, also bei der Gelegenheit, bei der der von Johann Georg Stephan und Christian Grabe geführte erste Rat die Geschäfte an den zweiten übergab; darauf muß man noch zurückkommen. Und das andere Ereignis: Bach legte dem »Pfarrkonvent« einen Entwurf zum Umbau der Blasius-Orgel vor; er wurde am 21. Februar verhandelt. Schließlich ist noch mindestens eine weitere Kantate Bachs in Mühlhausen entstanden (»Aus der Tiefen rufe ich, Herr, zu dir« BWV 131). Bachs Arbeitsschwerpunkte verlagerten sich also allmählich, und deshalb müssen diese Vokalwerke noch gesondert betrachtet werden, auch über das engere Ratswechselereignis hinaus.

Der Orgelumbau

Johann Friedrich Wender hatte die Orgel der Blasiuskirche, zwischen 1560 und 1563 von Jost Pape aus Göttingen erbaut, schon rund zwanzig Jahre zuvor umgestaltet; nun regte Bach an, das Instrument neuerlich umzubauen, und wiederum betraute man Wender mit dieser Aufgabe. An dem Instrument war manches reparaturbedürftig; die Windzufuhr etwa ließ in mehrfacher Hinsicht zu wünschen übrig. Diese Situation nutzte Bach, um sich ein erstklassiges Instrument einrichten zu lassen – erstklassig auch im Vergleich zu seiner Arnstädter Wender-Orgel. Diese hatte zwei Manuale plus Pedal; mit jedem Manual wurde (wie im Orgelbau üblich) je ein Klangbereich der Orgel gespielt, die aber durch Koppeln miteinander verbunden werden konnten: das Oberwerk (oder Hauptwerk) und das Brustpositiv (normalerweise in der Mitte einer Orgelkonstruktion angeordnet; häufiger »Brustwerk« genannt). Mit der Pedalklaviatur erreichte man selbstverständlich primär die Pfeifen der Baßregister. In allem waren damit 21 klingende Register spielbar. Die Mühlhäuser Orgel war ursprünglich wohl ähnlich groß, aber anders aufgebaut: Statt eines

Brustwerks hatte sie ein Rückpositiv (vgl. auch S. 132). Bach dachte nun weiter. Seine Anregungen galten hauptsächlich der Neuausstattung des Baßbereichs und – über die bestehenden Klangbereiche hinaus – dem Anbau eines Brustwerks; das Instrument kam schließlich auf 37 klingende Stimmen[11].

Mit seinen Vorstellungen bezüglich des Basses wollte Bach im wesentlichen mehr »gravität« erreichen. Hierzu schlug er vor, ein Register ganz neu anzufügen und die Pfeifen eines bereits bestehenden zu ersetzen. Als Umgestaltung forderte er, daß »der *Posaunen Bass* mit neüen und grösern *corporibus* versehen, und die Mundstücke viel anders eingerichtet werden«; er verlangte also den Einsatz eines anderen Pfeifentyps. Das Register ist anders konstruiert als der Normal-Klangbereich, das Prinzipalregister; dessen größte Pfeife, das tiefste C, ist acht Fuß lang (daher die Bezeichnung 8-Fuß-Register), und das Register »Posaune 16 Fuß« klingt somit eine Oktave tiefer als jenes. Die neue Posaunen-Gravität reichte Bach aber noch nicht aus, und so ließ er ein neues 32-Fuß-Register hinzusetzen, das also noch einmal eine Oktave tiefer klingt; »der 32 Fuß *Sub Bass* oder so genandter Untersatz von Holz« brauchte aber eine eigene Windlade, um zum Klingen gebracht werden zu können. Ziel war also in beiden Fällen, die Klangfülle der Baßregister zu erhöhen.

In Oberwerk und Rückpositiv hatte Bach nur kleinere Änderungen vorzuschlagen und begründete sie damit, daß sich damit bessere Klangkombinationen in der Registrierung erschließen ließen. Doch er dachte auch an erweiterte Nutzungsmöglichkeiten: »Was anlanget das Ober*manual*, so wird in selbiges anstatt der *Trompette* (so da heraus genommen wirdt) ein [. . .] *Fagotto* 16 Fußthon eingebracht, welcher zu allerhand neüen *inventionibus* [Klangerfindungen] dienlich, und in die *Music* sehr *delicat* klinget«. »Die Music« ist nicht einfach »das Orgelspiel«, sondern stets primär »die Kirchenmusik«, also die figurale Ensemblemusik. Zu diesem Bestand kam nun aber »das neüe Brust *positiv*gen« hinzu. Bach regte auch an, welche Pfeifen die sichtbare Fassade, den Orgelprospekt, bilden sollten; und neuerlich forderte er ein besonderes Register für die Figuralmusik, ein »Stillgedackt 8 Fuß, so [. . .] vollkommen zur *Music accordie*ret«. Die Änderungsvorschläge wurden vom Pfarrkonvent zustimmend zur Kenntnis genommen; eine Kommission wurde eingesetzt, die die weiteren Verhandlungen mit Wender führen sollte. Bei diesen wurde der ursprünglich vorgesehene Gesamtpreis (250 Taler) noch auf 230 Taler heruntergehandelt; die Kommissionsmitglieder hatten den Auftrag, mit Wender »so genau zu accordiren, alß Sie können«. Dazu aber hatten sie noch eine besondere Option in der Hinterhand.

Bach selbst hatte diese in seinem Antrag angesprochen. Ihm ging es, wie Conrad Meckbach es formulierte, insgesamt um drei Punkte – erstens um die Zustimmung zu seinem Projekt, zweitens um die Kommissionsbildung und die Vertragsvorbereitung mit Wender, schließlich aber um den Verkauf eines Orgelpositivs. Bach berichtet, daß »sich zu dem kleinen wercke auf dem Singe Chor Jemandt angegeben, solches an sich zu handeln« (also daß sich für die Kleinorgel, die auf der Chorempore stehe, ein Kaufinteressent gemeldet habe), und er regt an, den Auftrag zu geben, »mit dem Liebhaber [einen diesbezüglichen Vertrag] zu schließen«. Ganz so weit kommt es nicht; aber das Orgelpositiv wird in die Verhandlungsmasse einbezogen, denn die Kommission kann »das kleine werck pro 50 Thlr. dem Orgelmacher an Zahlung statt [geben], wenn mit 200 Thlr. Er das werck [also die große Orgel in ihrer gewünschten Gestalt] zu verfertigen nicht annehmen wolte«.

Zweifellos war die Gemeinde finanziell nicht besonders gut gestellt; gerade der Stadtbrand des Vorjahrs mag die Kasse schwer getroffen haben. Von seiten des Pfarrkonvents wirkt dies also wie ein geschickter Schachzug, denn er konnte bei den Vertragsverhandlungen somit einigermaßen beweglich bleiben. Der ungerade Betrag, der als Ergebnis herauskam, deutet an, daß Wenders Vertrag auch ohne die Zuhilfenahme dieses Zusatzes abgeschlossen wurde. Doch Bachs Bereitschaft, sich von dem kleineren Instrument zu trennen, wirkt verdächtig, sobald man sein Angebot vor dem Hintergrund seiner vormaligen Arnstädter Musizierverhältnisse betrachtet: Wenn das Orgelpositiv, das auf der Chorempore stand, verkauft wurde, gab es dort kein Instrument mehr; folglich konnte man dann keine Motetten mehr musizieren. Übrig blieben nur zwei Musizierformen: entweder

der Choralgesang, der (wie in Arnstadt) vom Organisten und dem Schülerchor ohne Sichtkontakt gemeistert wurde, oder jene moderne, gewissermaßen »norddeutsche« Kirchenmusik, die Bach als Organist um sich herum aufbaute – um sein Instrument herum, neben dem typischerweise nur einzelne Musiker Platz hatten, folglich also solche, die über einige Virtuosität verfügten. Der Pfarrkonvent mag Bachs Angebot aus finanziellen Gründen dankbar entgegengenommen haben; Bach hatte aber musikalische Hintergedanken, so daß er mit dem Angebot dem Pfarrkonvent nicht etwa uneigennützig entgegenkam. Beide Seiten profitierten also davon, wenn das Gesamtpaket realisiert wurde. Damit gelangt man wieder zu der Frage, wohin Bachs Ambitionen in der größer besetzten Kirchenmusik tendierten; Informationen hierzu erhält man aber allenfalls aus seinem Schreiben, mit dem er am 25. Juni 1708 um seine Entlassung nachsuchte[12] – nach erst genau einem Jahr in Mühlhausen und vier Monate nach der Zusage der Gemeinde, Geld in den Orgelumbau zu investieren.

Bachs Entlassungsgesuch

Der Orgelbau war angelaufen, in dieser Hinsicht zweifellos wunschgemäß; dennoch sprach Bach nun davon, daß er erkenne, seine musikalischen Ziele in Mühlhausen nicht umsetzen zu können. Hatte er zuvor aber schon im eigentlichen Sinn damit beginnen können, wo doch das Instrument, von dem aus sein Dienst definiert war, sich noch nicht einmal in dem erwünschten (und in Aussicht gestellten) Zustand befand? Bach wartete dies nicht ab. Woher also bezog er seine so negative Einschätzung?

Im ganzen wirkt zweifelhaft, ob Bach wirklich ein Scheitern eingestand. Viel eher war der Grund für sein Gesuch, daß er ein lukratives auswärtiges Angebot erhalten hatte. Offenherzig schreibt er, Gott habe es »gefüget, daß eine Enderung mir unvermuthet zu handen kommen«: eine neue Berufsperspektive mit besseren Rahmenbedingungen, und zwar als Organist am Weimarer Hof. An sich mag dies bereits als Grund dafür genügt haben, daß er die Entlassung erbitten konnte; selbst in den bescheideneren territorialen Verhältnissen Thüringens konnte die Reichsstadt Mühlhausen dem Weimarer Hof ebensowenig entgegensetzen wie einst die Stadt Erfurt dem Stuttgarter Hof, als Pachelbel einen Wechsel anstrebte – obgleich dieser sich sogar lebenslang gegenüber Erfurt gebunden hatte. Bachs Aufbruch aus Mühlhausen läßt sich somit von vornherein nur als überstürzt bezeichnen, nicht nur weil Bach erst so kurz dort gewesen war, sondern auch weil er Dinge in Gang setzte und wenig später anderen zur Fertigstellung überließ. Auf der Weimarer Stelle bot sich ihm hingegen die Chance, die Dienstgeschäfte Johann Efflers zu übernehmen, der sich aus dem Berufsleben zurückzog. So plötzlich, wie Bach reagierte, hat es den Anschein, daß dies ihm als Traumstelle erschien – möglicherweise nach entsprechend konkreten Eindrücken, die er 1702/03 bezogen hatte.

Doch Bach ließ es nicht dabei bewenden, auf das Weimarer Angebot hinzuweisen; er begründete seinen Schritt zudem aus den Mühlhäuser Verhältnissen heraus. Die Einzelaspekte reißt er jeweils nur an; Mühlhäuser Insider werden für jedes Wort gewußt haben, was Bach meinte. Nur über dieses Schreiben also erfährt man etwas darüber, wie Bach seinen Mühlhäuser Dienst gesehen und ausgefüllt hat. Er schreibt, nach den einleitenden Dankesworten:

> »Wenn auch ich stets den Endzweck, nemlich eine *regulir*te kirchen *music* zu Gottes Ehren, und Ihren Willen nach, gerne aufführen mögen, und sonst nach meinem geringen vermögen der fast auf allen Dorfschafften anwachsenden kirchen *music* [...] möglichst aufgeholffen hätte, und darümb weit u. breit, nicht sonder kosten, einen guthen *apparat* der auserleßensten kirchen Stücken mir angeschaffet, wie nichts weniger das *project* zu denen abzuhelffenden nöthigen Fehlern der Orgel ich pflichtmäßig überreichet habe, und sonst aller Ohrt meiner Bestallung mit Lust nachkommen wäre: so hat sichs doch ohne wiedrigkeit nicht fügen wollen.«

Manches bleibt bei ihm auch nicht nur verschlüsselt, sondern sogar sprachlich ungeschickt (auch für die Verhältnisse seiner Zeit) – natürlich hat er nicht »das *project* zu denen abzuhelffenden nöthigen Fehlern der Orgel« vorgelegt, sondern einen Entwurf, wie den Mängeln der

Orgel abgeholfen werden könne. Ansonsten vergleicht er die Mühlhäuser Kirchenmusik mit derjenigen der Umgebung, gegenüber der er einen Niveau-Unterschied ausmacht; die Kirchenmusik in den Dorfschaften bezeichnet er (sprachlich wiederum fragwürdig; im obigen Zitat durch das Auslassungszeichen markiert) als »offt beßer, als allhier *fasonierten harmonie*« – wobei »*fasoniert*« wohl von »*façon*« abzuleiten ist. Abhilfe sei nicht in Sicht, und er fügt bissig hinzu, daß die Änderung, die er sich erhofft habe, »zu dieser kirchen selbst eigenen Seelen vergnügen künfftig fügen mögte« (also: zum ewigen Seelenheil der ortsansässigen Gläubigen beigetragen hätte).

Was wäre geschehen, wenn die Mühlhäuser Blasius-Eingepfarrten auf seine Mahnung eingegangen wären und in einer großen Anstrengung die Abhilfe beschafft hätten? Daß Bach trotzdem nach Weimar gegangen wäre (weil die Stellung für ihn in jeder Hinsicht lukrativer war und die Reichsstadt dem Hof nichts entgegenzusetzen vermochte), ist wohl kaum zu bezweifeln. Dies klingt auch aus der Akte heraus, in der die Behandlung seines Gesuchs protokolliert wird[13]: »Weil er nicht aufzuhalten, müste man wohl in seine *dimißion consentiren*.« Doch der Biograph ist Bach natürlich dankbar, daß er an sich zu vieles in jenem Gesuch schreibt – selbst wenn man daraufhin wiederum auf Spekulation und Kombinatorik angewiesen ist. Zum einen hat man sich um die »wiedrigkeit« zu kümmern, die sich Bach entgegenstellte; außerdem ist zu fragen, worum es sich bei dem »guthen *apparat* der auserleßensten kirchen Stücken« handelte.

Die »wiedrigkeit«: wogegen?

Philipp Spitta hat ein Erklärungsmodell vorgeschlagen, das seither für die Bestimmung der Probleme, die Bach anspricht, ausschlaggebend ist; er sah sie in einem Konflikt der beiden führenden Geistlichen Mühlhausens begründet, hinter dem die zeitgenössische Auseinandersetzung zwischen Pietismus und Orthodoxie gesehen werden könne. Martin Petzoldt hat die theologischen Hintergründe nochmals kritisch durchleuchtet[14]. Um die Situation zu verstehen (und ebenso um Bachs Dienstaufgaben zu erfassen), muß man zunächst die kirchlichen Strukturen Mühlhausens nachzeichnen.

Mühlhausen hatte zwei Hauptkirchen; gegenüber der Blasiuskirche, an der Bach amtierte, hatte die Marienkirche einen leichten Vorrang, weil sie die Kirche des Rates war – der Ratswechsel-Gottesdienst etwa fand in ihr statt. Selbstverständlich war auch an der Marienkirche ein Organist beschäftigt, Johann Gottfried Hetzehenn. Wenn Bach als Blasiusorganist die Ratswechselkantate komponierte, die in der Marienkirche aufgeführt wurde, zeigt dies bereits, daß die Personalstrukturen in Mühlhausen relativ offen angelegt waren: Die Amtsträger waren nicht genau einer kirchlichen Funktion zugeordnet, sondern ihre Aufgaben konnten auch darüber hinausgehen. So stand es auch um die beiden Hauptprediger, Johann Adolf Frohne und Georg Christian Eilmar: Sie predigten im wöchentlichen Wechsel in den beiden Hauptkirchen. Frohne, zugleich Superintendent, war eigentlich an der Blasiuskirche beheimatet, Eilmar an der Marienkirche. Wie Petzoldt ausführt, zeigen Frohnes Vorgehensweisen keineswegs pietistische Züge (so, wie es Spitta gegenüber Eilmars lutherischer Orthodoxie darstellte); viel eher verfolgten beide Pfarrer, in den theologischen Grundlagen auf ähnlicher Position stehend, ihre Ziele lediglich auf radikal unterschiedliche Weise[15]: »Während Frohne auf langfristige Überzeugung setzte und gelegentlich die Geduld seiner Umwelt überstrapazierte, trat in Eilmar die personifizierte Gerechtigkeit auf den Plan, die, oft mit ungezügelter Emotionalität vermischt, rasch zu weit ging.«

Zu weit ging für Frohne beispielsweise, daß Eilmar – gerade um 1705/06 – auf die Ausgestaltung einzelner Gottesdienste Einfluß nahm; genau davon profitierte allerdings Bach, denn wie sein Vermerk auf der Reinschriftpartitur seiner Kantate »Aus der Tiefen rufe ich, Herr, zu dir« (BWV 131) ausweist, ist diese »Auff Begehren Tit: Herrn D: Georg: Christ: Eilmars in die Music gebracht von Joh: Seb: Bach Org: Molhusino«. Petzoldt entwickelt daraufhin die Theorie, daß Bach in einem etwa zweimonatigen Turnus neue Kantaten aufführen wollte; das von ihm vorgeschlagene Datengerüst wirkt plausibel – wenn auch zweifelhaft ist, ob Bach dies wirklich als echtes

Konzept ins Auge gefaßt haben kann (hierzu vgl. das 7. Kapitel). Jedenfalls: Weil er mit Eilmar und seiner Familie auch über die Mühl- häuser Zeit hinaus befreundet war (so daß Eilmar selbst Ende 1708 Pate von Bachs Tochter Catharina Dorothea wurde, Eilmars Tochter 1710 Patin von Wilhelm Friedemann Bach[16]), ist es denkbar, daß Bach sich in Mühlhausen nur von Eilmar gestützt fühlte, Frohnes Vorge- hen aber als Belastung für eine konstruktive Weiterarbeit ansah. Kann er dies aber erst nach Februar 1708 bemerkt haben?

Es wäre unfair gewesen, wenn Bach sich über »wiedrigkeit« auf seiten des Pfarrkonvents beschwert hätte; dieser war ihm bei seinen Aktivitäten zumindest bis eben zuvor, bis Ende Februar, weit entge- gengekommen. Bach kritisierte dennoch, an der Umsetzung seines »Endzwecks« gehindert worden zu sein – »nemlich eine *regulirte* kirchen *music* zu Gottes Ehren« einzurichten. Nimmt man das Wort »reguliert« im zeitgenössischen Sinne, hatte Bach gehofft, die Musik nach einem festen Stellenplan organisieren zu können – so, wie man von »regulierten Truppen« sprach. Ein solcher Stellenplan, damals allenfalls an Höfen üblich, ermöglichte den betroffenen Musikern, daß sie sich um das perfekte Spiel eines einzigen Instruments bemühen konnten, anders also als städtische Musiker, die theoretisch jedes Instrument beherrschten, aber dabei normalerweise auf keinem zu herausragenden Fähigkeiten gelangten[17]. Doch dies ist mit Bachs damaligem Musizieren nicht recht in Einklang zu bringen. Zunächst konfrontierte es ihn ja erstmals mit der Aufgabe, Figuralmusik aufzu- führen, und er kann kaum Gelegenheit gehabt haben, zuvor im größe- ren Stil (negative) Erfahrungen im Umgang mit diesen Strukturen zu sammeln; und er sah noch längere Zeit in seinen Kantaten nur klein- ste, von Werk zu Werk stark unterschiedliche Besetzungen vor (dies ist mit Blick auf die Weimarer Musizierbedingungen eingehender zu betrachten) – so also, wie es den Strukturen des Stadtpfeiferwesens entsprach, übrigens auch so, wie es eine norddeutsche »Musik auf der Orgel(-Empore)« charakterisiert.

Kann man diese beiden Gedanken zusammenführen? Die »wied- rigkeit« hätte sich also im Rahmen der üblichen Personalstrukturen ergeben, also in Bachs Zusammenarbeit mit den Stadtpfeifern selbst.

Tatsächlich läßt sich dies nicht ausschließen. Die Ratsmusikanten-Kompanie, bestehend aus dem »Collegium« und den »Adjuvanten«, verhandelte während des letzten Drittels des 17. Jahrhunderts über ihre Aufgaben intensiv mit der Stadt, weil man sich überfordert fühlte und manche Mitglieder sogar ihren Status aufzugeben bereit waren. Die Debatten setzten bereits 1667 ein, also noch zu Zeiten Johann Rudolf Ahles (gestorben 1673); die Musiker erreichten, daß die Zahl der Gänge beim Ratsessen (bei dem sie zu spielen hatten) begrenzt wurde und daß bei Hochzeiten, die sonntags stattfinden sollten, nur noch Choräle musiziert wurden (ohne Mitwirkung der Stadtpfeifer). Sie willigten ein, weiterhin beim Ratswechsel zu spielen; also war sogar darüber gesprochen worden. Wenn Bach nun neue Aufgaben von ihnen forderte, riskierte er neue Diskussionen: In jenen Verhandlungen war stets nur davon die Rede gewesen, daß »so wohl die HH. [Herren] *Collegen* als *Adjuvanten* auff vorhergehendes erbitten, sich bei der *Music* dem lieben Gott zuehren fleißig einstellen, und den HH. *Cantoribus* nach Vermögen beyspringen« sollten – von den Organisten und deren Weisungsbefugnis ist nie die Rede, und dies gilt folglich mindestens auch für die Praxis von Bachs Vorgänger Johann Georg Ahle. Wenn Bach also das Orgelpositiv der Kantorenmusik preisgab, veränderte er die Kompetenzverhältnisse; wenn die Ratsmusikanten sich daraufhin verweigerten, wäre dies im Kontext des zuvor Geschehenen nur als plausibel zu bezeichnen. Andererseits konnte Bach kaum anstelle des »Collegiums« ein Ad-hoc-Ensemble aufbauen; die Ratsmusikanten hatten sich erst am 4. März 1707 um eine Bestätigung ihres kirchlichen Musizierprivilegs bemüht und dabei etwa auch gefordert, daß das Spiel der Trompete, dieses herrschaftlichen Signalinstruments, ausschließlich ihnen erlaubt werde[18].

Bach formulierte sein Ziel als »eine *regulirte* kirchen *music* zu Gottes Ehren«; die Frage, unter welchen Bedingungen eine Kirchenmusik eigentlich nicht zur Ehre Gottes diene, ließe sich also aus Streitereien um die Instrumentenmitwirkung erklären – besonders auch deshalb, weil Bach hiermit auf eine in Mühlhausen übliche Formulierung anspielt (die Stadtpfeifer sollten »sich bei der *Music* dem lieben Gott zuehren fleißig einstellen«). Die Stadtpfeifer empfanden die geforderten Leistungen als außerhalb ihrer Dienstaufgaben liegend, und Bach konnte sich für diese Aufführungen dennoch kein Ensemble jeweils frei zusammenstellen. Dies zu regeln (also: einen Ausweg aus dieser Zwickmühle zu finden) konnte ihm in den wenigen Mühlhäuser Monaten wohl keineswegs gelingen; wenn er hingegen Konzertveranstaltungen am Weimarer Hof mitorganisieren wollte, stand ihm hierfür theoretisch die Hofkapelle zur Verfügung.

Doch allein die Konflikte um das Musikleben oder um die gottesdienstliche Praxis können für Bachs Situation, die sich erst noch entwickelte und für deren Gestaltung er im Februar 1708 dem Pfarrkonvent neue Ideen präsentierte, nicht ausschlaggebend gewesen sein; wesentliche Gründe dafür, daß er die Stellung aufgab, müssen vielmehr in Weimar gesehen werden. Und wenn man die Kritik an den Mühlhäuser Verhältnissen nicht als überzogen und ungeschickt bewerten möchte, bleibt nur, sie (über den eigentlichen Zweck des Entlassungsgesuchs hinaus) als eine Dreingabe für die zu betrachten, die ihn unterstützt hatten und dokumentiert haben wollten, daß bei einer Fortsetzung der herrschenden Praxis kein renommierter Musiker in der Stadt zu halten sei.

Der »apparat der auserleßensten kirchen Stücken«

Bach hatte sich in seinem Dienst eine Notensammlung angelegt, um mit deren Werken Teile seiner kirchenmusikalischen Aktivitäten zu bestreiten (soweit er nicht selbst komponierte), vielleicht gerade auch für Sonntage, an denen er gemeinsam mit Frohne in einer Kirche Dienst tat. Die Sammlung legte er privat an; er konnte also nicht bereits auf eine Dienstbibliothek zurückgreifen wie August Braun in Lüneburg, der bei seinem Dienstantritt eine solche Sammlung von seinem Vorgänger übernommen hatte. Etwas Entsprechendes hatte es in Mühlhausen durchaus gegeben: in den Händen der Kantoren, wie aus einem Inventar von 1617 hervorgeht – in dem ein zeittypischer Repertoire-Querschnitt erfaßt ist[19]. Also veränderte Bach auch hierin den Charakter seines Mühlhäuser Amts auf Kosten der Kantoren. In seinem Amt war ein solcher »Apparat« vorher nicht für notwendig befunden worden; ihn hätte Bach dann ja von Johann Georg Ahle übernommen. Allerdings fehlt von seiner Sammlung anscheinend jede Spur; vielleicht hat Bach selbst sie zwar noch aus Mühlhausen mitgenommen, sie aber irgendwann weggeworfen, als er feststellte, daß sich die kirchenmusikalischen Ideale verändert hatten.

Dennoch kann man ihr vielleicht in einem Punkt ein Stück weit auf die Spur kommen. In der Beschreibung seiner Ausgaben ist Bach vergleichsweise milde; er schreibt nicht, mit hohem Kostenaufwand die Stücke zusammengetragen zu haben, sondern nur, daß dies »nicht sonder kosten« geschehen sei. Das klingt, als ob man ihm hätte entgegenhalten können, fast umsonst an die Noten gekommen zu sein. Es ist ja auch keineswegs auszuschließen, daß dies zutraf: Zwar hatte er die Noten »weit u. breit« gesammelt und wußte, daß »fast auf allen Dorfschafften« die Kirchenmusik aufblühe. Dies aber braucht keineswegs die Kirchenmusik nur im Territorium der Reichsstadt gewesen zu sein (das auch eine Anzahl Dörfer einschloß)[20], sondern kann sich durchaus auch auf die Ortschaften der weiteren Umgebung bezogen haben. Auch in deren Kirchenmusikleben hatte Bach aber guten Einblick: über Verwandte, die ihm von »weit u. breit« Informationen zutragen konnten, aber auch musikalische Werke.

Tatsächlich verfügte Bach über eine Sammlung von Kirchenstükken aus seiner Familie (für manche Stücke in mehreren Quellen: in Partituren und Stimmen). Als in sich geschlossener Bestand erstmals belegt ist sie 1775 im Besitz seines Sohnes Carl Philipp Emanuel, und der Begriff, unter dem sie dann 1790 in seinem Nachlaß erscheint (mit detaillierter Nennung der Kompositionen), hat sich als ihr Titel eingebürgert: »Altbachisches Archiv«[21]. Damals wurden 20 Werke zu ihr gerechnet; im Bach-Jahr 1935 veröffentlichte Max Schneider unter diesem Titel einen noch umfangreicheren Werkbestand, der im Kern diejenigen Kompositionen der Ausgangssammlung enthielt, die bis dahin nicht im Neudruck zugänglich waren. Wenig später verliert sich die Spur der Originalmanuskripte; sie müssen als Kriegsverlust gelten. Lediglich einzelne Fotoaufnahmen sind überliefert, von denen

Daniel Melamed eine neue Untersuchung des Quellenbestands ausgehen ließ.

Ursprünglich nahm man an, daß das »Altbachische Archiv« ein Erbstück Bachs aus dem Besitz seines Vaters war (der an der Entstehung einer der Quellen mitgewirkt hat). Max Schneider äußerte hieran bereits Bedenken[22]: »Welchen Umfang die Sammlung ursprünglich hatte und auf welche Weise sie später an Johann Sebastian Bach kam, der 1695 beim Tode seines Vaters Ambrosius ein zehnjähriger Knabe war, ist heute nicht mehr zu sagen.« Tatsächlich wäre es ungewöhnlich, wenn man einen erst Zehnjährigen, dessen Berufsziel noch völlig unklar war, mit einem Notenbestand ausgestattet hätte, der einem anderen als Dienstbibliothek viel nutzen konnte. Auch Schneiders Bemerkung, die Sammlung enthalte »Werke seiner nächsten Anverwandten«, ist fragwürdig: Unter den Komponisten sind Johann Ambrosius Bachs Organistenvettern Johann Christoph (Eisenach) und Johann Michael (Gehren) mit den meisten Werken vertreten.

Daniel Melamed hat demgegenüber dargestellt, daß Bach sich mit Werken aus dem »Altbachischen Archiv« erst in den vierziger Jahren des 18. Jahrhunderts befaßt habe, weil erst aus dieser Zeit Quellen stammten, die Bach zu ihnen anlegte; daraus schließt er weiter, daß Bach die Werke erst damals erworben habe[23]. Damit aber werden Aspekte, die an sich Unterschiedliches besagen, zu direkt aufeinander bezogen: Bachs Quellen belegen nur, daß er sich in jener Zeit mit der Musik befaßt hat, nicht aber, daß er es vorher nicht getan hat; es ist sogar denkbar, daß Bach die Manuskripte längst besaß, damals hervorholte, sichtete und dann zu einigen Werken neue Aufführungsmaterialien vorbereitete. Und denkbar ist noch etwas weiteres: Die Quellengruppe ist in sich außerordentlich heterogen; die einzelnen Werke können zu unterschiedlichen Zeiten und aus unterschiedlichen Gründen in Bachs Besitz übergegangen sein.

Gerade ein wesentlicher Baustein der Sammlung kann eine derart eigene Geschichte gehabt haben. Diesen größten zusammenhängenden Teil des »Altbachischen Archivs« hat vor allem ein nicht näher bekannter Schreiber des späten 17. Jahrhunderts geschrieben[24]: acht

Werke, je zwei von Johann Christoph und Johann Michael Bach, ferner das Werk »Unser Leben ist ein Schatten«, dessen Komponist nur mit »J. B.« angegeben und üblicherweise als Johann Bach (Stammvater der Erfurter Linie) identifiziert wird, sowie drei Kompositionen, deren Verfasser ungenannt bleiben. Der Schreiber ist ansonsten sehr mitteilsam; fünf seiner Manuskripte hat er mit Jahreszahlen versehen (sie liegen zwischen 1686 und 1699), eine davon auch mit einer Ortsangabe (Arnstadt). Die Daten sind willkommene Hilfen bei der historischen Einordnung: Denn sie zeigen, daß der Schreiber nicht im direkten Umkreis von Bachs Vater Johann Ambrosius zu suchen ist (1695 gestorben), ebensowenig aber im direkten Umkreis Johann Michael Bachs (1694 gestorben); die Quelle zu dessen Motette »Das Blut Jesu Christi« ist mit der Jahreszahl 1699 versehen, die also als Kopierdatum der Quelle zu interpretieren ist, nicht als Entstehungsdatum der Komposition. Und wenn »Unser Leben ist ein Schatten« wirklich von Johann Bach ist[25], dann läge zwischen dessen Tod (1673) und der Quellendatierung (1699) ein noch größerer Zeitraum. Klar ist also, daß hier ein anderer Schreiber bereits vor Bach eine Art »Altbachisches Archiv« angelegt hat. Er hatte Kontakt zu den beiden Organisten-Brüdern; am ehesten müßte man nach ihm in Arnstadt suchen, wo er eben die Abschrift der anonym überlieferten Aria »Nun ist alles überwunden« am 6. Juli 1686 datierte. Die Bach-Familienmitglieder, deren Stücke er kopierte, kannte er wohl so gut, daß er statt der Komponistennamen bisweilen nur deren Initialen nennt.

Zu seiner Identifizierung könnte ferner beitragen, daß er die Abschrift von Johann Michael Bachs Motette »Herr, wenn ich nur dich habe« mit folgendem Zusatz versieht[26]: »JMB [als Monogramm verschränkt] hat es meinem Seel. Friedrich Ernsten zum guten Andencken gesetzt, weil es sein Leichen Text gewesen.« Dieser Friedrich Ernst ließ sich bislang nicht identifizieren (eine Person mit diesen Vornamen existierte weder in der unmittelbaren Bach-Familie noch in deren näherer Umgebung), ebensowenig die Beziehung, die er zu dem Schreiber hatte; daß beide Personen aber vorrangig im nächsten Umfeld Johann Michael Bachs zu suchen sind, steht somit außer

Zweifel. Bemerkenswert ist schließlich, daß der Schreiber auch Kontakte nach Leipzig hatte: Wie Melamed dargelegt hat, besaß Bach eine Abschrift der Motette »Erforsche mich, Gott« von Sebastian Knüpfer, dem Leipziger Thomaskantor der Jahre 1657 bis 1676. Die Abschrift könnte aus dem Umkreis von Johann Kuhnau stammen, Bachs Vorgänger in jenem Amt. Zu dieser Handschrift nun fügte jener anonyme Arnstädter (?) Kopist eine Titelseite hinzu[27].

Gerade ein derart geschlossener Quellenbestand kann jederzeit in Johann Sebastian Bachs Besitz gekommen sein: entweder dadurch, daß der Vorbesitzer starb, oder dadurch, daß der Vorbesitzer sich neue Quellen anfertigte und die alten an Bach weitergab – neue, unverbrauchte Quellen sind in der Musizierpraxis oftmals willkommener als ältere. Für die Stücke, die Bach auf diesem Weg zugänglich wurden, mußte Bach keinerlei neues Material herstellen, weil er alles bereits als Ausgangsbestand der Sammlung übernahm; man könnte aus ihr selbst heraus also nicht nachweisen, daß und ob sich Bach mit den Werken beschäftigte. Man muß von Bach auch nicht fordern, daß er in den übernommenen Quellen die Musik noch überarbeitete (das tat man als Besitzer einer solchen Notenbibliothek ja nicht grundsätzlich). Und schließlich: Wenn gerade Kompositionen des »Altbachischen Archivs« zu dem Mühlhäuser »apparat« gehörten, wäre es plausibel, wenn Bach sie nach seinem Weggang aus Mühlhausen nicht weiter benutzte. In Weimar begegnete er neuen stilistischen Konzepten, gerade auf dem Sektor der Ensemble-Musik, und er gehörte dort einem Personalapparat an, in dem »über ihm« noch ein Kapellmeister und ein Vizekapellmeister standen (anders als in Mühlhausen, wo er die Leitungsfunktion selbst innehatte). Daß er die Quellen dennoch nicht wegwarf, könnte mit einer persönlichen Beziehung zusammenhängen, die er selbst zu ihnen, ihrem Schreiber oder ihren Komponisten hatte. Jedenfalls: Zu den Stücken des »Altbachischen Archivs« konnte er viel leichter um 1705 bis 1710 in Kontakt kommen, kurz nachdem die Quellen entstanden waren, als in den vierziger Jahren – denn schon bis dahin hätte es eine Reihe von Zufällen geben müssen, damit sie erhalten blieben, da die Musik mit der Zeit in jedem Fall altertümlich klingen mußte.

Auch weitere, aber kleinere Teile des Quellenbestands sind in sich derart abgeschlossen: Ein Schreiber legte Stimmensätze zu zwei Motetten Johann Michael Bachs an, ein anderer schrieb zwei Partituren zu Werken von Johann Christoph und Johann Michael Bach ab. Die Partitur zu Johann Michael Bachs Motette »Ich weiß, daß mein Erlöser lebt« trug dabei einen (leider nicht rechtzeitig vor dem Verschwinden der Quelle untersuchten) Vermerk, daß aus ihr 1714 musiziert worden sei. Auch diese Quellen kann Bach praktisch zu jeder Zeit erhalten haben, leichter aber ebenfalls gleich zu Beginn des 18. Jahrhunderts als in dessen Mitte.

Eine Beziehung zwischen dem »Altbachischen Archiv« und Bachs Mühlhäuser »apparat der auserleßensten kirchen Stücken« ist bislang kaum hergestellt worden[28] – wohl deshalb, weil die Originalquellen verschollen sind und die Sammlung auf Johann Ambrosius Bach zurückgeführt wurde. Doch vorerst sollte man den Bestand gerade auch mit Bachs Mühlhäuser Aktivitäten in Beziehung bringen. Es müßte schon eindeutig bewiesen werden, daß die Quellen erst später von Bach erworben wurden; dies ergäbe sich etwa dadurch, daß sie noch längere Zeit im Besitz eines anderen Musikers nachweisbar wären. Solange ein derartiger Nachweis aber nicht geführt werden kann, muß es als das Wahrscheinlichste gelten, daß Bach relativ früh Zugang zu den Werken hatte – in einer Zeit, in der ihr Stil noch im Rahmen des Üblichen gehandelt wurde. Da man weiß, daß Bach sich 1707/08 in Mühlhausen Quellen zu Vokalmusik beschaffte, liegt es nahe, beide Aspekte miteinander zu verknüpfen. Schließlich aber: Selbst wenn es nicht genau diese Stücke in genau diesen Quellen waren, die Bach damals zusammentrug, läge es zumindest nahe, daß sich Bach Zugang zu Kompositionen dieser Art verschaffte: weil Werke aus seinem Verwandtschafts-Umkreis für ihn zweifellos am leichtesten zugänglich waren. Selbstverständlich können sich in dem Repertoire auch Stücke anderer Komponisten befunden haben, auch nicht nur Kompositionen, in denen keine ausgewiesenen Instrumentalstimmen enthalten sind. Dennoch braucht man sich solche Vokalwerke auch nicht nur als Chorkompositionen vorzustellen; vielfach ist die Musik rein akkordisch gehalten, so daß es genügt, von den jeweils beteiligten Stimmen nur eine einzige singen und alle übrigen von Instrumenten spielen zu lassen – nach einem Muster, das Heinrich Schütz 1619 in seinen »Psalmen Davids« entwickelt und in einer Vorrede ausführlich kommentiert hat. Jedenfalls spiegelt sich in den Werken, die im »Altbachischen Archiv« enthalten sind, die künstlerische Umgebung Bachs in den vorausgegangenen Jahren: der in Arnstadt zentrierte Bach-Wedemann-Zirkel.

Bachs früheste Kantaten

Neben Vokalwerken anderer Komponisten hat Bach in Mühlhausen sicherlich auch eigene aufgeführt. Zwei Kantaten sind nachweislich dort entstanden: »Gott ist mein König« (BWV 71), die zum Ratswechsel am 4. Februar 1708 komponiert und sogar gedruckt wurde, ferner die Kantate »Aus der Tiefen rufe ich, Herr, zu dir« (BWV 131), die wegen des Hinweises auf Eilmar als Initiator ein Mühlhäuser Werk sein muß. Den beiden Kantaten ist gemeinsam, daß sie noch keine Elemente der jüngsten italienischen Opernmusik enthalten: keine Rezitative und Da-capo-Arien, die wenig später zum textlichen Normalbestand auch der protestantischen Kirchenkantate wurden. Statt dessen stehen Bibeltext und Kirchenlied im Mittelpunkt; sie werden (ebenso wie die wenigen freien Dichtungen, die in den Werken vertont werden) in traditionelleren Satzformen komponiert: zumeist liedhaft oder (sofern es um größere Besetzungen geht) fugisch.

Einen ersten Zugang Bachs zu jenen neuen italienischen Formen zeigt seine Kantate »Der Herr denket an uns« BWV 196, die vermutlich kurz nach Bachs Weggang aus Mühlhausen entstand[29]; im Rahmen des älteren Stils stehen hingegen auch die Osterkantate »Christ lag in Todes Banden« BWV 4, möglicherweise Bachs Mühlhäuser Probemusik, ferner »Nach dir, Herr, verlanget mich« BWV 150, vielleicht noch in Arnstadt entstanden[30], sowie der »Actus tragicus« (»Gottes Zeit ist die allerbeste Zeit« BWV 106). Für welche Gelegenheiten Bach diese Werke schrieb, ist schwer zu klären; als Bezugspunkt für den »Actus tragicus« sieht man häufig die Trauerfeier für

Bachs Erfurter Onkel Tobias Lemmerhirt (gestorben am 10. August 1707), doch es ist keineswegs zwingend, jeweils nur persönliche Anlässe der Bach-Familie in Erwägung zu ziehen – ebensogut kann auch ein Fremder Bach mit der Komposition einer solchen Trauermusik beauftragt haben.

Einige weitere Aspekte dieser Kantaten werfen nun aber ein besonderes Licht auf Bachs künstlerische Situation in jener Zeit. Der erste von ihnen läßt sich mit dem Begriff »Besetzung« umschreiben: Es ist auffällig, wie sehr diese Werke in ihrer musikalischen Substanz darauf ausgerichtet sind, daß Bach als Organist ihr Zentrum sein könne. Er arbeitet mit kleinsten Instrumental-Ensembles; deren Zusammensetzung ist nicht von moderneren Ensemble-Gedanken her bestimmt (so daß – wie in einem Sinfonieorchester – eine Streichergruppe den Kernbestand des Ensembles garantiert), sondern läßt sich viel eher als die Gruppierung einzelner Solisten um einen Generalbaßspieler interpretieren. Im »Actus tragicus« besteht das »Orchester« aus je zwei Blockflöten und Gamben, in »Aus der Tiefen rufe ich« aus Oboe, Fagott, Violine und zwei Bratschen. Nur das städtische Repräsentationswerk »Gott ist mein König« ist wesentlich größer besetzt: mit vier Instrumentalchören, die sich aus Trompeten und Pauken, aus Oboen und Fagott, aus Blockflöten und Cello und aus den übrigen Streichern zusammensetzen und neben je einen vokalen Tutti- und Solochor treten. Somit handelt es sich um ein sechschöriges Werk; Bach mag sich an die sechschörigen Kompositionen erinnert haben, die Buxtehude 1705 in Lübeck aufgeführt hatte[31].

Die Instrumente wirken jeweils nur an den Außensätzen alle gemeinsam mit; das ist auch in späteren Kantaten Bachs so. Auffällig ist aber, daß Bach in den übrigen Sätzen die Begleit-Aufgaben nicht auf das Ensemble gleichmäßig verteilt, sondern häufig nur einzelne der Instrumentalisten für sie heranzieht und andere vom Anfangs- bis zum Schlußsatz unbeschäftigt läßt; übrig bleiben dabei herausragende Aufgaben für den Continuopart – also wiederum für den Organisten, der freilich nicht nur die Baßlinie spielt, sondern auch eine improvisierte Generalbaßaussetzung. Die Freiräume, die sich gerade in diesen kleinen Besetzungen eröffnen, füllte Bach zweifellos auf individuelle

Weise aus. In »Gott ist mein König« ergibt sich dabei sogar eine echte Obligatfunktion: Dem Organisten ist nicht nur die fortlaufende Baßlinie vorgeschrieben, über der er die Harmonien in freier Aussetzung spielen kann, sondern Bach legte streckenweise auch die Melodik der Oberstimme fest. So mischt sich in »Gott ist mein König« eine Orgelmelodie plötzlich in die Tenorarie »Ich bin nun achtzig Jahr« ein (vgl. S. 179), ebenso in den Chor »Das neue Regiment«[32].

Das andere Charakteristikum ist, wie Bach Kirchenlieder in seine frühen Kantaten einbaut – nach einem Muster, das in mitteldeutscher Musik des 17. Jahrhunderts besonders beliebt war, nämlich als Kombination mit Bibeltext-Vertonung. Diesem Verfahren begegnet man auch in einigen Werken des »Altbachischen Archivs« - nicht nur so, daß beide Bestandteile in langen Portionen miteinander abwechseln (wie in »Unser Leben ist ein Schatten« von »J. B.«), sondern auch so, daß beide Textebenen intensiv ineinandergreifen und damit ihre jeweilige Grundaussage wechselseitig uminterpretieren. Johann Michael Bach etwa koppelt in einer Motette, die jenem Kernbestand des »Altbachischen Archivs« angehört, den Text »Das Blut Jesu Christi, des Sohnes Gottes, machet uns rein von allen Sünden« (1. Johannesbrief, Kapitel 1 Vers 7) mit dem Choral »Das Blut, der edle Saft« - und zwar so, daß jeweils in den Pausen, die zwischen den Choralzeilen entstehen, inhaltlich-syntaktisch passende Ausschnitte aus dem Bibeltext eingeschoben werden. Vor der zweiten Choralzeile etwa (»hat solche Stärk und Kraft«), die sich eigentlich direkt auf den Anfang »Das Blut, der edle Saft« zurückbezieht, läßt er »Das Blut Jesu Christi« singen – so daß man folgendes hört: »Das Blut, der edle Saft, ... das Blut Jesu Christi ... hat solche Stärk und Kraft.« Und nach den beiden nächsten Zeilen (»daß auch ein Tröpflein kleine / die ganze Welt kann reine [machen]«) erklingt der Textschluß »von allen Sünden«, so daß jenes Reinigen dadurch noch besonders konkretisiert werden kann.

In seinen frühen Kantaten führt Bach diese traditionelle Technik so weit, daß es im Vergleich zur Musik seiner Zeitgenossen fast als anachronistisch zu bezeichnen ist[33]; in fast jedem der Werke findet sich mindestens ein Beispiel für sie. Besonders reizvoll ist das Ineinander-

greifen der Textebenen neuerlich in der Tenorarie »Ich bin nun achtzig Jahr« aus »Gott ist mein König«: Nach der Eröffnung mit jenem
Textbeginn fährt der Sänger fort mit »warum soll dein Knecht sich
mehr beschweren«. Er hält eine Zeitlang an diesem Text fest und
greift dann noch zweimal das Wort »Warum« einzeln auf, ehe eine
Sopranstimme einsetzt und mit dem Choral den Gesamtsatz zum
Duett erweitert. Unmittelbar nach jenem doppelten »Warum« erklingt also der Choraltext »Soll ich auf dieser Welt mein Leben höher
bringen«. Und so drängt sich ein besonderer Hör-Eindruck auf; die
Frage, die im Choraltext eigentlich gestellt wird, erhält also einen
anderen Sinn. Entsprechend wird auch die nächste Choralzeile ergänzt: Zwischen die Textausschnitte »durch manchen sauren
Tritt...« und »...hindurch ins Alter dringen« schiebt Bach nochmals ein »warum, warum« des Tenors ein (vgl. S. 179).

Diese Satzanlage wird nun schon durch die herausragende Rolle
der Orgel überhöht. Und noch ein weiterer Kunstgriff prägt den Satz.
Bach setzt die Arie in eine Moll-Tonart, obgleich der Choral in Dur
steht; er verbindet also die beiden Tongeschlechter scheinbar bruchlos
miteinander. Dies geschieht damit bereits 1708 so, wie man es an
einem wesentlich jüngeren seiner Werke bewundert: am Eingangschor der Matthäuspassion (»Kommt, ihr Töchter, helft mit klagen«),
in dessen e-Moll-Welt der Dur-Choral »O Lamm Gottes unschuldig«
eintritt. Hierfür war in jedem Fall Voraussetzung, daß Bach die
beiden Satzbestandteile unabhängig voneinander behandelte; nur so
konnte er auch eine Satz-Komponente neu erfinden, die zu einer
bereits vorab existierenden (der traditionellen Choralmelodie) scheinbar nicht paßt.

In anderen Werken entwickelte Bach das musikalische Neben-ein-
ander damals noch fort; grundsätzlich handelt es sich bei diesem
Verfahren um etwas typisch Mitteldeutsches, für das es in norddeutscher Musik der Zeit kaum Parallelen gibt[34]. Freilich kann Bach zu
dieser Technik überall in Mitteldeutschland einen Zugang erhalten
haben, und in diesem Sinne läßt sich seine Kantate »Christ lag in
Todes Banden« sogar als konkrete stilistische Weiterentwicklung
eines Choralkonzerts von Johann Pachelbel bezeichnen (über dasselbe

Lied). Doch gerade in dieser Weiterentwicklung liegt wohl das Entscheidende, denn mit ihr erst kamen jene norddeutschen Aspekte in diese musikalische Gattung hinein, so daß man in dieser Kantate sogar eine Pachelbel- und eine Buxtehude-Tradition als klar trennbare Schichten ausmachen kann[35]. Die norddeutschen Aspekte hingegen ergeben sich nicht nur in der Besetzung und ihren Folgen, sondern auch im klanglichen Reichtum; und für die Fugen wählt Bach als spezielles Satzmuster das im Norddeutschen beheimatete Prinzip der Permutationsfuge: eine Fuge, in der es nicht nur »ein Thema« gibt, sondern in der mehrere Themen durch die Stimmen wandern, im Gesamtsatz stets beständig vollzählig vorhanden sind, aber aus den beteiligten Stimmen heraus in stets neuen simultanen Kombinationen dargeboten werden[36]. Mit dieser Verschmelzung unterschiedlicher regionaler Aspekte kommt es zugleich zu einem »Ausgleich zwischen der Tradition und ihrer Aktualisierung« durch Bach[37]; dies mag eine der hervorstechenden Eigenschaften gewesen sein, die er auch in seine neue Weimarer Stellung mitbrachte.

Sein Nachfolger in Mühlhausen wurde Johann Friedrich Bach, ein Sohn des Eisenacher Organisten Johann Christoph Bach und somit gleichfalls ein Mitglied des Bach-Wedemann-Kreises, mit dem aus der Reichsstadt Johann Hermann Bellstedt verbunden war. Johann Friedrich Bach wurde als einziger Kandidat in Betracht gezogen; aber er wird mit dem Zusatz »ein *studiosus*« versehen, so daß seine Qualifikation nicht unumstritten war. Der Wahlvorschlag wird von den Mitgliedern des Pfarrkonvents nur ungern angenommen. Zunächst werden Einschränkungen gemacht: Es wird verlangt, »auff Herrn Ahlen bestallung mit Ihme zu *tractir*en«; also konnte Johann Friedrich Bach nur die Besoldung seines Vorvorgängers erhalten, und diejenige seines Vetters wird definitiv zur Ausnahmeregelung erklärt. Bei einigen »Eingepfarrten« regte sich aber auch Widerstand gegen Johann Friedrich Bach, und dies prägte den Verlauf der Abstimmung auf eine charakteristische Weise. Ihr Ergebnis wurde nicht durch ein Mehrheitsvotum herbeigeführt, sondern dadurch, daß der höchstrangige Anwesende (also Bürgermeister Meckbach) dem Wahlergebnis unverrückbar seine Richtung gab und die anderen nur noch Varianten verlangen konnten; dieses Abstimmungsverfahren charakterisierte man so, daß »einer allein den anderen vorstimmen« dürfe[38]. Johann Friedrich Bach war also gewählt, nachdem Meckbach für ihn gestimmt hatte; daran ließ sich nichts ändern. Es wurde aber verlangt, daß die Abstimmung nicht definitiv sei, sondern im Kern aufgeschoben werde (»differatur«), und »interim [zwischenzeitlich] ihme das werck anzuvertrauen« sei. Dieser Linie schlossen sich dann die meisten Konventsherren an[39]. Übertragen auf moderne Verhältnisse handelte es sich also um eine Kampfabstimmung, in der der Vorsitzende haarscharf an einer Niederlage vorbeischrammte: Er konnte zwar seinen Wunschkandidaten durchsetzen, nicht aber zu den regulären Bedingungen. Das hatte Auswirkungen auf die weitere Entwicklung des Mühlhäuser Musiklebens.

Mühlhäuser Ratswechsel-Zeremonien 1708–1710

Denn das Thema »Bachs Mühlhäuser Kantaten« war mit Bachs Weggang nicht abgeschlossen – obgleich Johann Friedrich Bach als neuer Organist an der Blasiuskirche amtierte. Ihm traute man diese Arbeit folglich nicht zu; vielleicht war man in Mühlhausen (oder: waren einige Mühlhäuser Verantwortliche) auch so sehr von Bachs Kunst beeindruckt worden, daß man für eine gewisse Zeit gerade die Musikstücke zur politischen Selbstdarstellung weiterhin von ihm beziehen wollte. Somit schrieb der »Herr Baach von weimar« auch 1709 die Kantate zum Ratswechsel; auch dieses Werk wurde gedruckt, doch ein Exemplar des Druckes konnte bislang nicht aufgespürt werden, so daß man über Text und Gestalt des Werkes nichts weiß. Immerhin sind aber die Kosten, die die Anfertigung »des Ratsstükkes« aufwarf, außerordentlich präzise in den Rechnungsunterlagen aufgeschlüsselt: Für die »verfertigung« erhielt Bach 6 Gulden 2 Groschen, und unter der Rubrik »Reise Kosten« sind für ihn 3 Gulden 1 Groschen verbucht. Weil exakt dieselbe Gesamtsumme (9 Gulden 3 Groschen) auch noch 1710 abgerechnet wird, darf man davon ausgehen, daß mit der knappen Rechnungsbuch-Eintragung »Herrn Baach wegen des

Ratsstückkes« auch diesmal wieder der Weimarer Hoforganist gemeint ist – denn einem ortsansässigen Musiker hätten keine Reisekosten gezahlt werden müssen. Auch über dieses Werk ist nichts weiter bekannt.

Es ist aber doch auffällig, daß man in Mühlhausen so viel Aufwand betrieb, sich den teuren Bach aus Weimar leistete (als Komponisten und Interpreten) und nicht mit seinem Nachfolger vorliebnahm. Und man ließ auch nicht zu, daß fortan der Marienorganist mit der Komposition betraut wurde. Zweifellos war gerade Johann Gottfried Hetzehenn kein schlechter Musiker; er entstammte einer traditionsreichen Mühlhäuser Organistenfamilie (vor ihm hatte Johann Hermann Hetzehenn an der Marienkirche gewirkt, und Georg Christian trat 1737 den Dienst an St. Blasius an). Zudem hat er Figuralmusik zumindest selbst aufgeführt: 1732 berichtet er, daß zu seinen Organistenpflichten »*musici*ren und Ausspielen« gehöre[40]. Auf der Suche, wer sich so massiv gerade für Bach eingesetzt haben könnte, stößt man erstaunlich schnell auf ein konkretes Ergebnis.

Zunächst hat man dabei von »Gott ist mein König« auszugehen, der Kantate des Jahres 1708. Ihr Textgerüst ist der 74. Psalm: Ihm ist der Text für den Eingangschor entnommen (Vers 12), ebenso derjenige der Baßarie Nr. 4 (Vers 16 und 17) und des Chors Nr. 6 (Vers 19). Aus dem Bibeltext sind damit die Passagen mit einer allgemeineren Aussage herausgelöst; speziellere, die nicht auf die Situation der Stadt zu beziehen waren, wurden weggelassen[41]:

Vers 12: »GOtt ist mein König von Alters her, der alle Hülffe thut, so auf Erden geschicht.«

Daraufhin ist in Vers 13 bis 15 die Rede von Gottes Macht über das Wasser: über das Meer, die See-Ungeheuer (repräsentiert durch Walfische) und die Wasserströmen im Binnenland. Sie überging man und fuhr fort:

Vers 16–17: »Tag und Nacht ist dein. Du machest, daß beyde Sonn und Gestirn ihren gewissen Lauf haben.

Du setzest einem jeglichen Lande seine Gräntze [...].«

Unberücksichtigt bleibt der Schluß »Sommer und Winter machest du«; Bemerkungen über Schmähworte des Feindes gegenüber Gott werden ausgelassen, ehe in leichter Abänderung der Bibelworte folgender Text angehängt wird:

Vers 19 (Beginn): »Du wollest dem Feinde [original: Tier] nicht geben die Seele deiner Turtul-Tauben.«

Man erinnerte nicht an die Brandkatastrophe des Vorjahrs; dies wäre mit Vers 20 freilich leicht gewesen: »Gedenke an deinen Bund; denn das Land ist allenthalben jämmerlich verheeret, und die Häuser sind zerrissen.« Wer den Psalm kannte (und der Psalter war Grund-Lernstoff jedes Schulunterrichts), wußte wohl, daß dieser Text sich anschloß; aber man richtete den Blick auf ein anderes Ereignis. Zunächst ergänzte man den Textbestand durch freie Dichtung: Der Text der Altarie Nr. 5 huldigt Gott, der große Schlußchor dem neuen Rat und Kaiser Joseph I. als oberstem Stadtherrn. Ansonsten aber schob man zwei andere Bibeltexte ein, die die Aussage des Werks verändern.

Die schon mehrfach erwähnte Tenorarie Nr. 2 ist über einen eigenartig zusammengestellten Bibeltextausschnitt komponiert;

ihrem Anfang liegen Worte zugrunde, deren Quelle im 2. Buch Samuel zu suchen sind und die dort folgendermaßen lauten (Kapitel 19 Vers 35):

»Ich bin heute achtzig Jahr alt, wie solte ich kennen, was gut oder böse ist, oder schmecken, was ich esse oder trinke, oder hören, was die Sänger oder Sängerinnen singen? Warum sollte dein Knecht meinen Herrn König fürderhin beschweren?«

Vertont wurde hingegen folgendes: »Ich bin nu achzig Jahr, worüm soll dein Knecht sich mehr beschweren?« Der Text ist also radikal zusammengekürzt und im zweiten Teil in seinen personalen Bezügen völlig umgestaltet worden: Die Beschwernis, die vermieden werden solle, gilt nun dem »Ich«, nicht mehr dem König. Daran wird ein Ausschnitt des 37. Verses angehängt (»Laß mich ümkehren, daß ich sterbe in meiner Stadt, bey meines Vaters, und meiner Mutter Grab«); und einzelne Wörter aus diesem Text lauten in Bachs Komposition nochmals geringfügig anders. Warum hat man gerade diesen Text

Bachs Reinschriftpartitur der Kantate »Gott ist mein König«, Beginn von Nr. 2. In der zweiten Stimme (Tenor), Takt 3, die korrigierte Zahl »80«, in der dritten (Oberstimme des Orgelparts) die obligaten Bestandteile. In der zweiten Akkolade der Einsatz des Sopran-Chorals.

eingefügt, und warum hat man ihn so stark (und in mehreren Etappen) gegenüber Luthers Formulierung verändert? Ein Blick in Bachs Partitur kann weiterhelfen.

Am Anfang dieser Arie (mit dem Sopran-Choral) schreibt Bach in seine Partitur als Text »Ich bin nun 80 Jahr« (also »achtzig« in Zahlen); die Acht ist übergroß, weil er sich verschrieben hatte und unter ihrem unteren Bogen eine irrtümlich eingetragene Ziffer Sieben zu verbergen versuchte. Warum die zunächst falsche Schreibung? Bach war – nicht zuletzt nach entsprechender Schulausbildung – zweifellos bibelfest; sicher kann man darüber nur spekulieren, ob ihm die Textänderungen auf Anhieb aufgefallen sind. Es ist aber denkbar, daß man den Text in mehreren Etappen so eigentümlich umgestaltete, um damit auf eine spezielle Mühlhäuser Situation oder Person anzuspielen. Kann sich dies auf eine am Ratsleben beteiligte Person beziehen?

Beim Ratswechsel übernahm der dreiundachtzigjährige Adolf Strecker die Regierungsgeschäfte von Johann Georg Stephan (sein Geburtsjahr ist unbekannt). Der neue zweite Bürgermeister, Georg Adam Steinbach, trat die Funktion erstmals an, und zwar als Nachfolger von Benjamin Tilesius, der im April des Vorjahrs dreiundsiebzigjährig gestorben war; sein Vorgänger war Christian Grabe. Auf all diese »alten« Bürgermeister ließe sich die textliche Situation also problemlos beziehen. Doch vielleicht sollte man nicht nur allgemein nach einem besonders alten oder nach einem tatsächlich achtzigjährigen Bürgermeister suchen, sondern (wie von Bach irrtümlich niedergeschrieben) nach einem Siebzigjährigen: etwa Bürgermeister Conrad Meckbach, der am 19. April 1637 geboren worden war[42].

Insgesamt paßt auch der Text des Chors Nr. 3 zu der Situation der alten Bürgermeister: Zwei Bruchstücke aus dem 1. und 5. Buch Mose werden zu »Dein Alter sey wie deine Jugend. Und GOtt ist mit dir in allem, das du thust« zusammengeschlossen. Anscheinend spielt der Kantatentext also nicht nur auf den politischen Anlaß des Ratswechsels an, sondern auch auf das Alter der beteiligten Personen, und irgendwelche Mühlhäuser Kreise können auch daran gedacht haben, daß einer der Bürgermeister in »biblisches« Alter eingetreten war. Die Version, die Bach anfänglich notierte, wäre demnach zu weit gegangen – vielleicht für die Geistlichkeit, die die Umgestaltung des Bibeltexts nicht akzeptierte, vielleicht für das abtretende oder amtierende Bürgermeisterkollegium, dem Meckbach gar nicht angehörte. Daraufhin wäre eben ein lediglich verkürzter Bibeltext übriggeblieben und der Anspielungs-Charakter in ihm in andere Bahnen gelenkt worden.

Bach hatte zweifellos besondere Kontakte zur Familie dieses Bürgermeisters geknüpft. Meckbach leitete sämtliche Verhandlungen um den Posten des Blasiusorganisten zugunsten der Bach-Familie. Und Meckbachs Sohn Paul Friedemann erhielt von Bach ein Druckexemplar der Kantate; auf der Titelseite des Textdrucks vermerkte er: »Dem jüngeren Herrn *D: Meckbachen* dienstl. zu *insinuieren*.« (Das Wort »insinuieren« bedeutet, ein Dokument bei einer Behörde einzureichen.) Und dieser Paul Friedemann Meckbach wurde 1710 Pate Wilhelm Friedemann Bachs: Er gab ihm den zweiten Vornamen[43]. Also stand Bach auch noch über die Mühlhäuser Zeit hinaus mit den Meckbachs in einer Verbindung, die erst während jener zwölf Monate geknüpft worden sein kann. Conrad Meckbach übernahm das Amt des Regierenden Bürgermeisters neuerlich im Folgejahr, also im Februar 1709; seine Amtszeit dauerte bis Februar 1710, und er bestritt sie gemeinsam mit Gregor Vogeler. Möglicherweise war also dieser Bürgermeister persönlich dafür verantwortlich, daß die Kantaten für seinen Ratsantritt 1709 und seinen Abgang 1710 noch von Bach geschrieben und aufgeführt wurden.

Jedenfalls dauerte die Unterstützung, die Bach in Mühlhausen erhielt, somit noch bis 1709/10 fort. Damit hatte sich in Mühlhausen der Kreis geweitet, der sich für Bach individuell einsetzte – also über den Arnstädter Bach-Wedemann-Zirkel hinaus. Doch da auch Johann Friedrich Bach diesem Kreis entstammte und ähnlich von diesen Beziehungen hätte profitieren können, zeigt sich, wie weit Bach sich von seiner musizierenden Umwelt abhob (ebenso wie in den Verhandlungen um seine Arnstädter Nachfolge erkennbar), und zwar nunmehr auch aus der Sicht der Personen, die für Bachs Anstellung politisch verantwortlich waren.

Siebtes Kapitel

Weimar
1708–1717

Zweieinhalb Wochen nach der Behandlung seines Entlassungsgesuchs im Mühlhäuser Rat hatte Bach seinen neuen Dienst angetreten: Am 14. Juli 1708 verbuchte die Fürstlich Weimarische Kammer 10 Gulden als Ausgabe für den »neu angenommenen Hoff*Organist*en von Mühlhaußen, Johann Sebastian Bachen, zum gnädigst verwilligten Anzugs-Gelde«[1], also als Zuschuß zu den Umzugskosten. Auch angesichts dessen, wie plötzlich Bachs Entschluß, Mühlhausen zu verlassen, zustande kam, muß es im wahrsten Sinne des Wortes eine Rückkehr hierhin gewesen sein. 1702/03 hatte er demnach die Stellung durch seinen Vorgänger Johann Effler kennengelernt; dieser trat nun von seinem Amt zurück, offenbar aus gesundheitlichen Gründen. Von ihm wird 1709 als »einem alten kranken Diener« gesprochen; eineinviertel Jahre später starb er, und am 7. April 1711 wurde er in Jena beerdigt[2].

Der unmittelbare Anlaß für Bachs Stellenwechsel ergibt sich – ähnlich wie bei der Anstellung 1703 in Arnstadt – aus Orgelbauarbeiten: Die Orgel der Weimarer Schloßkirche, hoch über einem typischen mitteldeutschen Kanzelaltar angebracht, wurde von März 1707 an repariert. Bis zum 16. Juni 1708 zahlte man dem Orgelbauer, Johann Conrad Weishaupt, Kostgeld; erst um diese Zeit kann er mit seinen Arbeiten wirklich fertig gewesen sein. Die Orgel selbst wurde in ihren nicht klingenden Teilen auch noch weiter erneuert; das neue Rahmenwerk des Orgelprospektes wurde im Oktober 1708 bezahlt, seine Vergoldung sogar erst im April 1709[3]. Sicherlich war die Orgel in der eigentlichen Umbauzeit nicht spielbar, so daß der alte Organist Effler seinen Dienstpflichten damals kaum nachkommen konnte. Doch Bachs Weimarer Dienstantritt erfolgte offenkundig zum frühestmöglichen Termin, zu dem ein Musiker die Geschäfte an dem Instrument überhaupt wieder aufnehmen konnte. Erhellend ist zudem, diese Weimarer Daten mit denjenigen Bachs in Beziehung zu setzen: Kurz nach Abschluß des Weimarer Orgelumbau-Kontrakts führte Bach in Mühlhausen erst seine Probemusik auf (8. April 1707), und noch im Februar 1708 konfrontierte er den Mühlhäuser Pfarrkonvent mit den Entwürfen für den Umbau seines Dienstinstruments. Die neuen Perspektiven für ihn ergaben sich also plötzlich; der Weimarer Hof muß an Bach herangetreten sein, ohne daß dieser es erwartet hatte – vielleicht wußte er nicht einmal von dem Umbau der Orgel.

Daß die Initiative für die Veränderungen in Weimar lag, ist vor allem aus zwei Gründen wahrscheinlich. Erstens: Wenn man einkalkuliert, daß Bach auch 1702/03 in Weimar als Organist (zur Aushilfe Efflers) wirkte, war man mit ihm bereits in Kontakt gekommen; der Weimarer Hof mag damals auf Bach aufmerksam geworden sein und daraufhin seine weitere Laufbahn verfolgt haben, so daß man ihn direkt ansprechen konnte, sobald der Posten vakant wurde. Das erklärte auch, weshalb von weiteren Bewerbern um Efflers Nachfolge nie die Rede ist. Und zweitens: Der Weimarer Hof kam Bach außerordentlich weit entgegen, und zwar schon bei der Anstellung. Da die Stelle ja nicht dadurch frei wurde, daß ihr voriger Inhaber gestorben war, hätte man nun auch nach preiswerten Lösungen suchen können. An sich wäre es für den Hof kein Problem gewesen, sich mit der Bestellung eines Nachfolgers Zeit zu lassen – man hätte ihm, solange Effler lebte, noch den Rang eines Adjunkten geben und ihm lediglich die Aussicht auf ein volles Gehalt geben können. Doch die Stelle wurde gleich im vollen Umfang neu besetzt, und Effler erhielt gewissermaßen eine Pension des Hofes. Damit gab der Hof für die Organistenstelle plötzlich mehr als das Doppelte dessen aus, was sie vorher gekostet hatte. Also war dem Hof außerordentlich viel daran gelegen, Bach in Weimar zu haben.

Der Hof: Das war weiterhin eine Konstellation aus zwei nebeneinander existierenden Linien. Bach war 1702/03 aus der Kasse des nichtregierenden Herzogs Johann Ernst besoldet worden; dieser starb 1707. Bach wurde nun nicht, wie man bisweilen liest[4], Mitglied im Hofstaat des regierenden Herzogs Wilhelm Ernst, sondern wurde für den gesamten Hof angestellt; Wilhelm Ernst hatte seine Entscheidungen jeweils mit dem neuen Mitregenten abzustimmen, seinem Neffen Ernst August, der allerdings 1708 noch nicht mündig war. Somit erhielt Bach seinen Dienst (und seine Besoldung) aus den gemeinschaftlichen Institutionen beider Linien; die politische Verantwortung hierfür lag in den Händen des regierenden Herzogs.

Bach zog nicht allein nach Weimar, und es war nicht nur seine Frau, die ihn begleitete, sondern zudem mindestens ein früher Schüler, der sich bei dem mittlerweile dreiundzwanzigjährigen Organisten aufhielt: Johann Martin Schubart (1690–1721). »Der junge Bach« hatte folglich schon in Mühlhausen eine Stellung inne, die ihm die Weitergabe seiner Kunst an eine »jüngere« Generation erlaubte; gewissermaßen übte er bereits dort die Funktion eines handwerksmäßigen Lehrmeisters aus. In Weimar wurde er von anderen nun auch regelrecht aufgesucht: Er unterrichtete dort beispielweise Johann Tobias Krebs, seinen Schweinfurter Verwandten Johann Lorenz Bach und den Augsburger Musiker Philipp Jakob Kräuter.

In der Lehrerfunktion gab er zweifellos nicht nur spieltechnische, sondern auch kompositorische Praktiken weiter. Sicherlich daneben solche, die den Orgelbau betreffen – auch seine Gutachtertätigkeit setzt sich fort, beispielsweise am 26. Oktober 1710 in Taubach bei Weimar. Aus seiner Weimarer Zeit heraus setzt zudem der Strom der Bach-Schülerhandschriften ein, in denen Bachs Orgelwerke überliefert werden (der Anteil der Autographen an der Überlieferung ist weitaus geringer). An der Überlieferung hat ferner auch sein Verwandter Johann Gottfried Walther Anteil, der kurz nach dem »Rückzieher« im Rennen um die Mühlhäuser Organistenstelle diejenige an der Weimarer Stadtkirche St. Peter und Paul angetreten hatte. Er und Bach (dieser an der Schloßkirche) amtierten nicht einmal zweihundert Meter voneinander entfernt; daß der eine nicht wahrnahm, welche grundlegenden musikalischen Probleme den jeweils anderen beschäftigten, ist praktisch auszuschließen[5].

Bach war somit in seinen Weimarer Jahren an sich nicht mehr »der junge Bach«: Nach den Altersbegriffen der Zeit mußte er, je mehr er auf die Dreißig zuging, als »reife Persönlichkeit, mitten im Berufsleben stehend« gelten. In eine Berufstätigkeit in derart führender Position war Bach freilich auch schon in Arnstadt eingetreten. Dennoch begreift man seine Wirkungszeit im Raum Thüringens als eine zusammenhängende Lebensphase, die von seinen späteren Aktivitäten in Köthen und Leipzig abgegrenzt ist. Bach befand sich hier noch im alten geographischen Umfeld seiner Familie, und er war – ebenfalls in diesen Traditionen stehend – bis zum Ende seiner Weimarer Zeit als Organist beschäftigt, so daß alle seine Aktivitäten unmittelbar auf die Orgel bezogen waren. Diesen Rahmen sprengte er erst mit dem Stellenwechsel nach Köthen (und später nach Leipzig) – wobei dies für ihn zweifellos eine folgerichtige Weiterentwicklung seines Wirkens war. Somit steckt hinter der Bezeichnung »Der junge Bach« nicht eine schlichte Bewertung seines Alters; sie beschreibt vielmehr eine Konstellation, in der Bach noch im engeren Rahmen der Familientraditionen wirkte. Auf keinen Fall darf damit eine Wertung verbunden sein: Der »junge Bach« war von dem Moment an, da er seine erste Organistenstelle angetreten hatte, unabhängig von seinem Alter ein außergewöhnlicher Musiker, auch gemessen an dem in seiner Familie Üblichen. Anders wäre auch nicht zu verstehen, wie sehr seine Arbeitgeber auf seine (bisweilen hochfliegenden) Pläne eingingen, wie weit sie seinen finanziellen Forderungen entgegenkamen und wie sie ihn dabei auch gegenüber seinen Verwandten bevorzugten.

Bachs Weimarer Tätigkeit machte in dieser Hinsicht keinen Unterschied und bedeutete keinen neuneinhalbjährigen Stillstand. Allerdings gibt auch sie eine Reihe von Rätseln auf – obgleich Bachs dortige Lebensbedingungen so breit dokumentiert sind, wie man es von den Quellen, die für die Zeit typisch sind, nur erwarten kann. Anders als für Bachs vorige Lebensstationen ist es daher sinnvoll, das Dokumentierte zusammenzufassen und jeweils nach dem Kontext zu suchen, in dem sich das Geschehen sehen läßt.

Dennoch bietet es sich an, Originaldokumente auch zum Ausgangspunkt der Darstellung zu machen. Bachs »Meisterzeit in Weimar« läßt sich gerade vor dem Hintergrund der Gehaltszulagen, die er erreichte, und der wachsenden Zahl von Aufgaben, die man ihm dabei übertrug, in mehrere Phasen gliedern. Dies wird durch einen Dokumentenfund besonders erleichtert: durch die Korrespondenz, die Herzog Wilhelm Ernst mit seiner Finanzbehörde, der fürstlichen »Kammer«, in »Besoldungsbefehlen«[6] führte. In ihr sind jeweils die personellen Entscheidungen gemeinsam mit ihren finanziellen Folgen beschrieben; die Texte, die aus dieser Briefsammlung stammen und die nachfolgenden Abschnitte jeweils einleiten, werden hier erstmals publiziert.

Die erste Phase: 1708 bis 1711

Bachs Bestallungsurkunde ist nicht erhalten; somit kann das Schreiben des Herzogs an die »Kammer«, mit dem er über Bachs Anstellung berichtet, eine Lücke in den biographischen Quellen schließen. Der Herzog schreibt[7]:

»*Von Gottes gnaden Wilhelm Ernst, Herzog* Zu Sachßen, Jülich, Cleve und Berg, auch Engern und Westphalen etc.
Vester Rath, Lieber getreuer,
Demnach Wir, zu Unserm Cammer *Musico* und Hoff*organist*en, Johann Sebastian Bachen von Mühlhaußen, annehmen laßen, auch ihme zu seiner Jährl. Besoldung und *Deputat*, bis auf wiederrufen:

> *Einhundert* und *Funffzig Gülden*, an Gelde
> *Achtzehen* Scheffel Korn,
> *Zwölff* Scheffel Gersten,
> *Vier* Cltrn. [Klafter] Floßholz, und
> *Dreyßig* Eimer Bier, in unserm Schloß-Brauhauße alhier,
Tranckſteuer frey, abzubrauen, damit auch, auf bevorstehendes *Quartal Crucis* den Anfang zumachen, hierüber noch ihme, zu anherschaffung seiner *Mobili*en, *Zehen* Gülden, verordnet haben; So begehren Wir vor Unß und in Vormundschafft unserer freund-

lich geliebten Unmündigen Vettere hiermit gnädigst, Jhr wollet
bey unserer Fürstl. Gesamten Cammer verfügen, daß ihme solches
alles und absonderlich die GeldBesoldung und *Deputat*, in die
gewöhnliche *Quartale* eingetheilet, iedesmahl, gegen seine Quittungen, gereichet, und damit, gehöriges orths, in Außgabe verschrieben werden möge. An deme geschicht unsere Meinung,
Und Wir sind Euch mit gnaden wohlgewog[en]. Geben Weimar
zur Wilhelmsburg, am 20. *Juny*. 1708.
Wilhelm Ernst«

Wie in den folgenden Schreiben ist auch hier nur die Unterschrift
autograph; das Dokument ist also einem Schreiber diktiert und von
diesem daraufhin wohl noch ins Reine geschrieben worden. Das
Schreiben stammt aus dem Alltag des Weimarer Behördenverkehrs;
manches zeittypische Phänomen wird deshalb nur kurz gestreift und
muß erläutert werden.
   Gleich nach Ende des Dreißigjährigen Krieges, zwischen 1650 und
1654, hatte Herzog Wilhelm IV. die Residenz erbaut, die »Wilhelmsburg«; der französische Absolutismus (und speziell der Schloß-Ideal-
typus Versailles) konnte diesen Bau also noch nicht prägen, und sogar
an der altertümlichen Bezeichnung »Burg« hielt man fest. Die »Wilhelmsburg« enthielt auch die »Himmelsburg«, die Schloßkapelle,
die Bachs Dienstort wurde. »Schloß« hieß hingegen die Residenz der
Nebenlinie, das »Rote Schloß«. Ähnlich unterschiedlich waren auch
die Verhältnisse an den beiden Hofhaltungen: Wilhelm Ernsts Regiment wird im allgemeinen als streng, konservativ und religionsbetont
beschrieben; die Nebenlinie, als deren Repräsentant der jüngere Ernst
August in diesem Schreiben erwähnt wird, spielt für die Bach-Bio-
graphik traditionell ihre Rolle als der aufgeklärtere, eher zukunfts-
orientierte Teil der Herzogsfamilie.
   Bachs Gehalt wurde (wie schon in allen übrigen Positionen seit
dem Antritt der Arnstädter Stellung 1703) zunächst als ein jährlicher
Posten formuliert und in Quartalszahlungen aufgegliedert. Die Zahltage richteten sich nach kirchlichen Festen, und man nahm keinen
Anstoß daran, daß zwei von ihnen beweglich sind, abhängig vom

variablen Ostertermin: Reminiscere (der 2. Sonntag nach Aschermittwoch) und Trinitatis (der Sonntag nach Pfingsten). Im zweiten Halbjahr fallen die Zahltage auf feste Termine: auf den 14. September, das Fest der Kreuz-Erhöhung (»Exaltatio crucis«, erinnernd an die Rückführung des Kreuzes nach Jerusalem im Jahr 627), und auf das Fest der heiligen Lucia (13. Dezember). Der dritte und vierte Zahltag zeigen damit, um welches Prinzip es ging: um (rückwirkende) Bezahlung kurz vor Ende eines Quartals, etwa in der Mitte des jeweils letzten Monats. Zwischen »Crucis« und »Luciae«, wie die Tage kurz im Genitiv bezeichnet werden, liegen drei Monate – dies ist leicht festzustellen. Das gleiche gilt für Reminiscere und Trinitatis: Da beide Termine sich gleichermaßen auf Ostern beziehen, liegen zwischen ihnen stets dreizehn Wochen, ebenfalls drei Monate. Der spätestmögliche Termin für Reminiscere ist der 21. März, für Trinitatis der 20. Juni; auch von diesen Tagen aus war also der Umstand garantiert, daß die Zahlungen kurz vor Quartalsende abgewickelt wurden.

In diesem Sinne trägt der Bogen, auf dem die Anordnung Wilhelm Ernsts festgehalten ist, einen vernünftigen Bearbeitungsvermerk: »præs: d. 11. 7br: 1708« (aufzulösen als »präsentiert den 11. September 1708«, da »7« als der lateinische Begriff »septem« zu lesen ist). Dann wird verständlich, weshalb seit der Anordnung am 20. Juni so viel Zeit verstrich: Erst auf »Crucis« 1708 war Bachs Besoldung als Weimarer Hoforganist fällig; am 26. Juni hingegen war sein Entlassungsgesuch noch im Mühlhäuser Rat behandelt worden, so daß Wilhelm Ernsts Anordnung fast zeitgleich mit Bachs Bestallungsurkunde ausgefertigt worden war.

Abgesehen von der »gnädigst verwilligten« Umzugskosten-Regelung erhielt Bach nun annähernd doppelt so viel Geld wie in Mühlhausen; der Schritt von 85 auf 150 Gulden ist gewaltig. Die Naturalleistungen wurden hingegen völlig anders formuliert: Korn (Weizen) und Gerste zusammen ergaben nur knapp den in Mühlhausen vorgesehenen Wert, an Brennholz (dessen Qualität dadurch garantiert wurde, daß es aus dem Thüringer Wald herangeflößt werden mußte) war die doppelte Menge gegenüber der Mühlhäuser Zusage vorgesehen, dafür aber kein Reisig. Bemerkenswert ist auch die steuerfreie

Lieferung von 30 Eimern Bier: Das waren umgerechnet immerhin rund 5 Liter pro Tag. Doch das war für Weimarer Verhältnisse keine besonders große Menge: Der Regierungsrat Johann Gottlieb Alberti etwa erhielt 80 Eimer Bier und dazu acht Eimer Wein[8]. Bachs Gehalt lag im übrigen um 20 Gulden höher als das seines Vorgängers Johann Effler, ebenso hoch wie das des Vizekapellmeisters Johann Wilhelm Drese[9]; dieser erhielt allerdings höhere Naturalleistungen (je ein Malter Korn und Gerste, sechs Klafter Floßholz, aber kein Bier).

Bachs Dienst wird lediglich durch die Termini »Hoforganist« und »Cammermusicus« umschrieben; damit sind die Dienstaufgaben nicht so detailliert beschrieben, wie man es sich vielleicht wünschte. Schon die Gehaltsrelation zum Vizekapellmeister deutet aber an, wie hoch sein Rang bemessen wurde; dem entspricht auch, daß Bach den Titel »Cammermusicus« erhielt, der den Musikern eines Hofes nie allgemein übertragen wurde. Doch was hat Bach hier musiziert – an einem Hof, an dem es in der Musiker-Hierarchie auch noch Positionen über ihm gab? Wie steht es um Hoffnungen, die Bach mit dieser Stelle verband?

In seinem Mühlhäuser Entlassungsgesuch hatte Bach davon gesprochen, daß er sich in der Weimarer Hofposition »in [...] Erhaltung meines endzweckes wegen der wohlzufaßenden kirchen*music* ohne verdrießligkeit anderer ersehe«. Zweifellos müssen die »verdrießligkeiten« ein Mühlhäuser Problem gewesen sein; doch in jener Hierarchie ist es fraglich, wie es in Weimar fortan um Bachs »Endzweck der wohlzufaßenden kirchenmusic« stehen konnte. Erst nach sechs Jahren wurde Bach beauftragt, in vierwöchigem Turnus neukomponierte Kantaten aufzuführen; weder den Turnus noch diesen Kompositionsauftrag kann Bach schon 1708 abgesehen, die Stelle also nicht deshalb angetreten haben[10]. Wenn er sich aber schon 1708 in Weimar dem »Endzweck der wohlzufaßenden kirchenmusic« näher fühlte als in Mühlhausen (und seine Formulierung darf man erst dann als Vorwand bezeichnen, wenn man dies belegen kann), dann müßte in Weimar eine andere Position auf ihn gewartet haben als die eines Organisten, der tatsächlich nur die Orgel spielte und an dieser mutterseelenallein Dienst tat. Sicherlich: Bach war als Organist beschäftigt;

die Orgel muß im Mittelpunkt dessen gestanden haben, was er tat – auch bei seiner kompositorischen Tätigkeit, die weiterhin zumeist nicht genauer datierbar ist. Doch tatsächlich ist die Idee, daß Bachs Aufgaben sich nur genau darauf beschränkten, desto weniger haltbar, je länger man sich mit ihr beschäftigt.

Die ersten, klarsten Informationen, die gegen diese Annahme sprechen, kommen aus Bereichen, die mit kirchlichem Musikdienst gar nichts zu tun haben. Um 1709/10 schrieb Bach Tomaso Albinonis »Concerto a cinque« e-Moll op. 2 Nr. 2 ab; von seiner Hand hat sich, den Schriftzügen zufolge aus dieser Zeit stammend, eine einzelne Continuostimme erhalten. Bach überschrieb das Blatt knapp mit »Concerto 2do« (»Concerto secondo«), nannte also nicht einmal den Komponisten (so daß dessen Identifizierung beträchtliche Mühe bereitete); die Titelangabe als solche läßt sich aber nur als Ordnungsfaktor verstehen – dahingehend, daß Bach auch noch weitere Quellen zu den insgesamt sechs »Concerti a cinque« Albinonis besaß. Und ebenfalls um 1709 kopierte Bach ein Konzert Telemanns für zwei Violinen, Streicher und Generalbaß, anscheinend für den späteren Dresdner Violinisten Johann Georg Pisendel[11]. Bach beschäftigte sich also unmittelbar nach seinem Ortswechsel wesentlich auch mit Musik, die im engeren Sinne gar nichts mit »Orgel« zu tun hat. Wodurch kam das zustande – und was bedeutet das für ihn?

Der Hinweis auf die Albinoni-Quelle schlägt zugleich einen Bogen zurück in Bachs erste Weimarer Dienstzeit. Im Mai 1702 und im Januar 1703 waren in Weimar zwei Zahlungen in beachtlicher Höhe an den späteren Vizekapellmeister Johann Wilhelm Drese verbucht worden: insgesamt 297 Gulden 3 Groschen. Mit dem Geld sollte er zunächst »reißekosten nacher *Italien*, umb sich in der *Music* und deren *Composition* zu *habili*tieren« begleichen, die zweite war für Dreses »rück= und anhero reiße auß *Venedig*« bestimmt[12]. Ähnlich wie die Arnstädter Organisten Börner und Herthum gilt seit Philipp Spittas Buch auch Johann Wilhelm Drese als eine musikalisch völlig blasse Persönlichkeit im Umfeld Bachs; in jedem Fall aber muß er, der für den Weimarer Hof auch als Kopist wirkte, Noten nach Hause geschickt oder gebracht haben – Noten möglicherweise, über die Bach schon 1702/03 einen Einblick in moderne italienische Musikströmungen erhielt[13].

Vielleicht konnte Bach diejenigen ihrer Spezifika, die ihn faszinierten, nicht auf Anhieb in sein eigenes Schaffen umsetzen. Er erhielt nicht die Möglichkeit, nach Italien zu reisen, um direkt dort die Techniken kennenzulernen, sei es (wie Händel) auf eigene Kosten oder (wie Drese) auf Kosten des Dienstherrn. Seine Situation, die er mit vielen anderen Komponisten teilte, kann man sich daher nicht kompliziert genug vorstellen. Sie alle hatten eine vollständige kompositorische Ausbildung absolviert; jene italienischen Stilelemente »fehlten« darin nicht – vielmehr konnte man auch ohne ihre Kenntnis glücklich werden. Nun ergab sich plötzlich ein Interesse an ihnen, doch es war normalerweise niemand da, der diesen Musikern die Hintergründe des Neuen erklärte. So mußten sie es aus ihrem Erfahrungsspektrum heraus zu interpretieren versuchen. Relativ leicht ging dies wohl noch in der Melodie- und Themenbildung: In liedhafte Konstruktionen, die sich als Frage-Antwort-Folge (»Vordersatz-Nachsatz«) beschreiben lassen, wurde zwischen beide Elemente die »Fortspinnung« eines kleinen motivischen Partikels eingeschoben. Komplizierter waren Fragen der Form, vor allem in Ensemble-Musik: die Tutti-Solo-Unterscheidung des italienischen Konzerts mit allen ihren Konsequenzen, ebenso der Aufbau moderner italienischer Arien.

Ein Werk, das Bachs Bemühungen um dieses Neue direkt spiegelt, ist die Kantate »Der Herr denket an uns« (BWV 196, üblicherweise als Hochzeitskantate bezeichnet, ohne daß es hierfür irgendeinen konkreten Anlaß gäbe). Sie beginnt mit einer kurzen Instrumentaleinleitung, in der die essentiellen Elemente des italienischen Konzerts umgesetzt sind, und sie enthält eine Sopranarie (»Es segnet, die den Herrn fürchten«), die sich nicht nur im großen an Strukturen der italienischen Da-capo-Arie annähert, sondern auch im kleinen maßgeblich von deren Elementen geprägt wird – ganz anders als das, was sich in Bachs früheren Arien eher als »liedhaft« beschreiben läßt. Das Werk zeigt diese Elemente in einer Grundform, also ohne daß Bach sie individuell weiterentwickelt hätte. In anderen Aspekten hingegen spiegelt diese Musik – etwa darin, wie sie allgemein klingt – noch Bachs früheren Stil. Somit scheint das Werk an einer Umbruchstelle zwischen dem Früheren und dem Neuen zu stehen: einem Neuen, zu dem Bach Grundlagen nur in Weimar selbst gewonnen haben kann, einem Neuen aber, dessen Art und Charakter auch durch die beiden Konzertabschriften bestätigt wird.

Folglich hat Bach von Anfang an in Weimar mehr getan, als »nur« zu orgeln; vielmehr konnte er zugleich auch eigene, weitergehende Aktivitäten entfalten, und zwar sogar über die Ensemble-Kirchenmusik hinaus. Auch in dieser hatte Bach aber entsprechend weitergehende Musiziermöglichkeiten: Um 1711/12 hat er, wie sein erhaltenes Aufführungsmaterial erkennen läßt, die Markuspassion von Reinhard Keiser aufgeführt, der damals als Komponist für die Hamburger Oper hervortrat[14]. Leider läßt sich dieses Bild aber nicht weiter anhand von eigenen Kompositionen Bachs konturieren; zumindest die Werke zu den Mühlhäuser Ratswechsel-Feiern von 1709 und 1710 böten letztlich ein exakt datierbares »Material«, mit dessen Hilfe sich Bachs stilistische Fortentwicklung in idealer Weise nachzeichnen ließe.

Die zweite Phase: 1711 bis 1714

Wie erwähnt, starb Effler im April 1711; die letzte Gehaltszahlung an ihn erfolgte auf Reminiscere, den 1. März 1711. Daraufhin sparte der Hof also diese 130 Gulden ein. Bach reagierte prompt; er bewarb sich um einen Teil des Betrags als Gehaltserhöhung (den Gesamtposten konnte er kaum für sich beanspruchen) – mit Erfolg, wie schließlich aus dem Schreiben hervorgeht, mit dem der Herzog der Kammer mitteilte, Bachs Wunsch entsprochen zu haben[15]:

»*Von Gottes gnaden Wilhelm Ernst*, Herzog Zu Sachßen, Jülich, Cleve und Berg, auch Engern und Westphalen etc.
Lieber getreüer. Nachdeme Wir unserm Cammer *Musico* und Hoff organisten allhier, Johann Sebastian Bachen, auf sein unterthänigstes Suchen, zu seiner bißherigen Besoldung und desto beßerm

Hinkommen, von *dato* an, jährl. annoch *Fünffzig Gülden*, biß auf wiederrufen, dergestalt aus gnaden zugelegt haben, daß hingegen seines *Antecessoris* [= Vorgängers], Johann Efflers Besoldung und *Deputat* gänzl. *ces*siren, und unserer Fürstl: ges: [= gesamten] Cammer wieder heimfallen soll. So begehren Wir vor Uns und Unsers Freund: gel. [= freundlich geliebten] Vetters, Herrn Ernst Augusts, sowohl in Vormundschafft unsers auch Freund: gel. unmündiges Vetters, Herrn Johann Ernsts, Herzoge Zu Sachßen Lbd. Lbd. [Liebden] hiermit, du wollest dich alßo darnach achten, und mit *Trinitatis* anzurechnen, ihme solche unsere gnädigste Zulage in die gewöhnl: *Quartale* eingetheilet, jedesmahl mit seiner vorherigen Besoldung reichen, auch in Krafft dieses und mit seinen Quittungen darüber, dergestalt behöriges orts, gebührend verrechnen, An deme geschiehet unsere Meynung. *Datum* Weimar zur Wilhelmsburg am 3. *Junij:* 1711

Wilhelm Ernst«

Achtzig Gulden von Efflers Gehalt blieben also beim Hof (dazu die Naturalien), während Bach seine Geldeinkünfte auf 200 Gulden jährlich erhöhte – nunmehr anderthalbmal soviel wie sein Vorgänger. Die Angelegenheit wurde ordnungsgemäß weiter abgewickelt; der Vermerk »præs: den 18. Junij 1711.« verweist darauf, daß die Zahlungen mit Ablauf des Trinitatisquartals begannen.

Veränderungen seiner Aufgaben sind nicht zu erkennen, und auch seine stilistischen Interessen blieben gleich. In jener Zeit, um 1712/14, entstand die älteste Quelle der Motette »Ich lasse dich nicht, du segnest mich denn« BWV Anh. 159, die lange Zeit dem Eisenacher Organisten Johann Christoph Bach zugeschrieben, aber wohl von Bach selbst komponiert wurde[16]; allein schon die Probleme bei der Autorschaftsklärung zeugen davon, wie sehr auch dieses Stück in seiner Tonsprache noch Konzeptionen früherer Zeit nahesteht. Und die »Jagd-Kantate« BWV 208, die zu einem Geburtstag des Herzogs Christian von Sachsen-Weißenfels entstand (wohl im Jahr 1713, als ein Gastspiel Bachs in Weißenfels dokumentiert ist[17]), zeigt zwar, daß Bach mittlerweile mit Formen moderner italienischer Opernmusik vertraut war (etwa auch mit Rezitativik), doch auch die Tonsprache dieses Werks enthält durchaus noch Elemente, die an Bachs frühere Vokalmusik erinnern. Dasselbe gilt für Kirchenkantaten, die vielleicht um diese Zeit entstanden: »Gleichwie der Regen und Schnee vom Himmel fällt« BWV 18 und »Mein Herze schwimmt im Blut« BWV 199, vielleicht auch »Widerstehe doch der Sünde« BWV 54[18].

In Anbetracht dessen, daß Bach bereits um 1708/09 Zugang zu italienischer Konzertmusik hatte, büßt der Aspekt, bei dem man eine Schlüsselwirkung für seine weitere stilistische Entwicklung gesehen hat, an Relevanz ein. Prinz Johann Ernst, ein Halbbruder von Herzog Ernst August, unternahm von 1711 bis 1713 eine Studienreise nach den Niederlanden; etwa damals erschienen Antonio Vivaldis zwölf Konzerte op. 3 (»L'estro armonico«) gerade in Amsterdam im Druck. Johann Ernst gilt als derjenige, der diese in ihrem Stil so richtungweisenden Konzerte nach Weimar gebracht habe. Bach bearbeitete daraufhin einige von ihnen für Orgel oder Cembalo allein und verfuhr ebenso mit Konzerten anderer Komponisten (zum Beispiel von Giuseppe Torelli, aber auch von Johann Ernst selbst); und auch Johann Gottfried Walther bearbeitete Konzerte, allerdings auch eine Reihe solcher Werke, die bereits Johann Wilhelm Drese direkt aus Italien mitgebracht haben kann[19].

Die Hintergründe, die zu diesen Konzertbearbeitungen führten, sind unklar. Sie können kaum Studienwerke für Bach gewesen sein: so, daß er (nach allem, was zuvor gewesen war) erst an diesen Werken lernte, wie ein modernes italienisches Konzert funktionierte. Daß er beim Bearbeiten neue Eindrücke davon gewonnen haben mag, steht auf einem anderen Blatt. Denkbar ist schon eher, daß die Konzerte in dem Klavierunterricht eine Rolle spielten, den Johann Gottfried Walther dem Prinzen erteilte; doch da Bach Konzerte des Prinzen selbst bearbeitete, ist auch dieses fraglich – denn warum komponierte dieser die Stücke nicht gleich für ein Tasteninstrument (oder schrieb sie selbst derart um), wenn er sie nicht in Originalgestalt erleben konnte? Und auch eine dritte Idee ist fragwürdig: Johann Ernst verließ Weimar todkrank im Juli 1714, nachdem er dort nur ein Jahr zugebracht hatte, und starb am 1. August 1715 in Frankfurt am Main; zwar hätte er die Konzerte auch dann noch, auf einem Tasteninstrument neben dem Krankenlager gespielt, hören können – doch da sich unter Bachs Bearbeitungen solche für Orgel befinden, begegnet man auch hier nur Rätseln, denn man wird kaum die Möglichkeit gehabt haben, eine Orgel zu dem Kranken zu bringen. Die Angelegenheit bleibt ungeklärt; immerhin dürften aber Bachs Vivaldi-Bearbeitungen von den Quellen abhängig sein, die der Prinz nach Weimar hat gelangen lassen.

Allerdings beschäftigte sich Bach in jenen zwölf Monaten, die der Prinz nochmals dort verbrachte, durchaus auch mit anderen Dingen. Im Dezember 1713 fand er sich unter den Bewerbern um die Organistenstelle an der Liebfrauenkirche in Halle und hielt sich dort gut zwei Wochen auf[20]; am 13. Dezember wurde er gewählt, somit zum Nachfolger von Händels Lehrer Friedrich Wilhelm Zachow, und er nahm die Berufung fürs erste an. Nach genauerer Prüfung der Sachlage wurde er skeptisch; sein Grundgehalt hätte 140 Taler (160 Gulden) betragen, weitaus weniger als dasjenige in Weimar, und auch mit den Zuwendungen für Mietzahlung und Brennholz (31 Taler 12 Groschen) wäre Bach nicht über umgerechnet 196 Gulden hinausgekommen. So jedenfalls argumentierte Bach, und er verlangte Nachbesserung. In Halle ging man darauf nicht ein, »weil doch die dortige *labores* [Bachs Weimarer Dienstpflichten] von denen hiesigen nicht sehr *differir*en«; zudem seien in Halle »weit mehrere *accidentia* als dort zu hoffen«, also wechselnde Zahlungen je nach Leistung (vor allem sollte die Komposition jeder neuen Kirchenkantate und das Orgelspiel bei Trauungen mit jeweils einem Taler belohnt werden). Bach hatte mit derlei Einkünften keine Erfahrung und zog seine Bewerbung daraufhin zurück; in Weimar hingegen erhielt er im März 1714 eine weitere Gehaltsaufbesserung[21].

Nach seiner Absage und seiner Beförderung mußte er sich daher gegen den Vorwurf wehren, sich in Halle nur zum Schein beworben zu haben: In einem Brief vom 19. März schrieb er, man dürfe aus seinem Verhalten nicht »schließen als ob ich solche *tour* dem hochlöblichen *Collegio* gespielet hätte, um dadurch meinen Gnädigsten Herrn zu einer Zulage meiner Besoldung zu vermögen, da *Derselbe* ohne

dem schon so viel Gnade vor meine Dienste u. Kunst hat, daß meine
Besoldung zu vergrößern ich nicht erstlich nach Halle reisen darff
[= muß]«²². Tatsächlich kann man Bachs Bewerbung und die
Gründe seiner Absage ernst nehmen, denn in seinen Bedenken dürfte
noch etwas Besonderes mitgespielt haben. In seiner beruflichen
Laufbahn war es das erste Mal, daß ihm an einer neuen Stelle dasselbe Gehalt wie seinem Vorgänger gezahlt werden sollte, ebenso
das erste Mal, daß er sich in seinen Einkünften nicht markant verbes-
sert hätte. Das hätte sich in seinem Stand gegenüber den städtischen
Verantwortlichen fortsetzen können; insofern befand er sich in Weimar in einer günstigeren Position. Und noch etwas kommt hinzu:
Schon kurz nach seiner Wahl mußte Bach bei seinem Weimarer
Arbeitgeber vorstellig werden, um die Entlassung vorzubereiten; er
hätte dies nicht monatelang hinauszögern können, bis endlich die
Hallenser Rahmenbedingungen gestimmt hätten. Bach schrieb am
14. Januar 1714 an seinen Hallenser Verhandlungspartner August
Becker, der Hof habe ihm die »völlige *dimißion*« noch nicht gege-
ben²³ (und weil Becker Jurist war, konnte Bach kaum mit juristi-
schen Vorwänden operieren). Wie Bach aber später noch deutlicher
erfuhr, war es nicht leicht, in Weimar die Entlassung zu erhalten; im
gleichen Rahmen ist es daher auch zu sehen, daß Herzog Wilhelm
Ernst schließlich Bach für seine Entscheidung belohnte, nicht weiter
auf dem Entlassungsgesuch bestanden zu haben. Bach blieb also
Hoforganist in Weimar, allerdings zu verbesserten Bedingungen.

Die dritte Phase: 1714–1717

Ein ähnlicher »Besoldungsbefehl« wie diejenigen, mit denen die früheren Entscheidungen über Bach der Hofkammer mitgeteilt wurden,
hat sich in diesem Fall nicht erhalten (auch nicht für die kleine Zulage
von 13 Gulden jährlich, die der Hof Bach am 24. Februar 1713
zugebilligt hatte)²⁴. Somit hat man alles Neue aus anderen Quellen zu
rekonstruieren: aus den Rechnungsbüchern und aus den Aufzeichnungen des Hofsekretärs Theodor Benedikt Bormann²⁵. Demnach

erhielt Bach nun 250 Gulden Gehalt jährlich, und seine Dienstaufgaben wurden umformuliert. Bormann schreibt am 2. März 1714:

»[. . .] haben des regierenden Herzogs Hochfl. Dhl. [= Hochfürstliche Durchlaucht] dem bisherigen Hof-*Organist*en Bachen, uf sein unterth[änig]stes Ansuchen, das *prædicat* eines *Concert*-Meisters mit angezeigtem *Rang* nach dem *Vice*-Capellmeister Dreßen, gndst [gnädigst] *conferir*et, dargegen Er Monatlich neüe Stücke uffführen, und zu solchen *prob*en die Capell *Musici* uf sein Verlangen schuldig v. [und] gehalten seyn sollen«.

Woher diese neuen Rahmenbedingungen kamen, ist leicht zu erkennen: Das, was Bach in Halle ausgeschlagen hatte, sollte ihm nun bewilligt werden, und obendrein erhielt er eine Gehaltszulage. Die Regelung über das Komponieren von Kantaten wurde demnach vom Weimarer Hof entwickelt, und zwar direkt abgeleitet aus der Hallenser Forderung, daß Bach an den Hochfesten des Kirchenjahrs und alle vier Sonntage »eine bewegliche und wohl klingend-gesetzte andächtige *Musiqve*« hätte aufführen sollen[26]. Das aber ist außerordentlich wichtig: Nicht Bachs persönliches Ziel ist es demnach gewesen, irgendwann in den Stand versetzt zu werden, einmal monatlich eine neue Kirchenkantate aufführen zu dürfen; vielmehr ergab sich dies nun speziell aus der Spannung zwischen der Hallenser Forderung und der Weimarer Reaktion, Bach ein Bleibeangebot zu unterbreiten. Für den Hof kann dies auch nicht weiter problematisch gewesen sein, denn schon einmal hatte man eine solche Regelung getroffen: 1695 hatte der damalige Vizekapellmeister, Georg Christoph Strattner, den Auftrag erhalten, im Vier-Wochen-Turnus eigene Kirchenkompositionen aufzuführen[27].

Ganz neu kann aber ein derartiges Musizieren Bachs im Weimarer Hofgottesdienst nicht gewesen sein, wie die Hinweise auf Werke und Quellen, die schon vor März 1714 in Weimar entstanden, erkennen lassen. Dies wird auch durch eine Präzisierung deutlich, die Bormann am 23. März zu seinem Text hinzusetzt und die sich auf das (am Ende des zitierten Texts formulierte) Recht Bachs bezieht, den »Capell *Musici*« Weisungen zu erteilen. In Bormanns Konzept lautet dies so (deutlicher als in seiner verkürzenden Reinschrift)[28]:

»NB das probiren der stücke im Haußе ist geendert, u. daß es iedesmahl uff der Kirchen-Capelle geschehen solle, befohlen worden, wornach sich auch der Capell-Mstr zurichten haben solle.« Der Passus spiegelt Kompetenzprobleme und berichtet davon, daß es ein »vorher« gegeben habe. Bachs neue Weisungsbefugnis gegenüber den Kapellmitgliedern ist uneingeschränkt, sofern es um Proben (und Aufführung) der Kirchenkantaten geht. Irgendwann waren »stücke« nicht »uff der Kirchen-Capelle« geprobt worden, sondern wohl bei Bach zu Hause; nun sollte bereits am Aufführungsort geprobt werden – also neben der Orgel. Die Änderung betraf bereits die Vorbereitungen für den ersten Sonntag, an dem Bach die Neuregelung in die Praxis umsetzte: Palmsonntag (25. März), und zwar zur Aufführung der Kantate »Himmelskönig, sei willkommen« BWV 182. Demnach legte Bach gerade auf das typische »Musizieren auf der Orgel[empore]« Wert, das sich im Umfeld eines Organisten ergeben könne. Zuvor wird er aber kaum anders gehandelt haben; dies läßt sich aus dem Schluß des Textzusatzes herauslesen. Denkbar ist somit, daß die früheren Kantatenaufführungen Bachs als dessen Privatsache betrachtet wurden: als Musizier-Möglichkeit, die er hatte, zu der er aber nicht verpflichtet war. Das galt dann entsprechend auch für die übrigen Hofmusiker, deren Mitwirkung bei solchen Aufführungen freiwillig war – oder auf einer Weisung beruhte, die dann aber der Kapellmeister erteilen mußte. Nun sollte sich auch dieser, wenn es um jene Kantaten Bachs ging, dessen Wünschen unterordnen.

Daß Bach die Kantatenkomposition zunächst von der Orgel her auffaßte und auch die in der Folge entstehenden Werke aus diesem Blickwinkel konzipierte, zeigt sich an deren oftmals auffällig kleinen Besetzungen. In manchen dieser Werke umfaßt Bachs »Orchester« nur Streicher (etwa in »Nun komm, der Heiden Heiland« BWV 61, 1. Advent 1714); in einigen weiteren Kantaten tritt daneben aber auch ein eigentümlich disponierter Vokalapparat. In der Kantate »O heilges Geist- und Wasserbad« BWV 165 (Trinitatis 1715) bleiben Choraufgaben auf den schlicht-vierstimmigen Schlußchoral beschränkt; die übrigen Sätze enthalten allerdings Aufgaben für ein komplettes Solistenquartett. Somit ist denkbar, daß Bach überhaupt nur vier

Sänger auf die Orgelempore holte: als Solisten, die dann für den Schlußchoral ein Ensemble bildeten. Dieser Besetzungstyp kristallisiert sich so weit heraus, daß er für Kantaten Bachs um 1715/16 geradezu als seine Idealvorstellung bezeichnet werden könnte[29]. Man sollte in diesen reduzierten Besetzungen (und in dem Verzicht auf Choraufgaben) also nicht die Folge irgendwelcher Mißgunst Weimarer Hofangehöriger sehen[30], sondern vielmehr eine freie künstlerische Entscheidung Bachs, die wiederum auch Aspekte des »norddeutschen« Musiziertypus zeigt. Daß es im übrigen auch in einer dieser Kantaten einen Solopart für Orgel gibt, kann kaum verwundern: und zwar in »Komm, du süße Todesstunde« BWV 161 (vermutlich 1716 entstanden).

Weite Strecken dieser Kantatenproduktion sind im übrigen geprägt von der Zusammenarbeit mit dem Weimarer Oberkonsistorialsekretär Salomo Franck, der zu den meisten Werken die Texte dichtete. Die Entwicklung, die Bachs Weimarer Kantatenkomposition seit 1714 genommen hat, erhält dabei in Francks Entwicklung als Kantatendichter eine Parallele. Allmählich eroberten sich damals die textlich-musikalischen Formen der italienischen Oper in der protestantischen Kirchenkantate ihren Platz: Da-capo-Arie und Rezitativ. Erdmann Neumeister, mit dessen Namen die Entwicklung oft allzu direkt verknüpft wurde, hatte 1700 in seiner Sammlung »Geistliche Cantaten statt einer Kirchen-Music« radikal auf Bibelwort und Choraltext verzichtet und statt dessen nur mit jenen Formen gearbeitet. Bereits 1704/05 schuf in Meiningen der zuvor in Italien geschulte Georg Caspar Schürmann Kirchenkantaten, in denen alle vier textlichen Elemente aufgehen (Rezitativ, Da-capo-Arie, Bibelwort, Choraltext)[31] – also so, wie man es auch von späteren Bach-Kantaten kennt. Salomo Franck und Bach näherten sich gerade diesem Prinzip aber vorsichtiger an – vielleicht ganz im Sinne dessen, daß man als Mensch, der diese neuen Formen nicht in Italien selbst kennengelernt hatte, ein wenig mehr Zeit brauchte, um sie aus sich selbst heraus entwickeln zu können. Franck verzichtete etwa in den Kantaten des Frühjahrs 1714 noch auf Rezitative; erst später fanden auch sie einen Platz in seinen Werken – während Bach auch schon mit einem Text arbeitete, in dem sogar nur Rezitative und Arien vorkommen. Somit zeigt diese Entwicklung, wie sehr Franck und Bach letztlich auch dem Vorgehen Neumeisters nahestanden, ohne daß dieser die Gesamtgattung gleichermaßen markant geprägt hätte.

Wie weit Bachs Aktionsfeld sich aber auch von Standards dieser Kantatenkonzeption verlagern konnte, läßt sich nur erahnen: anhand der Nachrichten über auswärtige Gastspiele. Bereits die »Jagd-Kantate« steht auf einem anderen stilistischen Niveau. Es handelt sich um ein Werk, das im zeitüblichen Ausmaß auch eine minimale szenische Aufführung erforderte – etwa dadurch, daß in der ersten Nummer des Werks die Göttin Diana auftritt und davon spricht, daß »dieser Pfeil schon angenehme Beut erlanget« habe – folglich muß man »diesen Pfeil« sehen können[32]. Andererseits schrieb Bach im April 1717 für ein Musizieren in Gotha ein Passionsoratorium, dem höchstwahrscheinlich nicht der Wortlaut des biblischen Berichts, sondern dessen freie Paraphrasierung zugrunde lag[33]. Auch mit diesem Werk betrat er demnach ein neues stilistisches Terrain; bedauerlicherweise ist es wohl allenfalls in Bruchstücken erhalten geblieben, die Bach in andere Werke integrierte: möglicherweise in die zweite Version der Johannespassion und in Schlußteile der Kantate »Ich armer Mensch, ich Sündenknecht« BWV 55.

Die Auflösung des Dienstverhältnisses, 1716/17

Bach hielt den Vier-Wochen-Turnus der Kantatenaufführungen wohl über weite Strecken hinweg aufrecht; eine Unterbrechung gab es lediglich im Spätsommer und Herbst 1715, als nach dem Tod des Prinzen Johann Ernst auch die figurale Kirchenmusik unterbunden war. Vom vierten Quartal 1716 an erhielt er zusätzliche Naturalleistungen von Herzog Ernst August, anscheinend als Anerkennung für Dienste, die er speziell für diesen leistete[34]. Dann starb am 1. Dezember 1716 Kapellmeister Johann Samuel Drese; folglich war daraufhin seine Nachfolge zu klären. Machte sich Bach Hoffnungen auf diese Stelle? Nach der Italien-Reise, die Dreses Sohn Johann Wilhelm um

1702/03 finanziert bekommen hatte, war praktisch unausweichlich, daß er die direkte Anwartschaft als Nachfolger hatte; die Reise läßt sich nur als Zukunftsinvestition des Hofes verstehen, und sie war erst abgeschlossen, wenn man ihre Früchte erntete. Ein erster Schritt war gewesen, daß man Dreses Sohn am 23. Februar 1706 zum Vizekapellmeister ernannte (wirksam vom Trinitatisquartal an, also nicht schon seit 1704, jedenfalls deutlich vor Bachs Wechsel nach Weimar)[35]; zumindest unter den Weimarer Hofbedienten kam er für die Stelle also als erster in Frage. Auch Bach muß das gewußt haben: Als er 1714 zum »Concertmeister« befördert wurde, geschah dies »mit angezeigtem *Rang* nach dem *Vice*-Capellmeister Dreßen«.

Bach kann diese so klar formulierte Situation also kaum mißverstanden haben. Probleme damit hatte eher die Bach-Bewegung seit dem 19. Jahrhundert; Philipp Spitta war der Ansicht, Bach sei um 1714 »allmählig Mittelpunkt der herzoglichen Capelle« gewesen und habe während Johann Samuel Dreses letzter Lebenszeit »einen Theil der Capellmeisterpflichten übernehmen« müssen[36]. Doch es war nicht mehr geschehen, als daß Bach alle vier Wochen Kantaten aufführte und für deren Proben (keineswegs für alle Proben der Hofmusik[37]!) ein Weisungsrecht gegenüber anderen Kapellmitgliedern sowie einen eigenen Haushaltsposten für Saiten und Notenpapier zugewiesen erhielt[38]. Die Zahlungen ersetzten nicht die an den Kapellmeister gezahlten Beträge, sondern wurden zusätzlich in den Musiketat des Hofes aufgenommen. Somit wurde das Musikleben intensiviert, und zwar aus dem Kompetenzbereich des Organisten heraus; nur dadurch, daß dafür im Hofleben kein eigener Aufführungstermin geschaffen wurde, handelte es sich also um eine Entlastung des Kapellmeisters.

Traditionell nimmt man an, daß Bach die Aussichtslosigkeit seiner Hoffnungen in der zweiten Dezemberhälfte 1716 begriffen habe. Für die Zeit nach Johann Samuel Dreses Tod sah Bach plötzlich für drei Sonntage hintereinander Kantatenaufführungen vor (6., 13. und 20.12.); stets ist dies so verstanden worden, daß er sich damit für die nunmehr vakante Position empfehlen wollte. Dann brach die Reihe Weimarer Kantaten Bachs ab – er nahm sie nicht wieder auf. Als direktes Dokument dieser Erkenntnis gilt Bachs Reinschriftpartitur der Kantate BWV 147a, die offenkundig am 20. Dezember 1716 hätte uraufgeführt werden sollen[39]: Er ließ sie unvollendet. Damals also sei in Weimar offenkundig geworden, daß Johann Wilhelm Drese die Nachfolge seines Vaters antreten werde[40]. Doch über die Anwartschaft hinaus, die mit dem Italien-Stipendium begründet war, gibt es hierfür keinen Anhaltspunkt – zumindest nicht zu diesem Zeitpunkt. Erst seit Ende 1717 wurde Drese tatsächlich als Nachfolger seines Vaters besoldet[41]; Bach hingegen wirkte damals bereits in Köthen. Ausgehend von den Zweifeln an Johann Wilhelm Dreses künstlerischen Qualitäten hat man es als Ungerechtigkeit gegenüber Bach dargestellt, daß ihm ein anderer (demnach minder Befähigter) vorgezogen wurde[42]; doch über Dreses Qualitäten ist gar nichts bekannt (also auch nichts Negatives), so daß man wohl anders argumentieren sollte. Und man hat vermutet, daß Bach auf die gegen ihn getroffene Entscheidung mit dem Wechsel nach Köthen reagiert habe; auch dies läßt sich nicht halten, wenn man die Ereignisse chronologisch ordnet.

In dieser Angelegenheit gibt es einen »Besoldungsbefehl«, der klarstellt, was sich im einzelnen ereignete; mit ihm wurde auch die Nachfolge Bachs geregelt, und zwar erst am 5. Januar 1718. Er lautet[43]:

> *Von Gottes gnaden Wilhelm Ernst, Herzog Zu Sachßen, Jülich, Cleve und Berg, auch Engern und Westphalen etc.*
> Hochgelahrter Rath und lieber getreuer! Alß Wir Unsern bisherigen *vice* Capellmeister, Johann Wilhelm Dreßen, seines verstorbenen Vaters, Johann Samuel Dreßens, Besoldung und *Deputat*, jährlich an
>
>   *Zweyhundert* Gülden Geld
>   *Zwey* Mltr. Korn und
>   *Zwey* Mltr Gerste
>   *Neun Cltr* FloßHolz und
>   *Fünf* und *Vierzig* Eymer Bier jährl. Freytruncks,
> die   *Vier* und *Dreysig* Gülden 14 gr. Zulage aber, die der Vater zulezt bekommen, unserm Capellisten und Cammer-*Musico*,

August Gottfried Denstedten – weiter, nach Annehmung Johann Michael Schubarts zu Unserm Hof*organisten, ihme zu jährl. Be-soldung und *Deputat*:

> *Einhundert* und *Dreysig Güld*en an Geld
> *Ein* Mltr 6 sch [Scheffel] Korn
> *Ein* Mltr – *"* Gerste
> *Vier* Cltr FloßHolz und
> *Vier* und *Zwanzig* Eymer Bier Freytrunck,

Denn endl. [= endlich] dem *Capelli*sten und *Lauteni*sten Gottlieb Michael Kühneln jährl:

> *Einhundert* und *Funffzig Güld*en benebst
> *Vierzig* Eymer bier Trancksteüer- und *accis* frey zu

brauen verordnet haben. So begehren Wir vor Uns und Unsers Freundl: gel. Vetters, Herrn *Ernst August*s, Herzogs Zu Sachßen, Lbd. [Liebden] hiermit gnädigst, ihr wollet bey Unserer Fürstl. gesamter Cammer verfügen, daß jedem dergestalt das seine, und zwar bey den 3. ersten mit *Luciae* des nechstabgewichenen und dem lezten aber *Reminiscere* des vorjezigen jüngst neü=eingetrete-nen Jahres anzufangen, bis auf wiederruffen, nach und nach, gegen Quittung gezahlet und verabfolget, denn das ingesamt damit und in krafft dießes, behöriger orte gebührend verrechnet werden möge. An deme geschiehet unsere Meynung, Und Wir seynd Euch mit Gnaden gewogen. Geben Weimar Zur *Wilhelmsburg* am 5. *Jan:* 1718.
Wilhelm Ernst«

Johann Wilhelm Dreses Beförderung war also Teil eines großangeleg-ten Revirements: Das alte Notistengehalt, zuvor eine »Zulage des Vaters«, wurde dem Cammermusicus August Gottfried Denstedt zuerkannt; Bachs Schüler Johann Michael Schubart, der seinen Lehrer schon beim Umzug aus Mühlhausen begleitet hatte, wurde zum neuen Hoforganisten ernannt, Gottlieb Michael Kühnel als Capellist und Lautenist neu eingestellt. Von welchem Zeitpunkt an die Ände-rungen wirksam werden sollten, wird genau beschrieben: Für Drese, Denstedt und Schubart sollten sie ab »Luciae« 1717 gelten, für Kühnel ab Reminiscere 1718. Also nahmen die betreffenden Personen jeweils in dem Quartal ihre Arbeit auf, das dem Zahltag vorausging, und sowohl Drese als auch Schubart wurden im Dezember 1717 für Arbeiten bezahlt, die sie im vierten Quartal des Jahres erstmals verrichtet hatten[44]. Damit übernahm Drese die früheren Amtspflichten seines Vaters aber in jedem Fall erst rund zwei Monate nach dem Termin, zu dem Bach seinerseits vollendete Tatsachen geschaffen hatte: Seit dem 1. August 1717 wurde er auf Köthener Gehaltslisten geführt[45].

Der »Besoldungsbefehl« klärt aber nicht nur, wann die Nachfolge des Kapellmeisters geregelt wurde; bemerkenswert ist auch, daß im gleichen Atemzug über die Nachfolge Bachs entschieden wurde – und wie dies geschah. Denn auch Schubart wurde für Dienste aus dem letzten Vierteljahr 1717 bezahlt, und zwar so, daß er die volle Zeit gearbeitet haben muß (man hätte ihm auch nur die Hälfte eines Quartalshonorars zahlen können, ebenso wie man es in Arnstadt mit Bach bei dessen Dienstantritt gehalten hatte[46]). Doch Bach hat erst am 2. Dezember 1717 Weimar verlassen, elf Tage vor jenem Zahltag »Luciae«.

Seit Anfang August 1717 stand Bach hingegen in fester Verbindung mit seinem künftigen Dienstherrn, Fürst Leopold von Anhalt-Köthen; die Bestallung (leider nicht erhalten) datierte anscheinend vom 5. August, und ein offenes Zusammentreffen mit dem Fürsten beziehungsweise mit dessen Administration ist für den 7. August 1717 dadurch belegt, daß Bach den Empfang einer Sonderzahlung in Höhe von 50 Talern auf einer eigenen Quittung bestätigte (»zum gnädigsten *Recompens* bey der *Capitulation*«)[47]. Den Hintergründen dieser Zahlung muß man eigens nachgehen; doch wie war die Verbindung zwischen Bach und Köthen zustande gekommen?

Ein Grund hierfür ist relativ leicht zu erkennen: Der Köthener Fürst dürfte im Rahmen seiner Kontakte zum Weimarer Herzog Ernst August auf Bach aufmerksam geworden sein; Ernst August hatte am 24. Januar 1716 die Schwester Leopolds, Eleonore Wilhelmine, geheiratet. Bach und Leopold brauchen einander nicht damals erst kennengelernt haben; zumindest seit diesem Tag, an dem Bach (wie für Bedienstete seines Standes üblich) unter denen war, die einen gedruckten Glückwunsch einreichen durften und dafür honoriert wurden[48], können aber Kontakte zwischen ihnen besonders leicht ausgebaut worden sein. Eine weitere Gelegenheit für Leopold, Musik Bachs zu begegnen, ergab sich wohl schon am 23. Februar anläßlich der Geburtstagsfeier für Christian von Sachsen-Weißenfels, der Leopold beiwohnte: Damals wurde die »Jagd-Kantate« neuerlich aufgeführt[49]. Leopold, am 28. November 1694 geboren, war Ende 1715 für volljährig erklärt worden und vergrößerte 1716 seine Hofkapelle; dachte er nun an die Bestallung eines Kapellmeisters? Wenn er dabei schon damals mit dem Gedanken spielte, Bach diese Funktion zu übertragen, lag dies noch vor dem 2. Dezember 1716, Johann Samuel Dreses Todestag.

Nach jener August-Zahlung, die Bach (wo auch immer) persönlich quittiert haben muß, erhielt er erst am 29. Dezember wieder Geld vom Köthener Hof – rückwirkend für die Monate August bis Dezember[50]. Weshalb bezahlte ihm aber der Hof im August jene 50 Taler, was bedeutet also der Zahlungsgrund »zum gnädigsten *Recompens* bey der *Capitulation*«? Ein »Recompens« ist eine Entschädigung, und der Begriff »Capitulation« ist aus dem Verfahren der Kaiserwahl abgeleitet; Johann Heinrich Zedler beschrieb ihn 1733 als »Vertrag, vermöge dessen ein neu erwählter Römischer Kayser oder König vor der Crönung die von denen Churfürsten ihm vorgelegten und zur Wohlfahrt des Reiches abzielende Puncte annimmt, und dieselben zu halten eidlich verspricht«.

Bach erhielt also eine beträchtliche Summe Geld allein für die Annahme des Dienstvertrags; allein auf die Kosten des bevorstehenden Umzugs kann sie sich nicht beziehen. Die 50 Taler entsprechen 57 Gulden 3 Groschen; damit lag die Zahlung knapp unter Bachs Weimarer Quartalshonorar (62 Gulden 10 Groschen 6 Pfennig)[51]. Also erwartete man in Köthen, daß sich Bachs Weimarer Dienst in die Länge ziehen würde, und bezahlte ihm im voraus Geld, damit er in dieser Zeit – notfalls ohne auf Weimarer Bezahlung angewiesen zu sein – über die Runden kommen könne. Tatsächlich erhielt Bach für das letzte Quartal 1717 in Weimar kein Gehalt mehr (der Rechnungsposten fiel an Schubart). Für Bach war dies aber insgesamt ein sehr einträgliches Geschäft: Abgesehen von dem Köthener Voraushonorar erhielt er für das dritte Quartal noch seine Weimarer Besoldung (wenn auch um 10 Groschen 6 Pfennig auf 62 Gulden abgerundet) und Ende Dezember die reguläre Köthener Besoldung für den gesamten Zeitraum seit August. Davon abgesehen rechneten Bach und der Köthener Hof jedenfalls für Bachs Stellenwechsel mit größeren Schwierigkeiten.

Diese traten tatsächlich ein; in den Aufzeichnungen des Hofsekretärs Bormann liest man[52]:

»[Am] 6. *Nov.*, ist der bisherige *Concert*-Meister v. [= und] Hof-*Organist*, Bach, wegen seiner Halßstarrigen Bezeügung v. zu erzwingenden *dimission*, auf der LandRichter-Stube *arrêtiret*, v. endlich d. 2. *Dec.* darauf, mit angezeigter Ungnade, Ihme die *dimission* durch den Hof*Secr:* angedeütet, v. zugleich des *arr*ests befreyet worden.«

Bach befand sich also knapp vier Wochen in Haft; besonders strafwürdig dürfte gewesen sein, daß er den Hof unter Druck gesetzt hatte. Vermutlich ist übrigens sogar diese Zeit für Bach produktiv gewesen: Ernst Ludwig Gerber, Sohn von Bachs Schüler Heinrich Nicolaus Gerber, berichtet 1790 in seinem Musikerlexikon, Bach habe »nach einer gewissen [= sicheren] Tradition, sein Temperirtes Klavier [. . .] an einem Orte geschrieben, wo ihm Unmuth, lange Weile und Mangel an jeder Art von musikalischen Instrumenten diesen Zeitvertreib abnöthigte«[53]. Das paßt mit jener Haftsituation gut zusammen; gemeint ist der erste Teil des »Wohltemperierten Klaviers«.

Bach wurde daraufhin »mit angezeigter Ungnade« entlassen, so also, daß ein neuer Arbeitgeber mit der ernsten Verstimmung dessen rechnen mußte, der den Arbeitnehmer zuvor beschäftigt hatte. Das aber war für Leopold kaum ein Problem, da er zu seinem Schwager Ernst August (und damit nach Weimar) zweifellos über gute Beziehungen verfügte; die Hindernisse, die Bach in den Weg gelegt wurden, rührten demnach von Wilhelm Ernst her – und mit diesen Spannungen hatte man wohl von vornherein rechnen können, nicht zuletzt weil der Herzog Repressalien anwandte, um das Musikleben unter seiner Kontrolle zu halten und nicht unter die des Mitregenten übergehen zu lassen[54]. Bach wurde daraufhin entlassen, ohne für

Dienste im letzten Quartal honoriert worden zu sein. Spätestens seit dem 24. Sonntag nach Trinitatis (7. November 1717, einen Tag nach der Arretierung) kann er seinen Pflichten nicht mehr nachgekommen sein; seitdem muß Schubart die Schloßorgel gespielt haben. Doch Schubart erhielt, wie erwähnt, das volle Quartalshonorar bezahlt; war Bach also auch schon vorher seinen Pflichten nicht mehr nachgekommen?

Im Herbst 1717 soll Bach in Dresden gewesen sein und dort den französischen Organisten Louis Marchand zu einem Wettspiel herausgefordert haben, der vor ihm aber die Flucht ergriffen habe. Daß diese Reise überhaupt stattgefunden hat, ist zwar erst 1739 und gewissermaßen nur anekdotisch bezeugt[55]; wenn der Bericht ernst zu nehmen ist, hatte sich Bach aus Weimar entfernt. Währenddessen mußte seine Familie weiterhin in Weimar ausharren: seine Frau mit der knapp neunjährigen Tochter Catharina Dorothea sowie den Söhnen Wilhelm Friedemann, Carl Philipp Emanuel und Johann Gottfried Bernhard – der älteste sieben, der jüngste zwei Jahre alt. Sie mußte er demnach noch »auslösen«. Jene Dresden-Reise kann jedenfalls nur zwischen September 1717, als Bach sein letztes Weimarer Gehalt quittierte[56], und der Inhaftierung am 6. November stattgefunden haben. Gehörte es also von vornherein zum Konzept des Fürsten Leopold und Bachs, daß dieser auch durch ein Fernbleiben vom Dienst seine Demission zu erzwingen suchte? Dies erklärte auch, warum Bach von Leopold mit einer besonderen Geldzahlung »versorgt« wurde.

Wie in diesem Zusammenhang Bachs Verhalten im Dezember des vorausgegangenen Jahres 1716 zu erklären ist, als er plötzlich für drei aufeinanderfolgende Sonntage Kantaten komponierte, ist eine eigene Frage. Denkbar ist, daß Bach kurzzeitig die gesamte (wöchentliche) Figuralmusik der Weimarer Schloßkirche betreute; denkbar ist auch, daß Johann Wilhelm Drese aus seiner Position als Vizekapellmeister heraus anschließend Ansprüche auf diese Tätigkeit erhob und dies dazu führte, daß Bach sie einstellte. Wenn es aber nach Johann Samuel Dreses Tod in diesem kleinen, zuvor klar geregelten Bereich der Hofmusik zu einer Konkurrenz zwischen Bach und dem Vizekapellmeister gekommen ist, wirft dies nur ein besonderes Licht auch auf Johann Wilhelm Drese und seine musikalischen Fähigkeiten. Dennoch: Es ist undenkbar, daß das Revirement von Anfang 1718 bereits im Dezember 1716 absehbar war. Daraus, daß die Stelle des Kapellmeisters und die des Organisten gleichzeitig neu besetzt wurden, gibt es nur eine Konsequenz: Nicht die Ernennung Johann Wilhelm Dreses hat es Bach unmöglich gemacht, in Weimar zu bleiben, sondern Bachs Köthener Engagement hat in Weimar den Weg dafür freigemacht, daß die Kapellverhältnisse komplett geregelt wurden. Die Initiative für die Entscheidungen lag demnach bei Bach – und bei Leopold von Anhalt-Köthen.

Epilog
und Ausblick

Nach Bachs Weggang aus Weimar wurde sein Nachfolger Schubart nur zum »normalen« Hoforganisten ernannt (also nicht auch zum Concertmeister wie Bach), und er mußte ohne die Gehaltsaufstokkungen auskommen, die Bach erreicht hatte; seine Besoldung entsprach sogar nur der von Bachs Vorgänger Effler (130 Gulden im Jahr). Damit setzt sich ein Prinzip fort, das bereits Bachs Umgebung in Arnstadt und Mühlhausen geprägt hatte: daß seine Nachfolger und (wo vorhanden) seine Vorgänger geringere Einkünfte hatten als er. Von Arnstadt über Mühlhausen bis nach Weimar zieht sich also die Spur Bachs als eines Musikers, der für seine Dienste mehr Geld fordern konnte, als am jeweiligen Ort stellenüblich war; ein entsprechender Ruf ist Bach zumindest für Mühlhausen und Weimar jeweils schon vorausgeeilt, da dies bereits die Anstellungsverhandlungen prägte. Daß man ihm in·Weimar sogar besonders entgegenkam, zeigt die Entwicklung, die auch noch nach seiner bereits »teuren« Anstellung 1708 bis 1716 möglich war.

Damit trat Bach nicht erst mit seinem Stellenwechsel nach Köthen aus dem Rahmen des Üblichen heraus, sondern (wenn auch weniger offenkundig) schon auf seiner ersten größeren Anstellung in Arnstadt – auch mit Blick auf seine familiären Traditionen. Als Waise hatte er einen aus der Not geborenen Weg ins Berufsleben finden müssen: ohne echte »Lehre« (als Stadtpfeifer oder Organist), auch ohne Universitätssemester, wie sie von einem angehenden Kantor in jener Zeit zunehmend gefordert wurden. In einer Nische des Schulsystems, in der ein religiös-gottesdienstliches Anliegen (die Chorpraxis) mit einem karitativen verbunden wurde (der Versorgung mittelloser Jungen), hatte er eine Ausbildung erhalten, die im Grunde genommen sehr speziell war – nur auf Orgelspiel ausgerichtet oder, im weiteren Sinne, auf den Umgang mit Tasteninstrumenten und deren Musik. Auf diesem Gebiet aber war seine Ausbildung immens breit, weil sie ihn mit unterschiedlichsten stilistischen Richtungen vertraut gemacht hatte: von Ohrdruf über Lüneburg, Hamburg und Lübeck mit den lokalen mittel- und norddeutschen Musikströmungen, eingebettet in deren internationalen historischen Kontext. Aber nicht nur diese Kenntnisse boten ihm die außergewöhnlichen Chancen, die er hatte; vielmehr muß die Art und Weise, in der er die Elemente verband, auf seine Umwelt beeindruckend gewirkt haben.

Zu diesem Berufsbild eines »reinen« Organisten trat allmählich als wesentliche Facette hinzu, daß ein (vorrangig norddeutscher) Organist um sich herum ein Spezialisten-Ensemble bilden und mit diesem musizieren konnte. Diesen Zusatz versuchte Bach schon in Arnstadt für sich durchzusetzen; er kollidierte dabei mit jenem Musikprinzip, dem er selbst seine Ausbildung verdankte. Erfolgreicher war er in dieser Hinsicht in Mühlhausen: Angeführt von Conrad Meckbach, hat der Pfarrkonvent der Blasiuskirche Bachs »Anschläge« auf die Traditionen der Kantorenmusik anscheinend sogar unterstützt; Probleme mag es darin gegeben haben, wie die Geistlichkeit zu diesen Aktivitäten stand, vor allem aber darin, ob die weithin autonomen »privilegirten« Ratsmusikanten die neue Situation akzeptierten. Daß Bach in Weimar – zunächst als seine Privatsache, später sogar dienstrechtlich organisiert – die Möglichkeit hatte, auch dieses Kirchenmusik-Prinzip mit den Grundpflichten des Organisten zu verbinden, dürfte seine vorerst höchste Vollendung in dem Kantatentypus gefunden haben, in dem vier Vokalsolisten gefordert sind, aber kein Chor im eigentlichen Sinne.

Philipp Spitta schrieb 1873[1]: »Mit dem Abschiede aus Weimar schließt für immer Bachs officielle Organistenthätigkeit.« Wörtlich genommen, ist diese Feststellung richtig; an sich änderte sich für Bach fortan aber trotzdem nicht viel. Als Hofkapellmeister in Köthen (1717–1723) war er Mittelpunkt eines Ensembles, freilich unumschränkter als in der Position des avancierten Weimarer Hoforganisten; auch in Köthen bildete ein Tasteninstrument das Zentrum dessen, was er tat, nun eben das Cembalo. Das veränderte die Rahmenbedingungen, unter denen er die Ensemble-Führung übernahm, nur wenig. Das allgemeine Prinzip aber, eine Musik zu leiten, läßt sich auch mit den beiden späteren Positionen in Verbindung bringen, die in Bachs Leben eine Rolle spielten. 1720 bewarb er sich um die Organistenstelle an St. Jacobi in Hamburg – und zog die Bewerbung wohl zurück, nachdem er erkannt hatte, daß er das Prinzip auf ihr nicht würde verwirklichen können. Und als er 1723 zum Leipziger Thomaskantor gewählt worden war, erwähnte der Leipziger Regierende Bürgermeister unter den Vorzügen, die Bach mitbringe, »er *excelli*rte im *Clavier*«[2] – also in allen Formen von Musik, die auf Instrumenten mit »claves« (Tasten) zu spielen sei. Zwar war Bachs Leipziger Dienst nicht von Tasteninstrumenten her definiert; doch die auf sie bezogene Musik und die zugehörigen Musizierformen waren das Besondere, das Bach in einer schon für Zeitgenossen unvergleichlichen Verschmelzung bieten konnte. Daß diese Kompetenz ebenso seine Tätigkeit als Orgelvirtuose, Orgelsachverständiger und Kompositionslehrer zeitlebens prägte, versteht sich für die Nachwelt von selbst.

Dieses Wirken bot auch den Ansatzpunkt dafür, daß seine Nachwelt ihn nicht vergaß – auch nicht in der zweiten Hälfte des 18. Jahrhunderts. So trat Bach auch bei Friedrich dem Großen im Jahr 1747 als Tasteninstrumente-Spezialist auf, nicht einfach nur als eine Art musizierendes Denkmal: Er mußte, von einem Zimmer zum nächsten Zimmer, die Tasteninstrumente ausprobieren, die dort standen, vor allem Fortepianos von Gottfried Silbermann. Bach machte so viel Eindruck[3], daß der König sich noch 1774 daran begeistert erinnerte; und so pflegte man vor allem seine Musik für Tasteninstrumente weiter, sei es in den Kompositionslehren der Zeit als Musterbeispiele, sei es im Musikunterricht (der kleine Beethoven etwa lernte in Bonn Stücke aus Bachs »Wohltemperiertem Klavier«). Auch Johann

Nikolaus Forkel würdigt Bach 1802 vor allem wegen der Musik für Tasteninstrumente. Bachs Ausbildung war in diesem speziellen Sinne also bestimmend für sein Leben und sein Nachleben geworden, freilich ohne jeden Bruch zwischen den einzelnen Lebenspositionen. Daß sein Musizieren mit einem Ensemble, das sich um ein Tasteninstrument herum aufgebaut hatte, eher in Vergessenheit geriet, ist ein viel allgemeineres Phänomen: Dieses ließ sich nicht mehr verstehen, sobald das Berufsbild des Tasteninstrumente-Spielers zunehmend entweder auf das eines Virtuosen oder auf das eines »dienenden« Generalbaßspielers fixiert worden war – bis schließlich auch dieser zweite Typus aus dem Bewußtsein verdrängt wurde.

Derartige Grundlinien des Bachschen Lebens und Schaffens lassen sich relativ leicht nachzeichnen; erstaunlich zahlreich sind auch die typischen Dokumente der Zeit erhalten geblieben, die über ihn berichten. Wie Bach selbst seinen Dienst sah, ist hingegen ebenso offen wie die Frage, in welchen Schritten seine erhaltenen Werke eine kompositorische Entwicklung spiegeln. Weite Strecken dieses Buches sind daher konjunktivisch formuliert: Eine bestimmte Angelegenheit, auf die die Dokumente vage Bezug nehmen, könnte sich so verhalten haben, manches hingegen möglicherweise anders, als man es üblicherweise liest. Dahinter verbirgt sich nicht der Versuch, ein sicher etabliertes Bild durch Mutmaßungen zu erschüttern; viel eher geht es darum zu verstehen, daß auch das etablierte Bild nur auf Mutmaßungen beruht. Sie aber wurzeln in Kenntnissen und Denkmodellen des 19. Jahrhunderts; seither hat man gerade dadurch, daß man über Bachs frühes Umfeld Neues erfuhr, sich andere Grundlagen geschaffen, um Bachs historische Position zu beschreiben. Dieses Neue erweist sich als zunehmend unvereinbar mit dem alten Bild, das Spitta aufgrund seiner Forschungen entwickelt hat. Spittas Verdienst liegt fraglos darin, Grunddetails überhaupt einmal erschlossen zu haben, dazu noch in beispielloser Fülle. Über das hieb- und stichfest Dokumentierte hinaus sind seine Folgerungen keineswegs unanfechtbar, ebenso wie die der Generationen, die nach ihm kamen. Jenes Konjunktivische erschiene für sie alle als eine Form, die für die Darstellung von Bachs Leben und Wirken angemessen wäre.

Anmerkungen

Vorwort

1 Zu ihm vgl. Schilling, Spitta, besonders S. 19–23.

Erstes Kapitel: Wechmar oder Der Ursprung

1 Dok I/184.
2 Geiringer, Musikerfamilie Bach, S. 7.
3 Forkel, Bach, S. 18.
4 Genealogische Angaben generell nach Kock, Genealogisches Lexikon.
5 Entgegen den etymologischen Untersuchungen von Günther Kraft in: Entstehung und Ausbreitung des musikalischen Bach-Geschlechtes, S. 49–60.
6 Vgl. allgemein: Kraft, Entstehung und Ausbreitung des musikalischen Bach-Geschlechtes, S. 521.
7 Für Angaben zu Korabinsky und Bach-Nachweisen in Preßburg vgl. Zavarsky, Zur angeblichen Preßburger Herkunft der Familie Bach, besonders S. 21 und 24f. Vgl. ansonsten Dok III/891 und 974.
8 DWB I, Sp. 1065.
9 DWB VIII, Wortstämme »reiten«/»reuten« mit Ableitungen; DWB IX, Sp. 1790–1792.
10 Vgl. die Ausführungen bei Kraft, Entstehung und Ausbreitung des musikalischen Bach-Geschlechtes, S. 77ff.
11 Zit. nach Geiringer, Musikerfamilie Bach, S. 18 (1716); Rollert, Die Erfurter Bache, S. 208 (1682).

12 Schreiben von Bachs Stiefmutter Barbara Margaretha Bach an den Eisenacher Rat, zit. nach Dok II/3.

13 Daten hierzu nach Kraft, Entstehung und Ausbreitung des musikalischen Bach-Geschlechtes, S. 528–530; Kreuch, Bachhaus Wechmar, S. 9f.

14 Kraft, Entstehung und Ausbreitung des musikalischen Bach-Geschlechtes, S. 522.

15 Vgl. hierzu Bucsay, Der Protestantismus in Ungarn, Band 1, S. 69–86.

16 Bucsay, Der Protestantismus in Ungarn, Band 1, S. 52, 139–146.

17 Zavarsky, Zur angeblichen Preßburger Herkunft der Familie Bach, S. 26f.

18 Kraft, Entstehung und Ausbreitung des musikalischen Bach-Geschlechtes, S. 142, 144.

19 Barta, Geschichte Ungarns, S. 159; Bucsay, Der Protestantismus in Ungarn, Band 1, S. 144.

20 Bogyay, Grundzüge der Geschichte Ungarns, besonders S. 103f.; Sugar, A History of Hungary, S. 130f.

21 Bucsay, Der Protestantismus in Ungarn, Band 1, S. 47f.

22 Kraft, Entstehung und Ausbreitung des musikalischen Bach-Geschlechtes, S. 149f.

23 Hierzu und zur Geschichte der Familie Hoffmann vgl. Kraft, Thüringer Stadtpfeifer-Familien um Bach, insbesondere die Übersicht auf S. 153.

Zweites Kapitel: Eisenach. 1685–1695

1 Dok II/1.

2 Dok II/2.

3 Vgl. zu diesen beiden Positionen: Kaiser, Bachs erstes Eisenacher Lateinschuljahr, und Helmbold, Junge Bache auf dem Eisenacher Gymnasium, S. 19, 21.

4 Oefner, Bachfamilie – Bachrenaissance – Bachhaus, S. 7.

5 DWB IV, Sp. 683; Oefner, Das Musikleben in Eisenach, S. 63.

6 Vgl. Abbildung in: Bach in Thüringen, S. 23.

7 Der Dienstvertrag ist abgedruckt bei Rollberg, Johann Ambrosius Bach, S. 135f.

8 Vgl. hierzu: Kraft, Thüringer Stadtpfeifer-Familien um Bach, S. 168f.

9 Johann Andreas Schmidt war Sohn eines Försters, vgl. Oefner, Das Musikleben in Eisenach, S. 170; zu Christoph Schmidts Biographie vgl. Rollberg, Von den Eisenacher Stadtpfeifern, übersichtsweise S. 116.

10 Rollberg, Johann Ambrosius Bach, S. 147.
11 Rollberg, Johann Ambrosius Bach, S. 142; neue Umschrift nach der Abbildung in: Oefner, Die Musikerfamilie Bach in Eisenach, S. 19.
12 Rollberg, Johann Ambrosius Bach, S. 141.
13 Dok I/80.
14 Rollberg, Johann Christoph Bach, hier S. 557f; ders., Johann Ambrosius Bach, S. 142f.
15 Rollberg, Johann Christoph Bach, besonders S. 553.
16 Wolff u. a. (Hrsg.), Die Bach-Familie, S. 40.
17 Dok I/184; Melamed, Bach and the German motet, besonders S. 181.
18 Vgl. Frontispiz des Eisenacher Gesangbuchs von 1763, wiedergegeben auf S. 145.
19 Grundlage des Folgenden sind die Forschungen Rainer Kaisers in: Bachs erstes Eisenacher Lateinschuljahr.
20 Helmbold, Junge Bache auf dem Eisenacher Gymnasium, S. 19.
21 Kaiser, Bach als Schüler einer »deutschen Schule«; ders., Bachs erstes Eisenacher Lateinschuljahr.
22 Zu ihm vgl. Kaiser, Bachs erstes Eisenacher Lateinschuljahr.
23 Oefner, Das Musikleben in Eisenach, S. 52.
24 Rollberg, Johann Ambrosius Bach, S. 151.
25 Vgl. etwa Krickeberg, Das protestantische Kantorat, S. 106, 138, 154.
26 Landeskirchliches Archiv Eisenach, B XXV B. 2, fol. 35r sowie fol. 2r/v (vgl. hierzu bereits Küster, Kantoren und Organisten).
27 Kock, Genealogisches Lexikon, S. 256 (Anm. 97).
28 Landeskirchliches Archiv Eisenach, B XXV B. 2, fol. 20. Vgl. bereits den Hinweis in: Geiringer, Die Musikerfamilie Bach, S. 118.
29 Siegele, Bach in Leipzig.
30 Rollberg, Johann Christoph Bach, S. 553; Dok II/280.
31 Oefner, Das Musikleben in Eisenach, S. 16.
32 Kaiser, Bachs erstes Eisenacher Lateinschuljahr.
33 Dok I/23.
34 Oefner, Das Musikleben in Eisenach, S. 48.
35 Ausführlich hierzu Freyse, Bachs erstes Gesangbuch, besonders S. 139, und Petzoldt, »Ut probus & doctus reddar«, S. 23 und 31–36.
36 Vgl. die gleichnamigen Miszellen von Otto Schröder und Fritz Rollberg (»Das Eisenacher Chorbuch«). Der Band ist verheftet: Die Blätter 234 bis 241 stehen zwischen 305 und 306.
37 Fol. 18v/19r und 25v/26r.
38 Oefner, Das Musikleben in Eisenach, S. 58 und 82.

39 1620: Rollberg, Das Eisenacher Chorbuch; zu späteren Daten vgl. Oefner, Die Musikerfamilie Bach in Eisenach, S. 24f., 88; Petzoldt, »Ut probus & doctus reddar«, S. 23.

40 Vgl. den Diskussionsbeitrag Friedhelm Krummachers in: Das Frühwerk Bachs, S. 46.

41 Vgl. Wolff, Stile antico, übersichtsweise S. 15f.

42 Rollberg, Johann Christoph Bach, S. 555f.

43 Dok II/627, III/957; Freyse, Das Porträt Ambrosius Bachs. Vgl. auch das 6. Kapitel.

Drittes Kapitel: Ohrdruf. 1695–1700

1 StadtA Ohrdruf, Sonderarchiv Nr. 27: »Matricula. Scholastica.«; vgl. zunächst Dok II/4.

2 Dok III/666.

3 Schulze, Johann Christoph Bach, S. 60.

4 Hierzu Oefner, Das Musikleben in Eisenach, S. 160; Schulze, Johann Christoph Bach, S. 64.

5 Oefner, Das Musikleben in Eisenach, S. 13.

6 Kraft, Bach und Ohrdruf, S. 28.

7 Vgl. Abbildung in: Schulze, Studien zur Bach-Überlieferung, S. 189f.

8 Müller, Chronicka der Uralten Berg=Stadt Sangerhaußen, S. 97. Die Beschreibung Müllers (1593 geboren) reicht bis 1639.

9 Edler, Der nordelbische Organist, S. 23.

10 Abdruck in: Schulze, Johann Christoph Bach, S. 60.

11 StA Gotha, Hohenlohe-Gemeinschaftl., 2496, fol. 3r.

12 StA Gotha, Hohenlohe-Gemeinschaftl., 2496, fol. 6r.

13 StA Gotha, Hohenlohe-Gemeinschaftl., 2496, fol. 9r.

14 StA Gotha, Hohenlohe-Gemeinschaftl., 2496, fol. 7r.

15 StA Gotha, Hohenlohe-Gemeinschaftl., 2496, fol. 10.

16 Vgl. Teilabbildung des Entlassungsgesuchs in: The New Grove Dictionary of Music and Musicians, London 1980, Artikel Pachelbel, Johann (Bd, 14, S. 47; Ewald V. Nolte).

17 StA Gotha, Hohenlohe-Gemeinschaftl., 2496, fol. 15–17. Textwiedergaben fol. 15r und fol. 17r/v.

18 Hierzu Schulze, Johann Christoph Bach, S. 66.

19 Zunächst wechselte der Sextus Jeremias Christoph Wolff in das Kirchner-Amt über, vgl. hierzu den autobiographischen Abriß Johann Chri-

stoph Bachs in: Schulze, Johann Christoph Bach, S. 60. Verhandlungen um Wolffs Nachfolge gab es seit dem 29.12.1699, Wolffs Bewerbung datiert vom 17.2.1700; StA Gotha, Hohenlohe-Gemeinschaftl., 2495 (nicht foliiert). Zur Quintus-Stelle vgl. StA Gotha, Hohenlohe-Gemeinschaftl., 2530, fol. 19.

20 StA Gotha, Stadtarchiv Ohrdruf U IX/61, fol. 9v.

21 Vgl. Jauernig/Steiger, Die Matrikel der Universität Jena, Band II [1], 1652–1723, S. 197.

22 Vgl. Fock, Der junge Bach in Lüneburg, S. 38.

23 Zeitgenössische beglaubigte Abschrift; StA Gotha, Stadtarchiv Ohrdruf U IX/61, fol. 3r. Kromayer war am 18.4.1684 in Jena immatrikuliert worden, Danz ist dort seit November 1680 nachweisbar; vgl. Jauernig/ Steiger, Die Matrikel der Universität Jena, Band II [1], 1652–1723, S. 182, 197.

24 Für die dokumentarischen Hinweise vgl. Petzoldt, »Ut probus & doctus reddar«, S. 27f.; zu den Interpretationsansätzen vgl. Fock, Der junge Bach in Lüneburg, S. 38.

25 So Spitta, Bach, Bd. I, S. 186; Terry, Bach, S. 38; Petzoldt, »Ut probus & doctus reddar«, S. 29.

26 Terry, Bach, S. 36. Zum Vergleich sei verwiesen auf die Situation in Leipzig (Schulze, Thomasschule, lateinische Ordnung von 1634, Lektionsplan im Anhang) und Lüneburg (Fock, Der junge Bach in Lüneburg, S. 63).

27 Vgl. StA Gotha, Hohenlohe-Gemeinschaftl., Konsistorium, Nr. 244.

28 StA Gotha, Stadtarchiv Ohrdruf U IX/61, fol. 4r; die Signatur »MJAK.S.« ist als »Magister Johann Abraham Kromayer. Superintendens« zu entschlüsseln.

29 StA Gotha, Stadtarchiv Ohrdruf U IX/61, fol. 8r/v.

30 StA Gotha, Stadtarchiv Ohrdruf U IX/61, fol. 7v; Hohenlohe-Gemeinschaftl., 2527, fol. 34r.

31 Vgl. Herdas Protestschreiben vom 21.12.1697: StA Gotha, Stadtarchiv Ohrdruf U IX/61, fol. 31r/v.

32 Dok I/23.

33 Dok III/666.

34 Dok III/803.

35 Wolff, Eckelts Tabulaturbuch (mit Inventar).

36 Schulze, Studien zur Bach-Überlieferung, S. 30–56.

37 Walker, Zur Geschichte des Kontrasubjekts, S. 54.

1 Dok III/803.
2 Dok III/666.
3 Zum Brief von 1726 vgl. Pantijelew, Bachs Briefe an Erdmann; der Brief von 1730 in Dok I/23.
4 Junghans, Bach als Schüler, S. 6 (vgl. auch Terry, Bach, S. 45, Anm. 6); Spitta, Bach, Band 1, S. 187f (so noch Wolff, Reinken und Bach, S. 103).
5 In: StadtA Lüneburg, St. Mich. F 103, Nr. 1 (unpaginierte Einzelblätter bzw. -bogen).
6 StadtA Lüneburg, St. Michaelis Rep. F 102, Nr. 29, fol. [1].
7 Fock, Der junge Bach in Lüneburg, S. 48.
8 Vgl. hierzu Fock, Der junge Bach in Lüneburg, S. 76.
9 Fock, Der junge Bach in Lüneburg, S. 54, 57.
10 Individuelle Rückstufungen des Honorars lassen sich auch sonst nicht nachweisen.
11 Aufbauend auf Fock, Der junge Bach in Lüneburg, S. 50.
12 Junghans (Bach als Schüler, S. 6) hat zwar mit der Mai-Liste gearbeitet, aber lediglich das Besetzungsverhältnis Diskant-Alt berücksichtigt (das nach seiner Rechnung 7:3 betragen hätte) – die Baß-Besetzung spielt in seinen Überlegungen keine Rolle.
13 Fock, Der junge Bach in Lüneburg, S. 51.
14 Buncke im Tenor, Bergman und Wuhrman im Alt, de Brevill und Volckmann im Diskant.
15 Junghans, Bach als Schüler, S. 12.
16 Fock, Der junge Bach in Lüneburg, S. 56 (Francke), 59f. (Lasius, ferner »der neue Bassist« Bendeler, Peters bzw. Petersen ›major‹ und Marquard sowie Sänger, für die in Lüneburg nur eine Beteiligung in Männerstimmen nachgewiesen ist: Dey, Nemeitz, Rosenhagen und Sperber im Tenor; Götting, Macke und Röver im Baß).
17 Dok III/666.
18 Fock, Der junge Bach in Lüneburg, S. 51.
19 StA Gotha, Hohenlohe-Gemeinschaftl., Konsistorium, Nr. 244.
20 Fock, Der junge Bach in Lüneburg, S. 49.
21 Schulze, Johann Christoph Bach, S. 73. Cange, Glossarium, 3. Band, S. 37; Niermeyer, Mediae latinitatis lexicon minus, S. 310. Auch Schulze geht nach einmaliger Erwähnung des Begriffs »Abnehmen« zu »Mangel« über.

22 Schulze, Johann Christoph Bach, S. 73. Ältere Ansätze zur Begriffsklärung (Platzprobleme im Haushalt Johann Christoph Bachs etc.) brauchen hier nicht weiter verfolgt zu werden.

23 Weimar: Dok II/80 (Nr. 35 der Personalübersicht). Lüneburg: Fock, Der junge Bach in Lüneburg, S. 66. Eisenach: Oefner, Das Musikleben in Eisenach, S. 49. Leipzig: StadtA Leipzig, »Rechnung der Schulen zu St. Thomae von Lichtmeße Anno 1723 bis Lichtmeße Anno 1724«, Rubrik »Einnahme An Verehrungen und Beysteuer zur Speisung derer Schüler zu St. Thomae«.

24 Aus Dresden stammend; nicht zu verwechseln mit Bachs Lehrer Johann Christoph Juncker aus Eisenach (vgl. zu jenem: Petzoldt, »Ut probus & doctus reddar«, S. 21.

25 Cange, Glossarium, Band 4, S. 241.

26 ThHStA Weimar, B 24565a (Verschiedene Dienerbestallungen), fol. 61r (6.10.1704).

27 Als Jahr gilt hier stets der Zeitraum, für den jeweils die Abschlußprüfungen stattfanden (20. Juli 1696, 19. Juli 1697, 18. Juli 1697, 24. Juli 1699, 14. August 1700). Zum Zeitpunkt der jeweiligen Prüfungen werden von der Matrikel die Schülerzahlen des vorausgegangenen Schuljahrs angegeben (1696: 287; 1697: 294; 1698: 251; 1699: 279; 1700: 279). Vgl. die Schülerlisten (StadtA Ohrdruf, »Matricula. Scholastica.«).

28 So auch schon Schulze, Johann Christoph Bach, S. 72.

29 Vgl. hierzu die Bildwiedergaben Nr. 27 (rechts oben und unten) in Dok IV.

30 Aus: StadtA Ohrdruf, »Matricula. Scholastica.«, fol. 73v (Prima 1698), 82r (Prima 1699), 82v (Secunda 1699), 91v (Prima 1700).

31 Im Schülerverzeichnis 1699 lautet der Name Quehr.

32 StadtA Ohrdruf, »Matricula. Scholastica.«, fol. 82r: »Georg. Ernest. Creützburg, ordruv. pauperitate coactus, Schliziam, scribae officio defuncturus, disceßit«.

33 StadtA Ohrdruf, »Matricula. Scholastica.«, fol. 73v.

34 Vgl. schon Örtel, Bach in Ohrdruf, S. 68; nach StadtA Ohrdruf, »Matricula. Scholastica.«, Schülerteil (fol. 172ff.), Caput XLIII.

35 StadtA Ohrdruf, »Matricula. Scholastica.«, fol. 102r.

36 Örtel, Bach in Ohrdruf, S. 68.

37 StA Gotha, Hohenlohe-Gemeinschaftl., Konsistorium, Nr. 244.

38 Zu ihm vgl. Avenarius, Avenarianische Chronik, S. 272, 277. StadtA Ohrdruf, »Matricula. Scholastica.«, fol. 65r: »introductus d. 9 Nov. 1696. praefectus chorj«.

39 Publiziert durch Seiffert (Chorbibliothek der St. Michaelisschule in Lüneburg).
40 Dok III/803.
41 Zehnder, Böhm und Bach.
42 Zu Braun als Positivschläger vgl. Fock, Der junge Bach in Lüneburg, S. 66–68; ansonsten StadtA Lüneburg, F 99, Nr. 5 (unfoliiert). Zu Dreyer F 99, Nr. 24, 1. Faszikel, fol. [1r], Eberhard Joachim Elfeld; ausführlicher hierzu: Küster, Kantoren und Organisten.
43 Fock, Der junge Bach in Lüneburg, S. 52.
44 Vgl. Horst Walter, Musikgeschichte der Stadt Lüneburg, S. 264f.
45 Wolff, Reinken und Bach, S. 106; Fock, Arp Schnitger, S. 104f.
46 Dok III/666.
47 Wolff, Reinken und Bach, S. 107.
48 Spitta, Bach, Band 1, S. 193; ebenso Geiringer, Die Musikerfamilie Bach, S. 135.
49 StadtA Ohrdruf, »Matricula. Scholastica.«, fol. 102v.
50 Karl Müller und Fritz Wiegand, Arnstädter Bachbuch, zit. nach: Wolff, Reinken und Bach, S. 102.
51 Dok III/914.
52 Wolff, Reinken und Bach, besonders S. 110–112.
53 Vgl. die Berichte über Schulabgänge bei Fock, Der junge Bach in Lüneburg, S. 54–60.
54 Dok I/38 mit Kommentar.
55 Dok I/6; vgl. ansonsten Küster, »Der Herr denket an uns«, S. 93 und 96.
56 Zum Folgenden vgl. Dok I/184; Dok II/7; Dok III/895, 948; Forkel, Bach, S. 22.
57 Spitta, Bach, Band 1, S. 217.
58 Jauernig, Bach in Weimar, S. 52.

Fünftes Kapitel: Arnstadt. 1703–1707

1 Spitta, Bach, Band 1, S. 219.
2 Dokumentarische Informationen (über Dok II/7–8 hinaus) nach Schiffner, Bach in Arnstadt.
3 Spitta, Bach, Band 1, S. 219; Schiffner, Bach in Arnstadt, S. 8 und 50 (1985: S. 11); Dok II/23.
4 Dok II/18.
5 Dok III/801.

6 Walter, Musikgeschichte der Stadt Lüneburg, S. 242 (Heidorn); Fried-helm Krummacher, Art. Ritter, Christian, in: The New Grove Diction-ary of Music and Musicians, London 1980, Band 16, S. 60; Schulze, Bach und Buxtehude.

7 Vgl. die Werkübersichten in: Schulze, Studien zur Bach-Überlieferung, S. 41–43; Hill, The Möller Manuscript, S. 512–525; ders., Keyboard Music, S. XXIX-XXXVII.

8 Vgl. hierzu bereits Zehnder, Böhm und Bach, hier S. 84, sowie die Einzelhinweise bei Hill, The Möller Manuscript, S. 192f., 225 (zu Ein-zelwerken Böhms und Buxtehudes). Weshalb Hill bei der Überlieferung der Werke Böhms eher an Johann Ernst Bach denkt (S. 200f.), wird nicht deutlich.

9 Hill, The Möller Manuscript: S. 95 (Entstehungsgeschichte), S. 45 (Papier), S. 61, 113, 122 (Schriftformen), S. 93, 96f. (Werkbeziehun-gen).

10 So auch Hill, The Möller Manuscript, S. 62. Zum Folgenden vgl. die Faksimile-Abbildung der Handschrift in: Stinson, Bach's Earliest Auto-graph, S. 261–263.

11 Dies ist auch Hills Beispiel in seiner Kurzübersicht in: Hill, Keyboard Music, S. XXIII. Ausführlich: Hill, The Möller Manuscript, S. 297.

12 Auch die Annahme eines Repertoirewandels von Böhm zu Buxtehude (Schulze, Studien zur Bach-Überlieferung, S. 48) läßt sich nicht auf-rechterhalten, seitdem Schulze selbst ermittelt hat, daß Johann Chri-stoph Bach schon um 1700 Zugang zu Musik Buxtehudes hatte (Schulze, Bach und Buxtehude).

13 Vgl. Dadelsen, Beiträge zur Chronologie, S. 74–76; NBA IX/1, Was-serzeichen-Katalog, Textband, Nr. 113.

14 Vgl. Stinson, Bach's Earliest Autograph, der beide Möglichkeiten erwägt.

15 Keller, Orgelwerke, S. 174; Williams, Organ Music, Band 2, S. 287f.

16 Dok II/8.

17 Schiffner, Bach in Arnstadt, S. 9 (1985: S. 11).

18 Schiffner, Bach in Arnstadt, S. 8 und 49f. (1985: S. 10).

19 Schiffner, Bach in Arnstadt, S. 50 (1985: S. 13).

20 Dok II/14.

21 DWB, Band 15, Sp. 1563.

22 Dok II/63.

23 Dok II/16f.

24 Dok III/666.

25 Zum folgenden insgesamt: Dok II/15f.

26 Vgl. etwa Terry, Bach, S. 79.

27 Zum Folgenden vgl. Wolff, Pachelbel, Buxtehude und die weitere Einfluß-Sphäre des jungen Bach (mit Diskussionsbeitrag Friedhelm Krummachers, S. 29).

28 Vgl. Breig, Versuch einer Theorie der Bachschen Orgelfuge, S. 15.

29 Vgl. Wolff, Pachelbel, Buxtehude..., S. 26; Snyder, Bach, Buxtehude,
and the Old Choir Library of St. Mary's in Lübeck.

30 Dok III/803.

31 Wolff, Reinken und Bach, S. 108; Das Frühwerk Bachs, Diskussions-
beiträge von Hans-Joachim Schulze und Jean-Claude Zehnder, S. 345.

32 Edler, Der nordelbische Organist, S. 57, 54; Heller, Norddeutsche
Musikkultur, S. 12.

33 Oefner, Das Musikleben in Eisenach, S. 20f.

34 Vgl. die Wiedergabe der Emporenverhältnisse im Eisenacher Gesangbuch von 1763; die Abbildung bereits in: Oefner, Die Musikerfamilie
Bach in Eisenach, S. 59.

35 Dok II/16.

36 Schiffner, Bach in Arnstadt, S. 49 (1985: S. 10).

37 Mattheson, Grundlage einer Ehren-Pforte, S. 94.

38 Belotti, Die freien Orgelwerke Dietrich Buxtehudes, S. 91 und 93;
Schulze, Bach und Buxtehude.

39 Vgl. Geiringer, Die Musikerfamilie Bach, S. 99.

40 Dok II/8.

41 Dok II/16.

42 Dok II/21, 25.

43 Dok II/8, Kommentar.

Sechstes Kapitel: Mühlhausen. 1707–1708

1 Walther, Briefe, S. 219f.

2 Dok II/19; zu den Verwandtschaftsverhältnissen vgl. Brinkmann, Die
Mühlhäuser Bache, S. 221.

3 Spitta, Bach, Band 1, S. 340, sowie die entsprechenden Protokollbände
im StadtA Mühlhausen.

4 Entgegen der Sicht seit Spitta (Bach, Band 1, etwa S. 333 oder 372).

5 StadtA Mühlhausen, Protokolle des Senatus ordinarius 1707/08,
fol. 228; Dok I/1, Dok II/19f. Die Eingepfarrten agierten (anders als in

Dok I/1, Kommentar, dargelegt) offenbar unabhängig von einer gleichzeitigen Funktion im Stadtrat.

6 Spitta, Bach, Band 1, S. 333.

7 Dok II/20f.

8 Jordan, Geschichte der Stadt Mühlhausen, Band 3, S. 148.

9 Dok II/25.

10 Zum Werk vgl. Spitta, Bach, Band 1, S. 340, zum Aufführungstermin Petzoldt, Bachstätten aufsuchen, S. 135.

11 Wiedergabe von Wenders Arnstädter Bauentwurf: Der junge Bach in Arnstadt, S. 47; moderne Umschrift in: Petzoldt, Bachstätten aufsuchen, S. 22. Zum Mühlhäuser Geschehen vgl. Dok I/83 mit weiteren Dokumentenwiedergaben im Kommentar.

12 Die Zitate nach Dok I/1.

13 Dok II/36.

14 Spitta, Bach, Band 1, S. 354–360; Petzoldt, Bachstätten aufsuchen, S. 133–137 (umfassend zu der theologischen Situation).

15 Petzoldt, Bachstätten aufsuchen, S. 133.

16 Dok II/42, 51.

17 Siegele, Bachs Endzweck, besonders S. 314.

18 StadtA Mühlhausen, O 5 Nr. 6 (»Acta betr. die musicalische Gesellschaft (convivium musicale) utriusque chori D. Blasii & B. Mar. Virg.«) und 13 (»Ratsmusikantenkompagnie 1704–55«), besonders Nr. 6, fol. 3v (Quelle des Zitats; undatiert) und 19–20 sowie das unfoliierte letzte Stück der Akte.

19 StadtA Mühlhausen, 10/★ 1/2 Nr. 3d: »Catalogus über alle Partes, welche allhier bey den Cantoribus zufinden. 1617.« Der Bestand ist unter den Akten über die Blasiuskirche abgelegt.

20 Spitta, Bach, Band 1, S. 354.

21 Brief an Johann Nikolaus Forkel vom 20.9.1775, Dok III/807; ferner Dok III/957.

22 Schneider, Altbachisches Archiv, Band 1, S. 111.

23 Melamed, Bach and the German motet, besonders S. 186.

24 Vgl. die Übersicht bei Melamed, Bach and the German motet, S. 172f.

25 Dies angezweifelt von Melamed, vgl. Beißwenger, Bachs Notenbibliothek, S. 270; die Zweifel fanden allerdings nicht in die Druckfassung von Melameds Studie Eingang.

26 Vgl. die Abbildung in: Schneider, Altbachisches Archiv, Band 1, S. XIII.

27 Melamed, Bach and the German motet, S. 189–197, besonders S. 196.

28 Allenfalls im Sinne eines allgemeineren Vergleichs, etwa bei Glöckner, Kantate BWV 150, S. 202.
29 Küster, »Der Herr denket an uns«, besonders S. 87–91.
30 Glöckner, Kantate BWV 150.
31 Vgl. den Diskussionsbeitrag Hans-Joachim Schulzes in: Das Frühwerk Bachs, S. 345.
32 Vgl. hierzu bereits Küster, Kantoren und Organisten.
33 Krummacher, Traditionen der Choraltropierung, S. 221.
34 Krummacher, Traditionen der Choraltropierung, S. 230; ders., Bachs frühe Kantaten, S. 15f.
35 Krummacher, Bachs frühe Kantaten, S. 23; zur Stellung Pachelbels vgl. bereits ders., Die Tradition in Bachs vokalen Choralbearbeitungen, S. 36f.
36 Walker, Die Entstehung der Permutationsfuge.
37 Krummacher, Bachs frühe Kantaten, S. 26.
38 Vgl. etwa Johann Matthäus Meyfarth, Christliche Erinnerung [...], wie das abscheuliche Laster der Hexerei mit Ernst auszurotten, Erfurt 1635, zit. nach: John, Quellen zur Geschichte Thüringens, S. 87.
39 Dok II/37; Bitter, Bach, Band 4, S. 92.
40 StadtA Mühlhausen, 10/* 3/4 Nr. 2b, fol. 32–36 (J. H. Hetzehenn), fol. 47v (J. G. Hetzehenn); 10/* 1/2 Nr. 2a, fol. 49 (G. C. Hetzehenn).
41 Textversionen nach dem originalen Mühlhäuser Textdruck.
42 Personenangaben nach den biographischen Angaben im Personenregister zu Dok II, ferner nach den Personenaufstellungen in den Protokollen des »Senatus ordinarius«; Tilesius' Geburtsdatum verdanke ich Recherchen des Stadtarchivs Mühlhausen.
43 Dok II/51.

Siebtes Kapitel: Weimar. 1708–1717

1 Dok II/38. Zum Zahlungszweck vgl. die Wiedergabe des Dokuments auf S. 186f.
2 Jauernig, Bach in Weimar, S. 55.
3 Archivalische Angaben nach Jauernig, Bach in Weimar, S. 53f.
4 Z. B. Terry, Bach, S. 97; Otterbach, Bach, S. 26; Boyd, Bach, S. 57.
5 Vgl. hierzu auch die Anekdote bei Forkel, Bach, S. 38.
6 Begriff nach der Rechnungsbuch-Eintragung für 1711/12, vgl. Dok II/39, Kommentar.

7 ThHStA Weimar, B 24565a (Verschiedene Dienerbestallungen),
   fol. 88r/v. Die Adresse, fol. 89v., lautet: »*Dem Vesten, unserm Geheimen
   Rahte*, auch Cammer- und Ober *Consistorial-Præsiden*ten und lieben
   getreuen, Herrn *Johann Christoph von Hoffmann*. Weimar.« Zur Ausführung der Zahlung vgl. Dok II/37.
8 ThHStA Weimar, B 24565a (Verschiedene Dienerbestallungen), fol. 72r
   (28.4.1706).
9 ThHStA Weimar, B 24565a (Verschiedene Dienerbestallungen), fol. 70r
   (23.2.1706; ab Trinitatis 1706).
10 Siegele, Bachs Endzweck, besonders S. 314.
11 Vgl. Schulze, Die Bach-Überlieferung: Plädoyer für ein notwendiges
   Buch, S. 55; Beißwenger, Bachs Notenbibliothek, S. 320, Nr. I/T/5
   (dort im übrigen kein Hinweis auf die einstge Existenz weiterer Albi-
   noni-Quellen: über S. 226, Nr. I/A/1, hinaus).
12 ThHStA Weimar, Fürstliche Weimarische gesamte Cammer- und
   Steuer-Rechnung, über Einnahme und Außgabe Geldt, Von Michaelis
   1701 [bzw. 1702] bis dahin 1702 [bzw. 1703]., Rechnungen 121 (1701/
   02), fol. 120v, und 122 (1702/03), fol. 124r. Vgl. bereits Küster, »Der
   Herr denket an uns«, S. 91.
13 Gegen Spitta (Bach, Bd. 1, S. 391, 520f.) und zum Folgenden im Detail
   vgl. Küster, »Der Herr denket an uns«, besonders S. 91–93.
14 Kobayashi, Quellenkundliche Überlegungen, S. 304.
15 ThHStA Weimar, B 24565a (Verschiedene Dienerbestallungen),
   fol. 112r. Die Adresse, fol. 113v, lautet: »*Unserm gesamten Cammer-
   schreiber* allhier und lieben getreuen, Heinrich Schnorrn. Weimar.« Zur
   Ausführung der Zahlung vgl. Dok II/39, Kommentar; der dort zitierte
   Hinweis auf den »Besoldungs Befehl fol. 135« bezieht sich auf die alte
   Foliierung des Bandes (Blattangabe rechts oben unter dem Präsenta-
   tionsvermerk).
16 Melamed, The Authorship of the Motet »Ich lasse dich nicht«.
17 Dok II/55.
18 Kobayashi, Quellenkundliche Überlegungen, S. 304 (mit Diskussions-
   beiträgen, S. 309f.).
19 Schulze, Studien zur Bach-Überlieferung, S. 156–163; Küster, »Der
   Herr denket an uns«, S. 89f.
20 Zu den Vorgängen vgl. Wollny, Bachs Bewerbung; zur Frage der Pro-
   bekantate ebenso Dürr, Bachs Hallenser Probestück.
21 Dok I/2 und II/62–64; Dok II/65 (Zitat); Dok I/3, II/39.
22 Dok I/5.

23 Dok I/2.

24 Die Verweisungen der Rechnungsbücher auf Nro. 188b (1713) und Nr. 182–185 (1714; vgl. Dok II/39, Kommentar) beziehen sich nicht auf die Besoldungsbefehle.

25 Dok II/39, Dok II/66 (beide mit Kommentar).

26 Dok II/63.

27 Spitta, Bach, Band 1, S. 534.

28 Dok II/66, Kommentar.

29 Datierung der Werke nach Dürr (Studien über die frühen Kantaten); Fortschreibungen des Kalenders durch Glöckner (Zur Chronologie der Weimarer Kantaten), Kobayashi (Quellenkundliche Überlegungen), Hofmann (Bachs Weimarer Kantaten-Kalender) und Melamed (Mehr zur Chronologie).

30 Glöckner, Gründe für Bachs Weggang aus Weimar, S. 141.

31 Küster, Meininger Kantatentexte.

32 Reimer, Die Hofmusik in Deutschland, S. 155; Küster, »Theatralisch vorgestellet«.

33 Hierzu Glöckner, Neue Spuren zu Bachs »Weimarer« Passion.

34 Vgl. Glöckner, Zur Chronologie der Weimarer Kantaten, und Hofmann, Zu Bachs Weimarer Kantaten-Kalender, S. 27–29; Dok II/81.

35 ThHStA, B 24565a, Verschiedene Dienerbestallungen, fol. 70r; ThHStA, Rechnungen 125 (1705/06), fol. 61r–62v.

36 Spitta, Bach, Band 1, S. X (Inhaltsangabe für S. 520f.), S. 520.

37 So Jauernig, Bach in Weimar, S. 57; Lidke, Das Musikleben in Weimar, S. 70.

38 Dok II/71 (mit Kommentar).

39 Dürr, Studien über die frühen Kantaten, S. 65, 68; zur Datierung vgl. ebenso Hofmann, Bachs Weimarer Kantaten-Kalender, S. 29.

40 Zuletzt: Hofmann, Bachs Weimarer Kantaten-Kalender, S. 9.

41 Glöckner, Gründe für Bachs Weggang aus Weimar, S. 141 und 143.

42 Vgl. Spitta, Bach, Band 1, S. 578.

43 ThHStA Weimar, B 24565a (Verschiedene Dienerbestallungen), fol. 160r–161r. Die Adresse, fol. 161v, lautet: »*Dem Hochgelahrten, Unserm gesamten Hoff-Regierungs-* und *CammerRathe* alhier und lieben getreuen, *Herrn Johann Gottlieb Alberti.* Weimar.« Zur Ausführung vgl. Dok II/84, Kommentar.

44 Entsprechend lauten auch die Zahlungsvermerke der Rechnungsbücher; vgl. Jauernig, Bach in Weimar, S. 103; Glöckner, Gründe für Bachs Weggang aus Weimar, S. 141 und 143.

45 Dok II/86; in seinem Köthener Entlassungsgesuch ist von einem Dienst seit dem 5. August 1717 die Rede, vgl. Dok II/128.

46 Dok I/94.

47 Dok II/128; die Quittung »No. 244« ist erwähnt im Köthener Rechnungsbuch, vgl. Dok II/86.

48 Dok II/77.

49 Überblicksweise: Smend, Bach in Köthen, S. 12f.

50 Dok II/86; zum Folgenden Zedler, Universal-Lexicon, Band 5, Sp. 670–673.

51 Zur Weimarer Besoldungsentwicklung vgl. Dok II/39, Kommentar.

52 Dok II/84.

53 Zitiert nach Dok III/948 mit Kommentar (S. 470).

54 Vgl. hierzu Glöckner, Gründe für Bachs Weggang aus Weimar, S. 137f.

55 Dok II/441.

56 Vgl. Dok II/39.

Epilog und Ausblick

1 Spitta, Bach, Bd. 1, S. 578.

2 Kremer, Die Organistenstelle an St. Jakobi in Hamburg; für Leipzig vgl. Dok II/129.

3 Forkel, Bach, S. 28 (Details über den Besuch); Dok III/774.

Literatur

In den Anmerkungen wird die Literatur nur mit Verfasserangabe und Kurztitel zitiert; diese Angaben werden hier aufgeschlüsselt. In Abkürzungen werden folgende Titel zitiert:

Bach in Thüringen	Johann Sebastian Bach in Thüringen, Festgabe zum Gedenkjahr 1950, Quellenkundliche Studien, Weimar 1950.
BJ	Bach-Jahrbuch.
BWV	Wolfgang Schmieder, Thematisch-systematisches Verzeichnis der musikalischen Werke von Johann Sebastian Bach. Bach-Werke-Verzeichnis (BWV). Leipzig 1950, Wiesbaden 21990.
Dok I/II/III/IV	Bach-Dokumente, hrsg. vom Bach-Archiv Leipzig. I: Schriftstücke von der Hand Johann Sebastian Bachs; II: Fremdschriftliche und gedruckte Dokumente zur Lebensgeschichte Johann Sebastian Bachs 1685–1750; III: Dokumente zum Nachwirken Johann Sebastian Bachs, 1750–1800; IV: Bilddokumente zur Lebensgeschichte Johann Sebastian Bachs. Leipzig und Kassel etc. 1963–1979.
DWB	Deutsches Wörterbuch von Jacob und Wilhelm Grimm, Leipzig 1854–1971.
Das Frühwerk Bachs	Karl Heller und Hans-Joachim Schulze (Hrsg.), Das Frühwerk Johann Sebastian Bachs, Köln 1995.
NBA	Neue Bach-Ausgabe.
StA Gotha	Thüringisches Hauptstaatsarchiv, Außenstelle Gotha.
StadtA	Stadtarchiv (mit Ortsangabe).
ThHStA Weimar	Thüringisches Hauptstaatsarchiv Weimar.
ZfMw	Zeitschrift für Musikwissenschaft.

Avenarius, Ludwig: Avenarianische Chronik. Blätter aus drei Jahrhunderten einer Bürgerfamilie. Leipzig 1912.

Barta, István (Hrsg.): Die Geschichte Ungarns. Budapest 1971.

Beinroth, Friedrich Wilhelm: Musikgeschichte der Stadt Sondershausen von ihren Anfängen bis zum Ende des 19. Jahrhunderts. Innsbruck 1943.

Beißwenger, Kirsten: Johann Sebastian Bachs Notenbibliothek. Kassel 1992 (Catalogus musicus 13).

Belotti, Michael: Die freien Orgelwerke Dietrich Buxtehudes. Überlieferungsgeschichte und stilkritische Studien. Frankfurt am Main etc. 1995 (Europäische Hochschulschriften, Reihe 36, Band 136).

Bitter, Carl Hermann: Johann Sebastian Bach. 4 Bände, Berlin [2]1881.

Bogyay, Thomas von: Grundzüge der Geschichte Ungarns. Darmstadt 1967.

Boyd, Malcolm: Johann Sebastian Bach. Stuttgart 1984.

Breig, Werner: Versuch einer Theorie der Bachschen Orgelfuge. In: Die Musikforschung 48 (1995), S. 14–52.

Brinkmann, Ernst: Die Mühlhäuser Bache. In: Bach in Thüringen, S. 220–228.

Bucsay, Mihaly: Der Protestantismus in Ungarn. 1521–1978. Ungarns Reformationskirchen in Geschichte und Gegenwart. 2 Bände, Wien etc. 1977 (Studien und Texte zur Kirchengeschichte und Geschichte, 1. Reihe, Band 3).

Cange, Charles du: Glossarium mediae et infimae latinitatis. Graz 1954 (Nachdruck der Ausgabe 1883–1887).

Dadelsen, Georg von: Beiträge zur Chronologie der Werke Johann Sebastian Bachs. Trossingen 1958 (Tübinger Bach-Studien, 4/5).

Dürr, Alfred: Studien über die frühen Kantaten Johann Sebastian Bachs. Wiesbaden [2]1977.

Dürr, Alfred: Zu Johann Sebastian Bachs Hallenser Probestück von 1713. In: BJ 81 (1995), S. 183f.

Edler, Arnfried: Der nordelbische Organist. Studien zu Sozialstatus, Funktion und kompositorischer Produktion eines Musikerberufs von der Reformation bis zum 20. Jahrhundert. Kassel 1982 (Kieler Schriften zur Musikwissenschaft, 23).

Fock, Gustav: Der junge Bach in Lüneburg, 1700–1702. Hamburg 1950.

Fock, Gustav: Arp Schnitger und seine Schule. Ein Beitrag zur Geschichte des Orgelbaues im Nord- und Ostseeküstengebiet. Kassel etc. 1974.

Forkel, Johann Nikolaus: Ueber Johann Sebastian Bachs Leben, Kunst und Kunstwerke. Leipzig 1802, Berlin 1974.

Freyse, Conrad: Das Porträt Ambrosius Bachs. In: BJ 46 (1959), S. 149–155.

Freyse, Conrad: Johann Sebastian Bachs erstes Gesangbuch. In: Jahrbuch für Liturgik und Hymnologie 6 (1961), S. 138–142.

Geiringer, Karl: Die Musikerfamilie Bach. Musiktraditionen in sieben Generationen. München [2]1983.

Glöckner, Andreas: Zur Chronologie der Weimarer Kantaten Johann Sebastian Bachs. In: BJ 71 (1985), S. 159–164.

Glöckner, Andreas: Zur Echtheit und Datierung der Kantate BWV 150 »Nach dir, Herr, verlanget mich«. In: BJ 74 (1988), S. 195–203.

Glöckner, Andreas: Gründe für Johann Sebastian Bachs Weggang aus Weimar. In: Bericht über die Wissenschaftliche Konferenz zum V. Internationalen Bachfest der DDR in Verbindung mit dem 60. Bachfest der Neuen Bachgesellschaft Leipzig 1985, Leipzig 1988, S. 137–143.

Glöckner, Andreas: Neue Spuren zu Bachs »Weimarer« Passion. In: Leipziger Beiträge zur Bach-Forschung 1, Hildesheim etc. 1995, S. 33–46.

Heller, Karl: Norddeutsche Musikkultur als Traditionsraum des jungen Bach. In: BJ 75 (1989), S. 7–19.

Helmbold, Hermann: Junge Bache auf dem Eisenacher Gymnasium. In: Bach in Thüringen, S. 19–24.

Hill, Robert: The Möller Manuscript and the Andreas Bach Book. Two Keyboard Anthologies from the Circle of the Young Johann Sebastian Bach. Dissertation, Cambridge, Mass. (masch.), 1987.

Hill, Robert: Keyboard Music from the Andreas Bach Book and the Möller Manuscript. Cambridge, Mass., 1991 (Harvard Publications in Music, 16).

Hofmann, Klaus: Neue Überlegungen zu Bachs Weimarer Kantaten-Kalender. In: BJ 79 (1993), S. 9–29.

Jauernig, Reinhold: Bach in Weimar. In: Bach in Thüringen, S. 49–105.

Jauernig, Reinhold, und Marga Steiger u.a. (Hrsg.): Die Matrikel der Universität Jena. 3 Bände, Jena/Weimar/München etc. 1944–92.

John, Jürgen: Quellen zur Geschichte Thüringens von der Reformation bis 1918. Weimar 1995 (Quellen zur Geschichte Thüringens, Band 2).

Jordan, Reinhard: Geschichte der Stadt Mühlhausen in Thüringen. Mühlhausen 1900–08.

Junghans, Wilhelm: Johann Sebastian Bach als Schüler der Partikularschule zu St. Michaelis in Lüneburg oder Lüneburg eine Pflegestätte kirchlicher Musik. Lüneburg 1870.

Kaiser, Rainer: Johann Sebastian Bach als Schüler einer »deutschen Schule« in Eisenach? In: BJ 80 (1994), S. 177–184.

Kaiser, Rainer: Johann Sebastian Bachs erstes Eisenacher Lateinschuljahr von 1692 bis 1693. In: Eisenacher Vorträge I (1996; im Druck).

Keller, Hermann: Die Orgelwerke Bachs. Ein Beitrag zu ihrer Geschichte. Form, Deutung und Wiedergabe. Leipzig 1948.

Kobayashi, Yoshitake: Quellenkundliche Überlegungen zur Chronologie der Weimarer Vokalwerke Bachs. In: Das Frühwerk Bachs, S. 290–308.

Kock, Hermann: Genealogisches Lexikon der Familie Bach. Bearbeitet und aktualisiert von Ragnhild Siegel. Wechmar 1995.

Kraft, Günther: Johann Sebastian Bach und Ohrdruf. In: Bach in Thüringen, S. 25–29.

Kraft, Günther: Thüringer Stadtpfeifer-Familien um Bach. In: Bach in Thüringen, S. 145–169.

Kraft, Günther: Entstehung und Ausbreitung des musikalischen Bach-Geschlechtes in Thüringen. Habilitationsschrift (masch.), Halle 1965.

Kremer, Joachim: Die Organistenstelle an St. Jakobi in Hamburg: eine »convenable station« für Johann Sebastian Bach? In: BJ 79 (1993), S. 217–222.

Kreuch, Knut: Bachhaus Wechmar. Die Urväterheimat der Musikerfamilie Bach. Wechmar 1994.

Krickeberg, Dieter: Das protestantische Kantorat im 17. Jahrhundert. Studien zum Amt des deutschen Kantors. Berlin 1965 (Berliner Studien zur Musikwissenschaft, 6).

Krummacher, Friedhelm: Die Tradition in Bachs vokalen Choralbearbeitungen. In: Martin Geck (Hrsg.), Bach-Interpretationen, Göttingen 1969, S. 29–56.

Krummacher, Friedhelm: Bachs frühe Kantaten im Kontext der Tradition. In: Die Musikforschung 44 (1991), S. 9–32.

Krummacher, Friedhelm: Traditionen der Choraltropierung in Bachs frühem Vokalwerk. In: Das Frühwerk Bachs, S. 217–240.

Küster, Konrad: Meininger Kantatentexte um Johann Ludwig Bach. In: BJ 73 (1987), S. 159–164.

Küster, Konrad: »Theatralisch vorgestellet«. Zur Aufführungspraxis höfischer Vokalwerke in Thüringen um 1710/20. In: Friedhelm Brusniak (Hrsg.), Barockes Musiktheater im mitteldeutschen Raum im 17. und 18. Jahrhundert (Arolser Beiträge zur Musikforschung, Band 2), Köln 1994, S. 118–141.

Küster, Konrad: »Der Herr denket an uns« (BWV 196). Eine frühe Bach-Kantate und ihr Kontext. In: Musik und Kirche 66 (1996), S. 84–96.

Küster, Konrad: Kantoren und Organisten. Bach und die Ausübung musikalischer Ämter in seiner Umgebung. In: Eisenacher Forschungen 1 (1996; im Druck).

Lidke, Wolfgang: Das Musikleben in Weimar von 1683–1735. Dissertation (masch.), Leipzig 1953.

Mattheson, Johann: Grundlage einer Ehren-Pforte. Hrsg. von Max Schneider. Berlin 1910.

Melamed, Daniel R.: The Authorship of the Motet »Ich lasse dich nicht«
(BWV Anh. 159). In: Journal of the American Musicological Society 41
(1988), S. 491–526.

Melamed, Daniel R.: Mehr zur Chronologie von Bachs Weimarer Kantaten.
In: BJ 79 (1993), S. 213–216.

Melamed, Daniel R.: J. S. Bach and the German motet. Cambridge 1995.

Müller, Samuel: Chronicka der Uralten Berg=Stadt Sangerhaußen. Leipzig
und Frankfurt 1731.

Niermeyer, J. F.: Mediae latinitatis lexicon minus. Leiden 1954.

Oefner, Claus: Das Musikleben in Eisenach 1650–1750. Dissertation
(masch.), Halle 1975.

Oefner, Claus: Die Musikerfamilie Bach in Eisenach. Eisenach 1984
(Eisenacher Schriften zur Heimatkunde 30).

Oefner, Claus: Bachfamilie–Bachrenaissance–Bachhaus. In: Bachhaus Eisenach, München und Regensburg ²1993 (Schnell-Kunstführer 1927).

Örtel, Alfred: Johann Sebastian Bach in Ohrdruf. In: Bach in Thüringen.
Gabe der Thüringer Kirche an das Thüringer Volk zum Bach-Gedenk-
jahr 1950. Berlin 1950.

Otterbach, Friedemann: Johann Sebastian Bach. Leben und Werk. Stuttgart
1982.

Pantijelew, Grigorij J.: Johann Sebastian Bachs Briefe an Georg Erdmann.
Nebst Beiträgen zur Lebensgeschichte von Bachs Jugendfreund. In: BJ
71 (1985), S. 83–97.

Petzoldt, Martin: »Ut probus & doctus reddar«. Zum Anteil der Theologie
bei der Schulausbildung Johann Sebastian Bachs in Eisenach, Ohrdruf
und Lüneburg. In: BJ 71 (1985), S. 7–42.

Petzoldt, Martin: Bachstätten aufsuchen. Leipzig 1992.

Reimer, Erich: Die Hofmusik in Deutschland 1500–1800. Wandlungen einer
Institution. Wilhelmshaven 1991.

Rollberg, Fritz: Johann Ambrosius Bach, Stadtpfeifer zu Eisenach von
1671–1695. In: BJ 24 (1927), S. 133–152.

Rollberg, Fritz: Johann Christoph Bach, Organist zu Eisenach 1665–1703.
In: ZfMw 11 (1928/29), S. 549–561.

Rollberg, Fritz: Das Eisenacher Chorbuch. In: ZfMw 14 (1931/32), S. 420.

Rollberg, Fritz: Von den Eisenacher Stadtpfeifern. In: Zeitschrift des Vereins
für thüringische Geschichte und Altertumskunde, Neue Folge, Bd. 30
(Jena 1933), S. 94–106.

Rollert, Otto: Die Erfurter Bache. In: Bach in Thüringen, S. 201–213.

Schiffner, Markus: Johann Sebastian Bach in Arnstadt. In: Beiträge zur Bachforschung 4 (1985), S. 5–22; später verändert in: Der junge Bach in Arnstadt, Arnstadt o.J.

Schilling, Ulrike: Philipp Spitta. Leben und Wirken im Spiegel seiner Briefwechsel. Mit einem Inventar des Nachlasses und einer Bibliographie der gedruckten Werke. Kassel etc. 1994.

Schneider, Max (Hrsg.): Altbachisches Archiv. Aus Johann Sebastian Bachs Sammlung von Werken seiner Vorfahren Johann, Heinrich, Georg Christoph, Johann Michael und Johann Christoph Bach. 2 Bände, Leipzig 1935 (Das Erbe deutscher Musik, Reichsdenkmale, Sonderband 1 und 2).

Schröder, Otto: Das Eisenacher Chorbuch. In: ZfMw 14 (1931/32), S. 173–178.

Schulze, Hans-Joachim: Die Bach-Überlieferung. Plädoyer für ein notwendiges Buch. In: Beiträge zur Musikwissenschaft 17 (1975), S. 45–57.

Schulze, Hans-Joachim: Studien zur Bach-Überlieferung im 18. Jahrhundert. Leipzig/Dresden 1984.

Schulze, Hans-Joachim: Johann Christoph Bach (1671–1721), »Organist und Schul Collega in Ohrdruf«. Johann Sebastian Bachs erster Lehrer. In: BJ 71 (1985), S. 55–81.

Schulze, Hans-Joachim (Hrsg.): Die Thomasschule Leipzig zur Zeit Johann Sebastian Bachs. Ordnungen und Gesetze 1634, 1723, 1733. Leipzig 1985.

Schulze, Hans-Joachim: Bach und Buxtehude. Eine wenig beachtete Quelle in der Carnegie Library zu Pittsburgh/PA. In: BJ 77 (1991), S. 177–181.

Seiffert, Max: Die Chorbibliothek der St. Michaelisschule in Lüneburg zu Seb. Bach's Zeit. In: Sammelbände der Internationalen Musikgesellschaft 9, 1907/08, S. 593–621.

Siegele, Ulrich: Bachs Endzweck einer regulierten und Entwurf einer wohlbestallten Kirchenmusik. In: Thomas Kohlhase und Volker Scherliess (Hrsg.), Festschrift Georg von Dadelsen zum 60. Geburtstag, Neuhausen-Stuttgart 1978, S. 313–351.

Siegele, Ulrich: Bach in Leipzig: Fremdeinschätzung und Selbsteinschätzung. In: Almanach der Bach-Tage Berlin 1985, S. 63–77.

Smend, Friedrich: Bach in Köthen. Berlin 1951.

Snyder, Kerala J.: Bach, Buxtehude, and the Old Choir Library of St. Mary's in Lübeck. In: Das Frühwerk Bachs, S. 33–45.

Spitta, Philipp: Johann Sebastian Bach. Leipzig 1873/80.

Stinson, Russell: Bach's Earliest Autograph. In: The Musical Quarterly 71 (1985), S. 235–263.

Sugar, Peter F. (Hrsg.): A History of Hungary. Bloomington und Indianapolis 1990.

Terry, Charles Sanford: Johann Sebastian Bach. Eine Biographie. Leipzig 1929 [spätere Ausgaben gekürzt].

Walker, Paul: Die Entstehung der Permutationsfuge. In: BJ 75 (1989), S. 21–41.

Walker, Paul: Zur Geschichte des Kontrasubjekts und zu seinem Gebrauch in den frühesten Klavier- und Orgelfugen Johann Sebastian Bachs. In: Das Frühwerk Bachs, S. 48–67.

Walter, Horst: Musikgeschichte der Stadt Lüneburg. Vom Ende des 16. bis zum Anfang des 18. Jahrhunderts. Tutzing 1967.

Walther, Johann Gottfried: Briefe. Hrsg. von Klaus Beckmann und Hans-Joachim Schulze. Leipzig 1987.

Williams, Peter: The Organ Music of J. S. Bach. 3 Bände, Cambridge 1980–84.

Wolff, Christoph: Der Stile antico in der Musik Johann Sebastian Bachs. Studien zu Bachs Spätwerk. Wiesbaden 1968 (Beihefte zum Archiv für Musikwissenschaft, 6).

Wolff, Christoph: Johann Adam Reinken und Johann Sebastian Bach. Zum Kontext des Bachschen Frühwerks. In: BJ 71 (1985), S. 99–118.

Wolff, Christoph: Johann Valentin Eckelts Tabulaturbuch von 1692. In: Festschrift Martin Ruhnke zum 65. Geburtstag, Neuhausen-Stuttgart 1986, S. 374–386.

Wolff, Christoph u. a. (Hrsg.): Die Bach-Familie. Stuttgart/Weimar 1993 (The New Grove. Die großen Komponisten).

Wolff, Christoph: Pachelbel, Buxtehude und die weitere Einfluß-Sphäre des jungen Bach. In: Das Frühwerk Bachs, S. 21–28.

Wollny, Peter: Bachs Bewerbung um die Organistenstelle an der Marienkirche zu Halle und ihr Kontext. In: BJ 80 (1994), S. 25–39.

Young, Percy M.: The Bachs. 1500–1850. London 1970.

Zavarsky, Ernest: Zur angeblichen Preßburger Herkunft der Familie Bach. In: BJ 53 (1967), S. 21–27.

Zedler, Johann Heinrich: Grosses vollständiges Universal Lexicon Aller Wissenschafften und Künste. 64 + 3 Bände, Leipzig 1732–52.

Zehnder, Jean-Claude: Georg Böhm und Johann Sebastian Bach. Zur Chronologie der Bachschen Stilentwicklung. In: BJ 74 (1988), S. 73–110.

Personenregister

Zur Erfassung von Angehörigen der Familie Bach: Zusatzangaben sollen die Identifizierung der Personen erleichtern, und zwar Verwandtschaftsverhältnisse (nur für Bachs nächste Angehörige sowie für solche Personen, die nicht auf der Stammtafel genannt sind), Ortsnamen und Geburtsnamen von Frauen (die unter dem Ehenamen aufgeführt werden).

235

Bildnachweis

Staatsbibliothek zu Berlin – Preußischer Kulturbesitz: S. 133 (Vorlage: Dadelsen, Beiträge zur Chronologie, Tafel 7), S. 178/179 (Vorlage: Faksimile, Leipzig 1970).
Eisenach, Bachhaus: S. 145
Die übrigen Abbildungen stammen aus: Werner Neumann, Bilddokumente zur Lebensgeschichte Johann Sebastian Bachs, Leipzig/Kassel 1979 (Dok IV): S. 6 (Stadtkirchnerei Eisenach), S. 93 (Stadtarchiv Lüneburg), S. 103 (Stadtarchiv Ohrdruf)

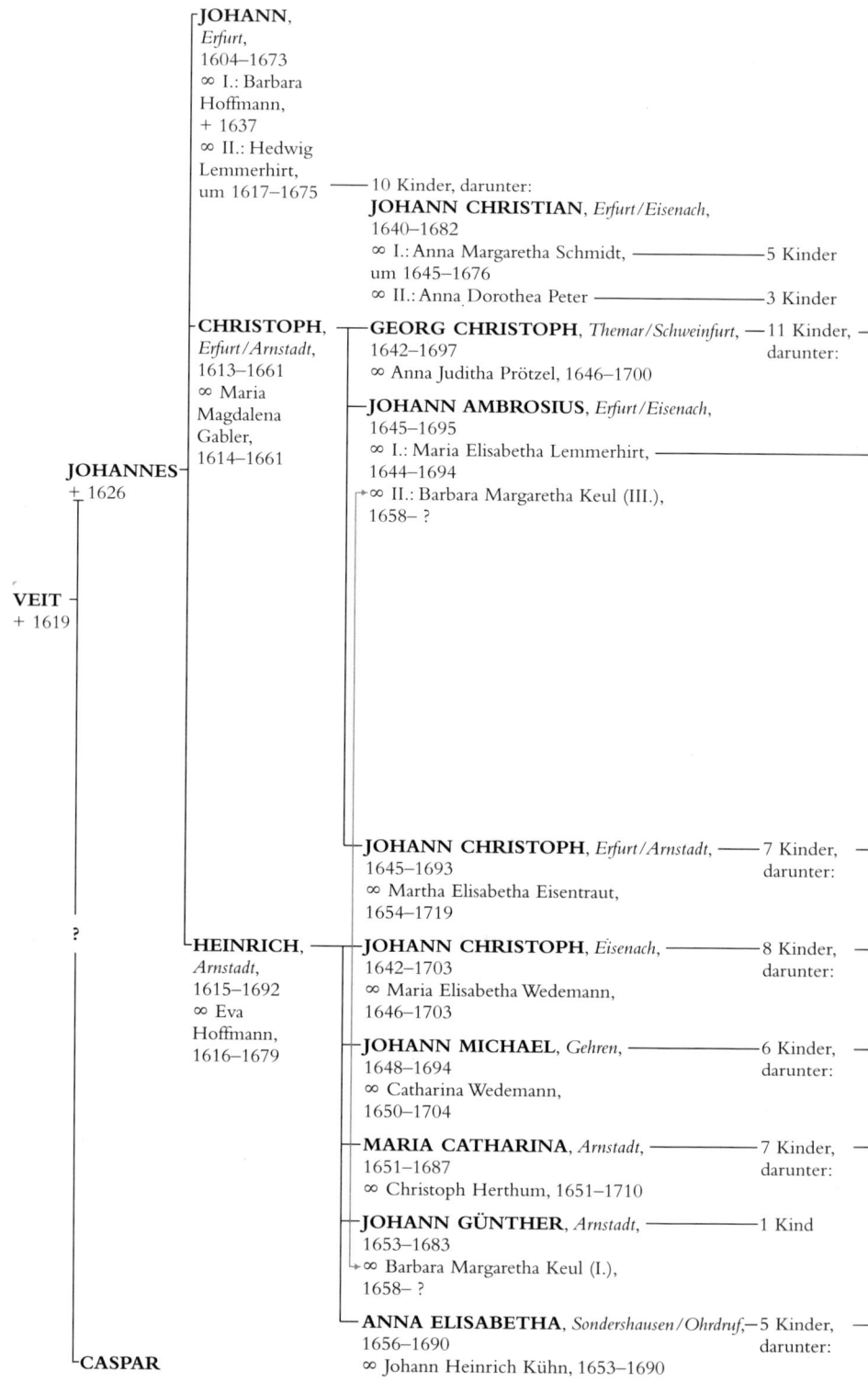

JOHANN,
Erfurt,
1604–1673
∞ I.: Barbara Hoffmann, + 1637
∞ II.: Hedwig Lemmerhirt, um 1617–1675 —— 10 Kinder, darunter:

JOHANN CHRISTIAN, *Erfurt/Eisenach*,
1640–1682
∞ I.: Anna Margaretha Schmidt, ——— 5 Kinder
um 1645–1676
∞ II.: Anna Dorothea Peter ——— 3 Kinder

CHRISTOPH,
Erfurt/Arnstadt,
1613–1661
∞ Maria Magdalena Gabler,
1614–1661

GEORG CHRISTOPH, *Themar/Schweinfurt*, — 11 Kinder, –
1642–1697   darunter:
∞ Anna Juditha Prötzel, 1646–1700

JOHANN AMBROSIUS, *Erfurt/Eisenach*,
1645–1695
∞ I.: Maria Elisabetha Lemmerhirt, ———
1644–1694
∞ II.: Barbara Margaretha Keul (III.),
1658– ?

JOHANNES
+ 1626

VEIT
+ 1619

JOHANN CHRISTOPH, *Erfurt/Arnstadt*, — 7 Kinder, –
1645–1693   darunter:
∞ Martha Elisabetha Eisentraut,
1654–1719

?

HEINRICH,
Arnstadt,
1615–1692
∞ Eva Hoffmann,
1616–1679

JOHANN CHRISTOPH, *Eisenach*, — 8 Kinder, –
1642–1703   darunter:
∞ Maria Elisabetha Wedemann,
1646–1703

JOHANN MICHAEL, *Gehren*, ——— 6 Kinder, –
1648–1694   darunter:
∞ Catharina Wedemann,
1650–1704

MARIA CATHARINA, *Arnstadt*, ——— 7 Kinder, –
1651–1687   darunter:
∞ Christoph Herthum, 1651–1710

JOHANN GÜNTHER, *Arnstadt*, ——— 1 Kind
1653–1683
∞ Barbara Margaretha Keul (I.),
1658– ?

ANNA ELISABETHA, *Sondershausen/Ohrdruf*,— 5 Kinder, –
1656–1690   darunter:
∞ Johann Heinrich Kühn, 1653–1690

CASPAR

Quelle: Hermann Kock, Genealogisches Lexikon der Familie Bach, Wechmar 1995